사례중심으로 쉽게 풀어쓴

대상관계이론

대상관계이론

신애자 지음

좋은땅

인간은 태어나는 순간부터 관계 속에 존재한다.

그리고 그 관계는 사라진 이후에도 마음속에 남아, 한 사람의 감정과 행동, 삶의 태도를 조용히 형성해 간다. 대상관계이론은 인간을 독립된 개인으로 이해하기보다, 어린 시절 관계의 경험이 내면화되어 만들어진 존재로 바라보는 이론이다. 이 관점에서 인간의 심리적 어려움은 개인의 결함이나 의지의 부족이 아니라, 발달 과정에서 경험한 관계의 양상과 그 흔적에서 비롯된다.

이 책은 대상관계이론을 처음 접하는 독자부터 임상 현장에서 활용하고자 하는 상담자까지를 염두에 두고 구성되었다. 제1부에서는 대상관계이론을 이해하기 위한 기초 틀을 체계적으로 다루고, 제2부에서는 이 이론의 형성에 결정적 기여를 한 주요 학자들의 사상을 심층적으로 살펴본다. 이를 통해 독자는 대상관계이론을 단편적인 개념의 나열이 아니라, 인간 발달과 정신병리를 통합적으로 설명하는 하나의 관점으로 이해할 수 있을 것이다.

제1부의 시작은 대상관계이론의 기본 개념이다. '대상', '표상', '대상관계'라는 핵심 개념과 함께 의식·전의식·무의식의 구조를 살펴보는 것은, 이후의 모든 내용을 이해하기 위한 토대가 된다. 인간은 외부의 실제 대상을 있는 그대로 경험하기보다, 마음속에 형성된 내적 표상을 통해 관계를 맺는다. 이 내적 세계를 이해하지 않고서는 인간의 반복되는 관계 패턴과 정서 반응을 설명하기 어렵다.

이어지는 유아의 심리 발달 단계는 대상관계이론의 핵심을 이루는 부분이다. 출생 초기의 자기-대상 미분화 단계에서 시작하여 분화, 연습기, 재접근기를 거쳐 대상항상성이 확립되기까지의 과정은, 한 인간이 어떻게 자기와 타인을 구분하고 안정된 관계 능력을 형성해 가는지를 보여 준다. 이 발달적 관점은 이후에 다루어지는 방어기제, 성격 구조, 정신병리를 이해하는 데 중요한 기준점이 된다.

제3장에서는 대상관계이론에서 중요하게 다루는 방어기제들을 살펴본다. 부인, 분열, 투사, 투사적 동일시, 이상화와 평가절하는 단순한 병리적 현상이 아니라, 미성숙한 관계 환경 속에서 자기를 보호하기 위해 발달한 심리적 적응 방식으로 이해된다. 이러한 방어기제에 대한 이해는 내담자의 행동을 평가하거나 교정하기보다, 그 행동이 지니는 심리적 의미를 읽어내는 데 도움을 준다.

제4장에서는 대상관계이론의 관점에서 '건강한 사람'이란 무엇인지를 다룬다. 대상항상성, 통합 능력, 개별화, 정체성 확립은 증상의 유무가 아니라, 관계를 유지하고 감정을 감당하는 능력이라는 점에서 심리적 건강을 새롭게 정의한다. 이는 치료의 목표를 증상 제거가 아닌 심리적 성장과 통합으로 확장시킨다.

제5장은 대상관계이론에 기반한 치료기법을 다룬다. 존재하는 자기대상 제공, 안아주기, 버텨주기, 담아내기, 전이와 역전이의 이해와 활용은 치료 장면에서 상담자가 어떤 태도로 존재해야 하는지를 보여 준다. 명료화, 직면, 해석은 기법이기 이전에 관계 속에서 사용되는 언어이며, 상담자의 정서적 개입과 분리될 수 없다.

제6장과 제7장은 대상관계이론을 통해 문제행동, 정신병리, 그리고 인간의 핵심 감정들을 이해하는 장이다. 거짓말, 도벽, 성격장애와 정신병리는 진단명 이전에 관계의 언어로 다시 읽히며, 수치심, 분노, 공허감, 질투와 같은 감정들은 억제되거나 제거해야 할 대상이 아니라 이해되고 담아내져야 할 심리적 신호로 다루어진다.

제2부에서는 페어베언, 위니컷, 비온이라는 대상관계 대표적 학자들의 이론을 집중적으로 다룬다. 이들은 각각 인간을 욕동이 아닌 대상 추구의 존재로, 환경 속에서 성장하는 존재로, 그리고 경험을 사고로 변환하는 존재로 이해하였다. 이들의 사상은 서로 다른 언어를 사용하지만, 모두 인간의 고통을 관계의 실패와 그 내면화 과정에서 설명한다는 공통점을 지닌다.

이 책은 대상관계이론을 완결된 지식으로 제시하려 하지 않는다. 오히려 독자가 자신의 관계 경험과 임상 장면을 떠올리며, 이론을 살아 있는 언어로 이해하도록 돕고자 한다. 대상관계이론은 인간을 고치기 위한 이론이 아니라, 인간을 조금 덜 비난하고 조금 더 이해하게 만드는 관점이기 때문이다.

이 책이 독자에게 대상관계이론을 이해하는 하나의 길이자, 인간의 마음을 바라보는 새로운 시선이 되기를 바란다.

| 목차 |

제4장 대상관계에서 보는 건강한 사람

제5장 대상관계 치료기법

제6장 대상관계이론으로 문제행동 및 정신병리 이해하기

제7장 대상관계이론으로 감정 이해하기

제1부

전반적으로
대상관계이론 이해하기

정신분석은 지그문트 프로이트에 의해 하나의 학문 체계로 명명되고 정식화되었다. 프로이트는 1896년, 만 40세의 나이에 자신이 수행하던 임상적·이론적 작업을 '정신분석(psychoanalysis)'이라 명명하였는데, 그는 정신분석을 첫째, 다른 방법으로는 거의 접근할 수 없는 무의식적 정신과정을 연구하는 절차이며, 둘째, 그러한 연구에 근거하여 신경증적 장애를 치료하는 방법이고, 셋째, 그 과정에서 수집된 심리학적 지식들의 총체로서의 과학이라고 정의하였다. 의사이자 실험실 연구를 중시하던 과학자적 배경을 지닌 프로이트는, 아인슈타인을 비롯한 현대 물리학이 급격히 발전하던 동시대의 지적 분위기 속에서, 자신이 구축하는 정신분석 역시 자연과학에 준하는 과학으로 인정받기를 강하게 원하였다. 이러한 맥락에서 정신분석은 단순한 치료 기법이 아니라, 인간 정신을 설명하는 포괄적 이론 체계로 출발하였다.

프로이트의 고전 정신분석 이론은 본능적 욕동을 인간 심리의 핵심 동력으로 설정한 욕동-구조 모델(drive-structure model)에 기초한다. 그는 인간 정신을 의식, 전의식, 무의식으로 구분하고, 성적 욕동(libido)과 공격적 욕동이라는 본능적 에너지가 자아와 초자아의 중재 속에서 어떻게 갈등하고 타협하는지를 통해 성격과 병리를 설명하였다. 그러나 이러한 욕동 중심의 설명은 곧 다양한 이론적 수정과 비판을 불러왔다. 칼 융은 리비도를 일반적 정신 에너지로 재정의하고 집단무의식 개념을 도입하였으며, 알프레드 아들러는 인간을 분절된 정신 구조가 아니라 통합된 전체(individual)로 보아야 한다고 주장하면서, 의식-무의식의 구조적 구분 자체를 문제 삼았다. 이들은 이미 초기부터 프로이트의 욕동 중심, 구조 중심 모델에서 이탈하며 인간을 보다 목적론적·관계적 존재로 이해하려는 방향을 제시하였다.

1920년대에 이르러 오토 랑크와 산도르 페렌치는 고전 이론을 내부에서 수정하려는 시도를 본격화하였다. 이들은 초기 외상 경험, 실제 관계에서의 상호성, 치료자의 적극적·공감적 태도를 강조하며, 고전 정신분석이 지나치게 중립성과 해석 중심에 머물러 있다고 비판하였다. 이어 1930~40년대에는 에리히 프롬, 해리 스택 설리번, 카렌 호나이로 대표되는 신프로이트 학파가 등장하여, 성적 본능보다 사회적 관계, 대인불안, 문화적 조건이 성격 형성과 병리에 결정적이라는 관점을 제시하였다. 이 시점에서 정신분석은 더 이상 단일 이론이 아니라, 인간을 무엇으로 설명할 것인가를 둘러싼 다원적 전통으로 분화되기 시작하였다.

이러한 흐름 속에서 '프로이트 학파'는 크게 세 갈래로 나뉘게 된다. 첫째는 이론적 수정을 거부하고 본능 이론과 구조 모델을 유지한 정통 프로이트 학파이며, 둘째는 안나 프로이트를 중심으로 한 자아심리학으로, 방어기제와 자아의 적응 기능, 정상 발달 과정을 강조하였다. 셋째는 멜라니 클라인으로 대표되는 대상관계이론으로, 인간 정신의 핵심을 욕동 그 자체가 아니라 초기 양육자와의 관계 경험이 내면화된 '내적 대상관계'에서 찾았다.

이후 정신분석 이론의 복잡한 분화 양상을 체계적으로 정리한 학자가 바로 제이 그린버그와 스티븐 미첼이다. 이들은 《Object Relations in Psychoanalytic Theory》에서 정신분석 이론을 욕동을 중심에 두는 욕동구조모델과 관계를 중심에 두는 관계구조모델이라는 두 축으로 구분하고, 각 이론이 욕동과 관계 중 어느 쪽을 더 강조하는지에 따라 분류하였다. 이 분류에 따르면, 클라인, 마거릿 말러, 에디트 제이콥슨은 프로이트의 욕동 이론을 유지하면서 대상관계 개념을 결합한 이론가들로 분류된다.

반면 로널드 페어베언과 설리번은 인간의 근본 동기를 욕동 충족이 아니라 대상 추구로 보며 욕동 이론 자체를 폐기하였다. 클라인은 이 두 입장의 중간에 위치하여, 욕동을 인정하되 그것이 본질적으로 관계를 향한 욕동이라고 재개념화하였다.

도널드 위니컷, 한스 로발트, 조셉 샌들러는 유아-어머니 관계의 정서적 틀이 욕동의 발달과 변형에 결정적이라는 중도적 입장을 취하였으며, 오토 컨버그는 프로이트의 이중 본능 이론에 충실하면서도 클라인, 제이콥슨, 페어베언의 이론을 통합하여 성격 병리를 구조적으로 설명하였다. 이러한 대상관계 전통과 더불어, 하인즈 코헛의 자기심리학은 인간을 응집적 자기를 유지하기 위해 공감적 자기대상을 필요로 하는 존재로 재정의하며, 정신분석의 중심을 욕동 갈등에서 자기의 결손과 회복으로 이동시켰다.

결국 현대 정신분석은 복잡한 대상관계와 그것이 인격 발달에 수행하는 중심적 역할에 대한 이해 위에 세워진 이론적 전통이라 할 수 있다. 정신분석은 인간을 고립된 개체가 아니라, 자신과 타자 사이의 관계를 매개하는 내적 세계를 지닌 존재로 가정한다는 점에서 다른 심리학 이론들과 구별된다. 이러한 전통 속에서 오늘날의 정신역동 치료자는 하나의 학파에만 속하기보다는, 욕동, 자아, 대상관계, 자기, 관계라는 여러 관점을 통합적으로 활용하는 다원적 임상가로 자리하고 있다.

이러한 정신분석의 흐름을 정리하면 표 1과 같다.

표 1. 현대 정신분석의 지류

자아심리학	대상관계 (영국학파)	대인관계 정신분석	자기심리학 (미국학파)	정신화 (정신분석+애착이론)
Anna Freud (1895~1982)	Klein(1882~1960)	Sullivan(1982~1949)	Kohut(1913~1981)	Fonagy(1952~생존)
Hartmann (1894~1970)	Bion(1897~1979)	Fromm(1900~1980)	Stolorow(1942~생존)	Mary Target (1945~2019)
Spitz(1887~1974)	Fairbairn(1889~1964)	Mitchell(1946~2000)	Atwood(1939~2020)	Siegel(1957~생존)
Mahler(1897~1985)	Winnicott(1896~1971)		Stern(1934~2012)	
Eriksaon(1902~1994)	Guntrip(1901~1973)			
Kernberg(1928~생존)				

제1장

대상관계 기본 개념

1. 대상

대상관계이론에서 대상(object)이라는 용어는 프로이트(1905)가 처음 〈성욕에 관한 세 편의 에세이〉에서 소개한 용어이다. 전통정신분석에서 대상이란 리티도를 충족시켜 주기 위해 개인이 선택하는 도구로써 사물을 포함하여 욕구를 충족시키는 모든 것, 즉 정신에너지가 집중되는 것을 말한다. 즉 프로이트의 이론에서 대상은 리비도 추동의 목표이그, 심리적 에너지가 대상에 부착됨으로써 창조된다. 말하자면 대상이란 주체(subject)의 감정이 부여되는 그 어떤 것이다. 따라서 대상은 사람일 수도 있고, 천 조각이나 예술작품이 될 수도 있고, 무생물일 수도 있다. 예를 들면 배고플 때는 정신에너지, 즉 리비도가 먹을 것에 부착되므로 먹을 것이 대상이 된다.

컨버그(Kernberg)는 대상이라는 용어가 전통적으로 타자들과의 관계를 반영할 때 사용되기 때문에 인간이어야 한다고 주장하였다. 이러한 관계는 내부 또는 외부 관계일 수도 있고 환상이나 실제 존재하는 관계일 수도 있는데, 그 관계는 기본적으로 다른 인간 존재와의 상호작용이 중심이 된다. 한편, 위니컷(Winnicott)은 대상을 내적 대상을 뜻하는 '즈관적으로 품게 된 대상(subjectively conceived object)'과 외적 대상을 뜻하는 '객관적으로 지각된 대상(objectively perceived object)'으로 구분하였다. 위니컷은 유아가 발달하면서 주관적 대상과 맺은 관계로부터 벗어나 점차 객관적 대상과 관계를 맺는 능력을 키워 간다고 보았다.

대상관계이론에서의 대상은 주로 사람이다. 성격 구조 형성에 있어서 관계의 중요성을 강조하였던 로널드 페어베언 이후 인간의 중요한 본능적 욕구가 쾌락 추구가 아닌 대상 추구라고 주장하면서 대상은 특정한 사람을 지칭하는 개념이 되었다. 일반적으로 대상은 내적 대상(internal object)과 외적 대상(external object)으로 구분된다. 외적 대상(external object)은 사회 환경 내에 있으면서 직접 관찰이 가능한 실재하는 사람, 사물, 장소 등을 의미하고, 내적 대상은 외부 대상과 관련되어 심리적으로 경험되는 정신적 표상(mental representation)을 일컫는다. 대상관계이론은 심리적 표상으로 이루어진 인간의 심리 내적 세계에 관심을 갖는다. 왜냐하면 어떤 객관적인 사건이 중요한 것이 아니라 개인이 그 외적 대상을 어떻게 경험하고 이해하는가가 중요하기 때문이다.

예를 들어 어떤 사람이 회사 상사를 권위적이고 무서운 사람으로 인식했다면 이는 자기 안에 있는 내적 대상을 따라 외부 대상인 실제 회사 상사를 이해했기 때문이다. 실제 사람은 바람직한 면과 바람직하지 않은 면이 뒤섞여 있다. 그러나 어린 시절 주양육자와의 상호작용을 통해 어떤 대상에 대해 전적으로 좋거나 나쁜 대상의 이미지를 형성하고 이후 이러한 내적 대상이 이후 외부 대상을 지각하는 데 영향을 미치게 되는 것이다. 따라서 대상이라고 할 때는 그것이 실재하는 외적 대상을 지칭하는 것인지 혹은 외적 대상의 심리적 표상인 내적 대상을 지칭하는 것인지를 구분해야 한다. 내적 대상은 아동이 정서적으로 강렬하게 느꼈던 어린 시절 경험, 대체로 주양육자와의 정서적 경험에 대한 반응으로 형성되며, 이는 이후 자신과 타인을 보는 관점에서 어떤 관계 패턴을 형성하게 된다.

2. 표상

표상(representation)이란 스스로와 외부 세계에 대해 개인이 가지고 있는 정신적 이미지(mental image)로서 개인이 이 세상을 이해하거나 자기를 표현할 때 사용하는 인지적 신념, 정서적 느낌, 행동적 요소를 모두 포함하는 복합적인 틀이다. 표상은 개인이 어린 시절 주양육자와의 상호작용에서 형성된 느낌, 신념, 행동양식이며, 한 개인이 자신의 내면세계와 외부 대상에 대해 가지게 된 의미와 이미지, 또는 대상을 받아들이고 소유하는 생활양식이다. 그러므로 표상은 한 개인이 오늘날 하는 행동의 의미와 그 행동의 원인을 이해할 수 있는 실마리를 제공해 준다. 주양육자인 엄마와 피양육자인 아이와의 상호작용에서 경험된 느낌, 신념들이 무의식의 세계에 이미지로 저장되어 어떠한 사건이 있을 때마다 그 사건을 이해하고 해석하고 반응하는 내적 준거 틀로 작동하게 된다.

　사례중심으로 쉽게 풀어쓴 대상관계이론

표상은 대상표상(other-representation)과 자기표상(self representation)으로 구분할 수 있다. 아이가 주양육자와 상호작용을 통해 경험한 것들과 그 경험에서 일어났던 상황, 인지, 정서 상태를 함입하고 내사하고 내면화하면서 무의식에 대상에 대한 인지적, 정서적, 행동적인 복합적인 이미지를 형성하게 되는데 이것을 대상표상이라고 한다.

대상표상은 주요 타자들과의 경험을 통해 내면화된 타인들에 대한 생각, 느낌, 감각, 기억, 의미의 복합체를 말한다. 주요 타자라고 하지만 대상표상은 어린 시절 주로 양육받았던 주 양육자와의 상호작용 속에 형성된 이미지라 할 수 있다. 학대하고 가해하는 대상표상, 통제하고 요구하는 대상표상, 상대 맘에 들게 잘할 때만 반응해 주는 대상표상, 마땅히 나를 거부할 것이라는 대상표상, 나의 경계를 침범하는 대상표상, 위협하고 공격하는 대상표상, 언제든 잘못하면 나를 버리려고 하는 대상표상 등이 내면화 되어 있을 수 있다.

자기표상은 주양육자와 상호작용하면서 형성된 대상표상이 자기화되어 만들어진 자기에 대한 이미지이다. 자아상이라고 할 수 있다. 즉 주요 타자들과의 대인관계 경험을 바탕으로 내면화된 자신에 대한 생각, 느낌, 감각, 기억, 의미의 복합체를 말한다.

통제받고 요구를 따라야 하는 자기표상, 칭찬과 인정에 목말라하며 대단한 존재가 되어야 하고 최고로 평가받기 원하는 자기표상, 거부받지 않기 위해 늘 노력해야 하는 자기표상, 침범하는 대상 앞에 관계를 단절하고 철수하는 자기표상, 타인에게 피해를 받게 될까 봐 늘 의심하고 두려워하는 피해자 자기표상, 버림받지 않기 위해 매달리는 자기표상 등이 내면화되어 있을 수 있다. 이렇게 개인 심리 안에 형성된 어떤 사람에 대한 의미나 이미지인 대상표상과 자신에 대한 의미나 이미지인 자기표상을 합하여 내적 대상 혹은 내적 표상이라고 한다.

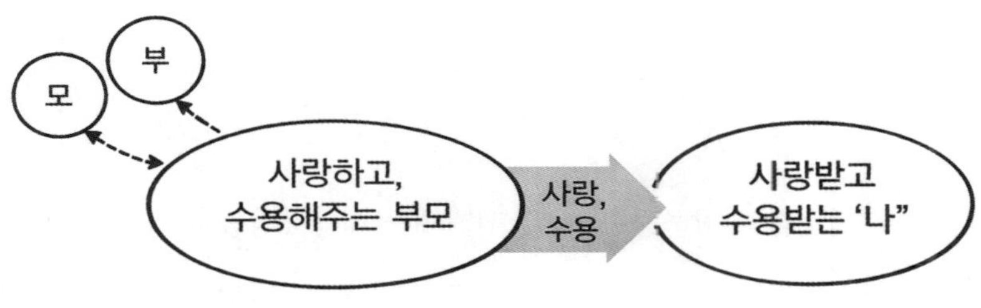

그림 1. 표상 1

사랑하고 수용해 주고 공감해 주는 부모와의 상호작용결과 아이는 사랑받고 받아들여지며 공감받는 '나'라는 자기표상과 사랑해주고 수용해 주는 부모의 태도와 방식이 내면화되어 대상표상으로 자리 잡는다. 이런 대상표상과 자기표상의 쌍을 내적 대상 혹은 내적 표상이라고 한다. 예를 들어 어떤 아이는 자주 혼나고 야단맞았기에 스스로 자신은 '혼나는 아이, 잘 못하는 아이, 야단맞는 아이'라는 자기표상이 있고, 다른 한 아이는 늘 수용되고 사랑받아서 내면에 '나는 잘하고 수용되고 사랑받는 아이야'라는 자기표상이 있다고 보자. 이때 두 아이가 다른 어른을 대하는 방식이 다르게 나타나게 된다. 처음 아이는 다른 어른들도 나를 혼내고 야단치는 존재로 인식하고 무서워하거나 반항할 것이고, 후자의 아이는 다른 어른들도 자신을 사랑해 줄 것이라고 믿고 자신 있게 행동할 것이다.

3. 대상관계

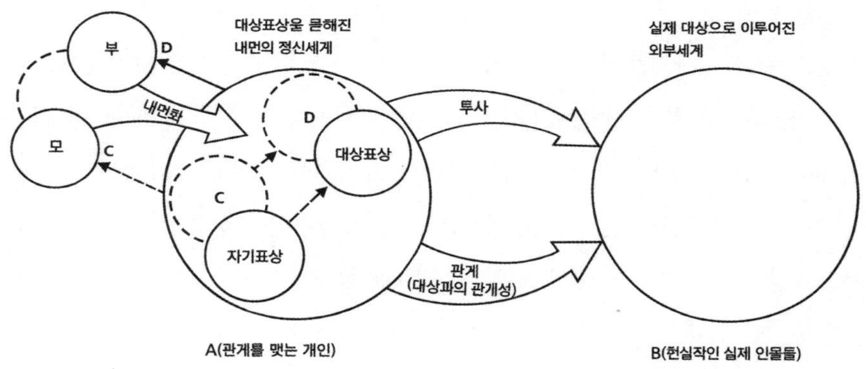

그림 2. 내적 대상세계와 외적 대상세계
출처: Michael St. Clair(2010), 대상관계이론과 자기심리학. 안석모 옮김, Cengage Learning.

대상관계란 내면적 세계를 지칭하는 것으로, 여기에는 대상표상들과 관계를 맺고 있는 자기표상들이 존재한다. 이 내적인 이미지들은 현실 세계에 실제로 존재하는 대상들을 정확하게 표현할 수도 있고, 그렇지 않을 수도 있다. 아래의 그림은 한 사람의 내면세계와 외부세계가 어떤 식으로 관계 맺는지를 도식적으로 보여 주고 있다. 행위자 A는 그의 내면세계를 바탕으로 대상 B를 대함을 알 수 있다. A의 내면세계는 그의 부모 C, D와 과거에 어떤 관계를 맺었는가에 의해 영향을 받고 또 왜곡되기도 한다. A는 어린시절 자기 부모와의 상호관계 속에서 부모에 대한 이미지를 내면화하면서, 자신에 대한 이미지를 형성하고, 이후 실제 인간관계에서 만나게 되는 B에게 내면화된 이미지들을 투사하게 된다. 현실의 B와 온전히 관계 하는게 아니라 내가 형성한 이미지를 가지고 B를 지각하고 판단하게 된다.

앞의 그림에서 보듯 대상관계란, 개인이 초기 대상이었던 주양육자와의 관계 경험을 통해 형성한 대상표상(object representation)과, 그 관계 속에서 형성된 자기표상(self representation)이 이후의 모든 대인관계 경험의 기본 틀로 작동한다는 것을 의미한다. 즉 인간은 새로운 관계를 형성할 때마다 백지 상태에서 타인을 만나는 것이 아니라, 이미 내면에 조직되어 있는 관계 표상의 틀을 통해 타인을 지각하고 반응한다.

대상관계이론은 인간이 관계하고 있는 실재 외부 대상(actual external object)을 그 자체로 인식하기보다는, 과거 관계 경험 속에서 형성된 내적 표상(internal representation)을 통해 외부 대상을 지각하고 관계를 맺는다고 가정한다. 개인은 타인을 독립적이고 전체적인 한 사람으로 경험하기보다, 자신의 내면에 저장된 자기표상과 대상표상, 그리고 그 사이에 연결된 정서적 관계 양식을 외부 대상에게 투사하여 지각한다. 이때 외부 대상은 단순한 현실 인물이 아니라, 개인의 무의식적 욕구, 불안, 방어, 애착 욕구가 향하는 심리적 대상(psychological object)으로 기능한다. 이러한 의미에서 대상관계이론은 인간이 타인을 '있는 그대로의 한 사람'으로 대하기보다 '심리적 대상'으로 관계 맺는다는 점을 강조하며, 이로부터 이론의 명칭이 유래한다.

이러한 관점에서 대상관계이론은 인간의 심리와 병리를 본능 간의 충돌이나 단일한 욕동의 문제로 설명하기보다는, 내면화된 관계 구조와 그것이 현재의 대인관계 속에서 반복·재현되는 방식을 중심으로 이해한다. 현재의 관계 경험은 과거 대상관계의 단순한 재현이 아니라, 과거와 현재가 역동적으로 상호작용하는 재연(re-enactment)의 장으로 이해된다(Greenberg & Mitchell, 1983).

대상관계는 '나'와 '타인' 그리고 그 사이에 흐르는 '정서'를 하나의 단위로 묶어 이해하며, 정서로 연결된 자기-타자의 관계 단위가 바로 대상관계의 기본 단위이다.

자기표상과 대상표상의 원자료는 개인의 초기 양육 경험에 있다. 초기 경험을 통해 형성된 자기 자신과 타인에 대한 이미지는 긍정적인 경험은 긍정적인 대로, 부정적인 경험은 부정적인 대로 조직되어, 비교적 안정된 내적 표상 체계로 자리 잡게 된다. 주양육자가 일관되고 적절한 관심과 정서적 보살핌을 제공할 경우, 아동의 내면에는 긍정적인 자기표상이 형성되며, 이는 점차 스스로를 지지하고 돌보는 능력으로 내재화되어 안정된 정체감의 근원이 된다(Winnicott, 1965).

반대로 충분한 애정과 지지를 받지 못하고 반복적으로 무시, 거절, 처벌을 경험한 경우, 아동의 내면 표상은 주로 부정적인 자기상과 부정적인 대상상, 그리고 고통스러운 정서로 구성된다. 이러한 표상 구조가 형성되면 이후의 대인관계에서도 현실의 다양한 측면 중 부정적인 측면만을 선택적으로 지각하는 경향이 강화되며, 낮은 자존감과 타인에 대한 부정적 기대가 고착된다. 그 결과 왜곡된 지각과 방어적 태도가 반복되며 대인관계의 어려움으로 이어진다(Kernberg, 1976).

초기 경험을 통해 내면화된 표상들은 개인 성격의 기본적인 틀로 자리 잡고, 동시에 대인관계 경험의 반복적 패턴이 된다. 이러한 패턴이 자기-타자 간에 안정적으로 확립되면, 이후의 관계에서도 유사한 방식으로 재현되며 개인의 관계 세계를 강하게 제한한다. 표상이 비교적 유연한 경우에는 새로운 관계 경험을 통해 수정될 수 있지만, 표상이 지나치게 경직되어 있을 경우 개인은 이후의 대인관계를 기존의 내면화된 틀에 맞추어 재연하려는 경향을 보이게 되고, 이로 인해 변화의 가능성은 현저히 감소한다. 어려서부터 익숙한 내적 대상관계를 무의식적으로 반복하려 한다.

인간은 대부분 외부의 실재 세계와 상호작용하며 살아간다. 이 외부 세계는 관찰 가능한 사회적 환경 속에 존재하는 관찰 가능한 대상의 세계, 즉 일상생활의 세계이다(Clair, 2010). 그러나 개인은 외부 대상을 그대로 받아들이기보다는, 외부 대상에 대한 의미와 이미지를 먼저 형성한 뒤, 실제 대상이 아니라 자신의 내면에 형성된 대상 이미지와 관계를 맺고 반응한다. 이러한 대상관계의 반복은 결국 한 사람의 성격을 형성하게 되며, 성격은 개인의 삶의 방향과 대인관계의 운명에 지속적인 영향을 미친다.

따라서 개인이 자신의 삶을 보다 자유롭고 만족스럽게 살아가기 위해서는 자신의 내면에 형성된 자기표상과 대상표상을 이해하고 성찰하며, 자신과 타인을 보다 현실에 가까운 모습으로 경험할 수 있도록 돕는 데 있다. 동일한 한 사람에 대해 서로 다른 사람들이 서로 다른 평가를 내리는 현상 역시, 각 개인이 지닌 내적 대상표상이 다르기 때문에 발생한다. 즉 우리는 타인을 그 사람 그대로 '보는 것'이 아니라, 각자의 내면을 통해 타인을 해석하고 경험한다.

자기표상과 대상표상은 쌍을 이루어 존재하며, 개인의 내면 세계에는 이러한 자기-대상표상의 쌍이 다수 형성되어 있다. 이 표상들의 집합이 개인의 심리적 내적 세계를 구성하며, 대인관계 상황에서 특정 표상 쌍이 활성화되면서 관계 경험이 형성된다. 그러므로 어떤 사람 앞에서는 유독 불안하거나 위축되고, 어떤 사람 앞에서는 비교적 편안함을 느끼는지를 탐색하는 작업은, 분열되고 경직된 표상을 인식하고 통합하는 중요한 과정이 된다. 이러한 통합의 과정이 곧 대상관계적 치료의 핵심 목표라 할 수 있다.

4. 의식, 전의식, 무의식

오스트리아의 신경과 의사였던 지그문트 프로이트는 히스테리 환자를 치료하는 과정에서 인간의 정신에는 의식에서 억압된 기억과 표상 등을 내용으로 하는 무의식의 영역이 존재한다고 주장하면서 무의식을 과학적으로 다루는 새로운 학문인 정신분석학을 창시하였다. 프로이트 이전에도 쇼펜하우어와 니체 같은 철학자들이 삶을 추동하는 생의 충만한 의지에 주목하면서 정신은 상이한 부분의 힘의 갈등과 타협에 의해 늘 격렬하게 요동치는 특유의 역동성을 가지고 있기 때문에 의식적 차원만 강조하지 말 것을 주장하였다(김석, 2010). 프로이트는 이러한 사상들을 종합하면서 최초로 무의식을 체계적으로 개념화하면서 의식은 불쾌한 표상이나 기억을 쫓아내고 망각하려 하는데, 이 과정에서 억압된 것이 무의식의 내용이 된다고 하였다. 억압된 내용들은 의식의 통제를 피해 여러 증상이나 환각을 통해 표현되며, 변형되어 꿈이나 말의 실수 등으로 나타나기도 한다.

프로이트는 의식, 전의식, 무의식을 설명하는 모델을 개발하였는데 인간의 마음의 구조가 땅의 형태를 닮았다고 하여 지형학적 모델이라고 명명하였다. 즉 지형을 보면 땅 위에 드러나 있어 눈으로 볼 수 있는 영역이 있고, 포클레인이나 기계를 사용해서 파 보아야 보이는 영역이 있고 고도의 기술과 도구를 가지고 파고 들어가야 알 수 있는 영역도 있다. 마찬가지로 우리 인간의 마음은 지금 떠올라서 생각할 수 있는 의식의 영역과, 노력을 해야 생각해 낼 수 있는 전의식의 영역, 그리고 생각해 보지 못한 무의식의 영역이 있다.

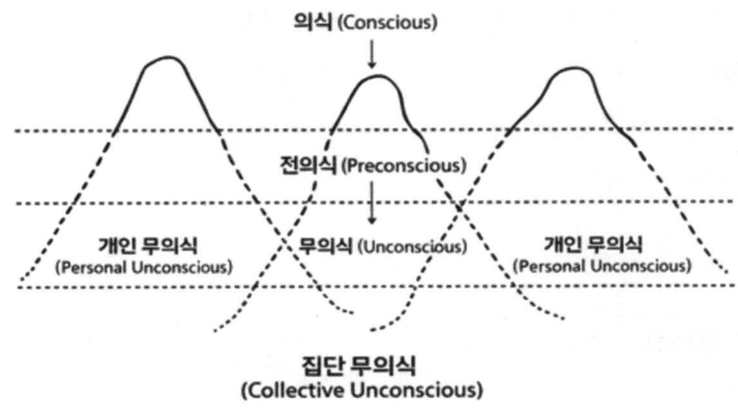

그림 3. 의식, 전의식, 무의식

가. 의식

의식은 직접 자기 마음을 알 수 있는 심리영역이다. 내가 현재 생각해 낼 수 있고 현재 내가 관심을 갖고 있는 영역이다. 의식은 생각 즉 사고의 영역이며 생각은 자연스럽게 의지를 만들어 낸다. 공부에 대해 생각하면 '공부해야지' 하는 의지를 만들어 내게 된다. '일해야지, 살을 빼야지, 10년 후에 결혼을 해야지, 내년에 집을 사야지' 모두 의지와 관련이 있다. 현재 관심이 있는 것은 다 의식의 영역에 있다. 의식은 어떤 사물을 지각하고 판단하고 과거의 것을 기억하고 있고 미래를 예견하고 기대하는 데 사용되는 일련의 사고 작용이다.

나. 전의식

전의식은 의식과 무의식의 중간 영역이며 지금 당장은 떠오르지 않지만 노력을 기울이면 의식의 영역으로 끌어올릴 수 있는 영역이다. 예를 들어 길에서 초등학교 시절 친구를 만났는데 이름이 생각나지 않을 때 집에 와서 앨범을 찾아보는 노력을 통해 기억해 내는 경험에서 그 친구는 전의식의 영역에 저장되어 있었던 것이라 할 수 있다. 또한 전의식은 무의식에 억압된 감당할 수 없는 내용들이 의식으로 올라오지 못하도록 검열하는 작업도 감당한다. 전의식은 지금은 필요하지 않지만 내가 경험한 것들이 저장되어 있는 기억의 저장고이다.

다. 무의식

정신분석의 근본 주제는 무의식이며, 무의식에 대한 이해는 신경증의 원인과 인간 심리를 이해하는 핵심 열쇠로 간주된다. 무의식은 인간의 마음에서 의식 세계로 통합될 수 없는 경험과 정서, 사고를 보관하는 심리적 영역이다. 이는 주로 억압(repression)과 분열(splitting)이라는 독특한 방어 과정을 통해 형성된다. 개인이 감당할 수 없는 내·외적 자극에 직면할 때, 자아는 생존을 위해 해당 자극을 의식에서 배제하며, 이 과정에서 심리적 분열이 발생하고 억압된 내용은 무의식으로 전환된다.

프로이트에 따르면, 억압은 자아가 감당하기 어려운 욕동, 기억, 정서를 신속히 의식에서 추방하는 방어기제로서 신경증의 핵심 기제이다. 과거의 경험이 억압되어 무의식에 고착되면, 개인은 그 특정 과거에 심리적으로 묶여 현재로부터 소외된다. 따라서 정신분석 치료의 핵심은 억압된 무의식적 관념·정서를 성숙한 자아의 관점에서 직면하고 재해석하여 의식화하는 과정에 있다. 이는 과거의 반복에서 벗어나 새로운 발달을 가능하게 한다.

인간의 정신작용 대부분은 무의식적으로 이루어진다. 개인은 이러한 무의식적 정신활동의 결과만을 의식할 뿐이다. 그러므로 의식의 판단과 평가를 온전히 이해하기 위해서는, 이를 무의식과의 역동적 상호관계 속에서 파악해야 한다.

무의식은 1차 정신과정(primary process)의 지배를 받으며 다음과 같은 특성을 지닌다. 첫째 무시간성의 원리이다. 무의식에는 시간의 흐름이 존재하지 않으므로, 수십 년 전의 상실이나 이별도 현재의 사건처럼 작동한다. 둘째, 무논리성이다. 논리적으로 따지기 좋아하는 사람도 자신의 일이나 스트레스 상황 혹은 꿈에서는 논리가 없어지고 논리적 도순을 일으킨다. 서로 상반된 감정과 생각이 동시에 공존하며, '그리고/또는'의 구분 없이 함께 존재한다. 셋째, 비현실성이다. 무의식은 현실 검증과 인과 법칙을 따르지 않는다. 생각과 상상, 소망이 실제 사건과 동일한 심리적 힘을 가진다. 넷째, 무도덕성이다. 무의식에는 선악이나 윤리적 판단이 없다. 사회적 규범과 도덕 이전의 욕망과 충동이 그대로 존재한다. 다섯째, 쾌락원칙의 지배이다. 무의식은 쾌락원칙을 따르며 자극에 즉각적·직접적으로 반응한다. 여섯째, 원초적 표현 방식이다. 무의식은 압축, 전치, 이미지화, 상징화와 같은 방식으로 표현되며, 이는 꿈 작업과 증상 형성에서 두드러진다. 일곱째, 반복 회귀 경향이다. 일단 지각되었다가 억압된 무의식적 내용은 반복적으로 의식에 귀환하려는 경향을 지닌다.

　이러한 무의식은 성 본능, 자기보존 본능, 공격·파괴 본능 등 다양한 본능 에너지의 저장소이다. 무의식 안에는 많은 풀지 못한 덩어리들이 응축되어 있다. 두려움, 폭력적인 동기, 받아들여지기 힘든 성적 욕망, 비합리적 소망, 비도덕적인 욕구, 수치스러운 기억, 이기적인 필요 등이 무의식 안에 억압되어 있다가 의식의 강도가 약해졌을 때 튀어나온다.

　무의식과 의식 간의 분열이 심화될수록 에너지는 고갈되어 창조적이고 통합적인 의식 활동이 어려워진다. 무의식에 들어 있는 것들은 억압되어 노력을 기울여도 생각할 수 없고 알 수 없는 영역이다. 다만 지반이 약해졌을 때 화산이 폭발하듯 의식의 힘이 약해졌을 때 용수철처럼 무의식 안에 억압되었던 것들이 부지불식간에 튀어나오게 된다. 꿈, 말실수, 깜박 잊어버림 등을 통해 무의식의 작용을 느낄 수 있고, 스트레스 상황, 꿈꿀 때, 술에 취했을 때 등 의식으로 제어가 안 될 때 무의식이 드러난다. 무의식은 의식에 잡히지 않지만 강력하게 인간의 행동을 좌지우지하는 힘이 있다. 프로이트(1917)는 무의식이 신체와 정신 사이의 사라진 연결고리라고 하였다. 의식은 빙산의 일각일 뿐이다. 그러므로 인간은 의식적으로 행동을 바꿀 수 없고 무의식의 느낌이 변해야 한다. 무의식에서 협조를 해 주어야만 인간의 행동을 바꿀 수 있다. 무의식에 좋은 게 쌓여 있으면 자기를 좋게 만드는 행동을 하게 되지만, 무의식에 좋지 않은 느낌이 많이 쌓여 있으면 좋지 않은 행동을 하게 만든다. 결국은 무의식에 어떤 느낌이 저장되어 있느냐에 따라서 인생이 그 느낌대로 좌우된다고 해도 과언이 아니다. 어려서 요구가 잘 수용되지 않는 아이들은 짜증을 많이 내고, 예민하게 되고 그러면 밖에서도 예민하게 행동하다 보니 사람들에게 좋지 않은 인상을 주게 된다. 결국 그것이 예민한 성격이 되고 성격은 곧 대인관계의 패턴이 된다.

　무의식은 어린 시절 내면화된 불행한 마음과 어린 시절 느낌을 재현하려는 무의식적 재현의 욕구가 있다. 무의식에 어떤 느낌이 한번 들어가면 자꾸 그 느낌을 맛보려고 한다. 반복강박은 이러한 무의식적 작동을 설명하는 핵심 개념으로, 프로이트 이론의 중요한 난제이기도 하다. 이러한 무의식은 깊고 깊어 개인 무의식을 너머 집단 무의식까지 연결된다.

제2장

유아의 심리 발달 단계

인간의 심리 발달 과정을 보면 산을 등반하는 것과 비슷하다. 산을 좋아하는 사람들은 히말라야 산맥 중 가장 높은 산인 에베레스트를 성지처럼 한번 올라가 보고 싶어 한다. 그러나 모두가 에베레스트를 정복해 보지도 못하는 것처럼 인간의 마음이 최고봉까지 발달해 나가는 사람은 거의 없다. 높은 산을 오를 때는 베이스캠프를 치고 계속 연락하고 이런저런 과정을 계속 거치면서 올라 가듯이 인생을 살면서 엄마라는 베이스캠프에 근거지를 두고 살아가는 것 같다. 산마다 봉우리가 있듯이 인생도 봉우리가 있어 한 봉우리 봉우리를 잘 넘어야 인생이라는 산맥을 잘 넘어 한 인간 으로서 마음의 성장을 잘해 나가게 된다. 그렇지 않으면 산사태를 만나고 눈보라를 만나 산을 더 이상 올라가지 못하고 내려오듯이 인간의 심리도 삶에서 충격과 아픔을 만나게 되면 더 이상 심리 가 발달하지 못하고 고착되어 버린다.

대상관계이론에서 유아 발달은 단순한 성숙의 문제가 아니라, 양육자가 제공하는 심리적 기능 이 아이의 마음 안에 어떻게 구조화되는가의 과정이다. 특히 도널드 위니컷의 안아주기(holding) 와 윌프레드 비온의 담아주기(containment) 개념은, 유아의 불안과 원초적 정서가 어떻게 '생각 가 능한 마음'으로 전환되는지를 설명하는 핵심 개념이다.

1. 자기-대상 미분화 단계(출생~생후 6개월)

출생에서 생후 6개월까지의 시기는 자기와 대상이 아직 분화되지 않은 단계로, 유아는 자신과 돌봄 대상(주양육자)을 분리된 존재로 인식하기보다 하나의 연속된 경험 장으로 지각한다. 이 시기 유아의 심리 세계는 아직 안정된 대상표상이나 자기표상이 형성되기 이전의 상태로, 만족과 불만족의 신체적·정서적 경험이 단편적으로 축적되는 수준에 머문다. 쾌와 불쾌의 경험은 대상 자체에 대한 평가라기보다 상태 경험으로 저장되며, 반복되는 돌봄의 리듬과 감각적 일관성을 통해 초기의 정서적 안정이 형성된다. 코헛의 자기심리학에 따르면 이 단계의 유아는 자기대상과의 합체적 관계 속에서 자기의 원초적 응집을 유지하며, 양육자의 공감적 반응은 유아의 생리적 긴장과 정서적 흥분을 조절하는 외부 자기조절 장치로 기능한다. 즉, 양육자는 유아의 배고픔, 불편감, 불안을 즉각적으로 인식하고 반응함으로써 아직 분화되지 않은 자기의 붕괴를 예방하고, 기본적인 자기 연속성과 안전감을 제공한다. 이 시기에 요구되는 양육자의 기능은 해석이나 훈육이 아니라 신체적·정서적 조율을 중심으로 한 안아주기(holding)와 원초적 담아주기(containment)이며, 이를 통해 유아는 '세상은 나를 받아 주고 조절해 준다, 세상은 안전하고 믿을 만하다'는 전언어적 수준의 신뢰를 형성한다. 이러한 경험이 충분히 반복될 때 이후 자기-대상 분화와 대상표상 형성의 토대가 마련되며, 반대로 심각한 결핍이나 반복적 단절이 있을 경우 성인기에는 기본적 안전감의 취약, 공허감, 자기 응집의 불안정성으로 이어질 위험이 높아진다. 이 시기에 심각한 결핍이 있을 경우 자폐적 성향이 있을 수 있다.

2. 자기-대상 분화의 시작(생후 6개월~12개월)

생후 6개월에서 12개월 사이는 자기와 대상의 분화가 본격적으로 시작되는 시기로, 유아는 자신과 주양육자가 동일한 존재가 아니라는 사실을 점차 인식하게 된다. 이 단계의 핵심 특징은 대상의 부재와 재현에 대한 인식이 생기면서 분리불안이 출현하고, 만족을 주는 경험과 좌절을 주는 경험이 각각 '좋은 대상'과 '나쁜 대상'으로 분열되어 지각된다는 점이다. 이 시기 유아는 아직 상반된 경험을 하나의 대상으로 통합할 수 없기 때문에, 양육자가 즉각적으로 욕구를 충족시킬 때는 전적으로 좋은 대상으로 경험되지만, 부재하거나 좌절을 주는 순간에는 나쁜 대상으로 지각된다. 코헛의 자기심리학에 따르면 이러한 분열 경험은 아직 자기조절 능력이 충분히 형성되지 않은 유아가 자기의 응집성을 유지하기 위한 발달적 방어로 이해될 수 있다. 분리불안이 촉발되는 상황에서 양육자의 공감적 반응은 외부 자기대상으로서 유아의 불안을 조절하고 자기 붕괴를 방지하는 기능을 수행한다. 분리불안이 시작되는 이 시기에는 양육자와의 충분한 의존이 매우 중요하다. 이 시기의 사랑은 의존이다. 이 시기 양육자에게 요구되는 역할은 유아의 불안을 과도하게 자극하거나 회피하지 않고, 반복적이고 예측 가능한 방식으로 돌아오고 반응함으로써 '사라졌다가도 다시 돌아오는 대상'에 대한 신뢰를 형성하도록 돕는 것이다. 즉 양육자가 아이 곁을 비우는 일이 생겨도 아이가 울면 바로 와서 달래 주어야 한다. 그러면 내 옆에 없는 대상이 영원히 없는 것이 아니라는 것을 무의식에 알게 된다. 이러한 경험이 누적될 때 유아는 좋은 대상 경험을 내적으로 유지한 채 일시적인 부재를 견딜 수 있는 능력을 발달시키며, 이는 이후 대상 항상성과 안정된 내적 대상관계의 기초가 된다. 반대로 이 시기에 분리불안이 충분히 조절되지 않거나 대상의 반응이 일관되지 못할 경우, 성인기에는 대인관계에서 버림받음에 대한 과도한 불안, 대상의 반응에 따라 급격히 변하는 정서, 흑백적 사고와 감정 양상으로 나타날 가능성이 높아진다. 이 시기에 충분히 의존되지 않으면 이후 우울증, 공포증, 중독에 노출에 위험이 커진다.

3. 연습기: 탐색과 귀환, 자율성의 출현(만 1세~2세)

만 1세에서 2세에 해당하는 연습기(practicing phase)는 유아가 신체적 이동 능력의 발달을 바탕으로 본격적인 탐색을 시작하면서 자율성이 뚜렷하게 출현하는 시기이다. 이 단계의 유아는 주양육자로부터 물리적으로 떨어져 세상을 탐색하되, 정서적으로는 여전히 대상을 '안전기지'로 활용하며 필요할 때 반복적으로 귀환하는 양상을 보인다. 이 시기의 탐색과 귀환은 자기와 대상이 분리된 존재임을 전제로 하지만, 아직 대상 항상성이 충분히 확립되지 않았기 때문에 정서적 연결이 유지된다는 확신 속에서만 가능하다. 연습기는 유아의 과장된 자기감과 전지전능감이 활성화되는 시기로, 유아는 자신의 움직임과 성취를 통해 강한 활력감과 자기 확장을 경험한다. 이때 양육자는 거울 자기대상으로서 유아의 시도와 성취를 공감적으로 반영해 주어야 하며, 동시에 과도한 좌절이나 방임 없이 현실적 한계를 제공하는 조율된 반응을 유지해야 한다. 이러한 경험은 유아가 자신의 능력에 대한 기본적 신뢰를 형성하고, 실패나 좌절이 곧 자기 붕괴로 이어지지 않도록 돕는다. 연습기에서 충분한 지지를 받은 유아는 탐색과 귀환의 리듬 속에서 자율성과 의존의 균형을 배우며, 점차 안정된 자기감과 대상을 향한 신뢰를 동시에 발달시킨다. 반대로 이 시기에 탐색이 과도하게 제한되거나 정서적 지지가 부족할 경우, 성인기에는 자율성의 위축, 새로운 시도에 대한 불안, 혹은 반대로 과장된 독립성과 관계 회피로 나타날 가능성이 있다.

4. 재접근기(만 2세~3세)

재접근기는 분리·개별화를 향한 자율 욕구와 대상에 대한 강한 의존 욕구가 동시에 활성화되면서, 사랑과 분노라는 양가감정을 하나의 관계 안에서 경험하고 통합해 가는 결정적 발달 단계이다. 이 시기 유아는 좋은 대상과 나쁜 대상을 분리된 표상으로 유지하기보다, 하나의 동일한 대상 안에 상반된 정서적 측면이 공존할 수 있음을 감당하려 하며, "다가가며 밀어내기"라는 행동을 통해 통합의 갈등을 드러낸다. 이러한 과정에서 핵심 발달 과제는 양가감정을 표현하더라도 관계가 붕괴되지 않는다는 경험을 반복적으로 축적하는 것이다. 재접근기는 아직 자기조절 능력이 미숙한 유아의 자기 응집성이 쉽게 흔들리는 시기로, 좌절과 분노 상황에서 자기 붕괴의 위기가 촉발될 수 있는 단계로 이해된다. 따라서 양육자는 단순한 훈육자가 아니라 자기대상으로서 기능하며, 유아의 강렬한 감정과 집착을 공감적으로 이해하고 담아내는 동시에 현실적인 한계를 제시해야 한다. 이는 코헛이 말한 최적의 좌절의 초기 형태로, 완전한 욕구 충족이 아니라 공감과 한계가 결합된 반응을 통해 유아가 감정을 견디고 조절하는 능력을 내면화하도록 돕는다. 이러한 holding 과 containment, 그리고 자기대상 경험이 충분히 제공될 때 유아는 '화를 내도 대상은 사라지지 않는다'는 기본 신뢰를 형성하고, 통합된 대상표상과 응집적인 자기를 발달시킨다. 반대로 이 시기의 발달이 충분히 지지되지 못할 경우, 성인기에는 관계에서 붙잡기와 밀치기를 반복하는 불안정 애착, 분노 조절의 어려움과 극단적 후회, 극단적인 이상화와 평가절하의 왕래, 버림받음 공포 등 경계선 성격 조직 수준의 취약성이 나타나거나, 보다 신경증적 수준에서는 억압된 분노와 우울·불안이 교차하는 양상으로 나타날 수 있다.

5. 대상항상성 확립 시기(만 3세 전후)

　만 3세 전후는 분리·개별화 과정이 중요한 전환점에 이르러, 대상 항상성과 비교적 안정된 내적 대상관계가 형성되는 시기이다. 이 단계의 핵심 과제는 외부 대상이 물리적으로 부재하거나 정서적으로 즉각 반응하지 않더라도, 그 대상이 여전히 동일하고 지속적인 존재로 마음속에 유지될 수 있는 능력, 즉 대상 항상성을 획득하는 것이다. 이는 앞선 재접근기에서 경험한 양가감정이 일정 수준 통합된 이후에 가능해지며, 유아는 더 이상 대상의 순간적 좌절이나 거절을 곧바로 버림이나 관계 붕괴로 해석하지 않게 된다. 이 시기는 반복된 공감적 자기대상 경험과 최적의 좌절을 통해 자기의 응집성이 한층 안정되는 단계로 이해할 수 있다. 양육자가 지속적이고 예측 가능한 태도로 공감과 한계를 제공할 때, 유아는 외부 자기대상에 대한 절대적 의존에서 점차 벗어나 자기 안에 조절 기능을 내면화하며, 이는 코헛이 말한 변형적 내면화의 초기 형태에 해당한다. 그 결과 유아는 불안이나 분노가 촉발되는 상황에서도 스스로를 어느 정도 진정시킬 수 있고, 대상에 대한 신뢰를 유지한 채 탐색과 놀이, 자율적 활동에 몰입할 수 있게 된다. 자율적 활동에 몰입할 수 있도록 자율성이 보장되어야 하는 시기이다. 이 시기는 자율성이 사랑이다. 이러한 발달이 충분히 지지될 경우 안정된 내적 대상관계와 응집적인 자기가 형성되어 이후의 대인관계에서 기본적 안정감과 정서적 탄력성을 제공한다. 반대로 이 시기에 대상 항상성과 자기 응집의 발달이 취약할 경우, 성인기에는 관계에서 사소한 좌절에도 쉽게 불안정해지거나 과도한 확인과 의존을 보이는 양상이 나타날 수 있으며, 스트레스 상황에서 자기 조절 능력이 급격히 약화되어 불안, 우울, 분노가 혼재된 형태로 재현될 가능성이 높아진다.

제3장

대상관계이론의 대표적 방어기제

방어기제란 개인이 불안을 유발하는 내적 갈등이나 외적 위협에 직면했을 때, 자아를 붕괴의 위험으로부터 보호하기 위해 무의식적으로 사용하는 심리적 사고 및 행동 양식을 의미한다. 방어기제는 무엇이 정확히 위협적인지 분명하지 않거나, 이성적이고 직접적인 방식으로 불안을 통제하기 어려운 상황에서 작동하며, 고통스러운 현실이나 받아들이기 힘든 욕동을 거부하거나 왜곡함으로써 자아의 안정성을 유지하는 기능을 한다. 프로이트는 인간에게 존재하는 성적 리비도와 공격성과 같은 원초적 욕동이 그대로 의식과 행동으로 표출될 경우 심리적 혼란이 발생한다고 보았으며, 자아는 이러한 욕동이 현실적으로 용납되지 않는 방식으로 나타나는 것을 막기 위해 방어기제를 사용한다고 설명하였다(유근준, 2013; Freud, 1894/1957).

초기 정신분석 이론이 형성되던 프로이트의 시대는 억압을 중심으로 한 신경증의 시대였다고 할 수 있다. 당시 정신병리는 주로 받아들일 수 없는 욕망을 무의식적으로 억압한 결과로 이해되었으며, 치료의 초점 역시 억압된 무의식적 내용을 의식화하는 데 놓여 있었다. 그러나 21세기 현대 사회로 오면서 정신병리의 양상은 변화하였고, 전통적인 의미의 억압은 상대적으로 감소한 반면, 분열, 부인, 투사와 같은 보다 원시적 방어기제가 자기애적 성격 문제나 구조적 취약성과 함께 빈번하게 관찰되고 있다. 이러한 변화는 무의식에 대한 이해를 단순히 '무엇이 억압되었는가'라는 내용 중심의 접근에서, 자아와 자기의 구조, 그리고 자기 기능의 안정성이라는 차원으로 확장시킨다.

정신분석적 치료에서 방어기제는 제거해야 할 대상이 아니라, 유년기의 미성숙한 자아가 생존을 위해 형성한 심리적 적응 방식으로 이해된다. 치료의 목적은 방어를 무력화하는 데 있지 않고, 과거의 발달 단계에서는 불가피했던 경직된 방어를 현재의 상황에 보다 적합한 성숙한 방어로 변형하도록 돕는 데 있다. 동일한 자극이라도 미성숙한 자아에게는 감당할 수 없는 외상으로 경험될 수 있지만, 충분히 발달한 자아에게는 의미화와 재해석이 가능한 일상적 사건으로 다루어질 수 있다. 승화와 같은 성숙한 방어기제 역시 부정적 에너지를 사회적으로 용인되는 방식으로 전환한다는 점에서 방어의 한 형태이며, 적응적 기능을 수행한다. 이러한 관점에서 정신분석은 과거에 억압과 왜곡을 통해서만 처리할 수 있었던 경험을, 현재의 성숙한 자아가 다시 인식하고 통합하는 자기 인식의 과정이라 할 수 있다.

방어기제는 인간이 살아가는 과정에서 보편적으로 사용되는 정상적인 심리 반응이지만, 그 심각도와 사용 시기, 방어의 유형, 그리고 방어가 철회될 수 있는 유연성 여부에 따라 적응적 기능을 하기도 하고 부적응으로 이어지기도 한다. 방어기제라는 용어는 프로이트가 1894년 논문 「방어의 신경정신학」에서 처음 사용하였으며, 그는 방어가 자아와 외부 현실 사이의 갈등에 적응하도록 돕는다는 점에서 발달과 정신건강에 기여할 수 있다고 보았다(Freud, 1894/1957). 그러나 방어가 갈등 자체를 변화시키지 않고 지속적으로 현실을 부인하거나 왜곡하는 방식으로 고착될 경우, 오히려 개인의 사회적 적응과 대인관계를 심각하게 제한하는 요인이 될 수 있다.

프로이트는 억압 외에도 욕동을 조절하기 위한 다양한 방어기제를 제시하였으며, 특히 승화를 통해 성적·공격적 충동이 예술과 문화라는 생산적 활동으로 전환될 수 있음을 강조하였다. 또한 특정 정신병리 유형이 특정 방어기제와 밀접하게 연결된다고 보았는데, 예를 들어 히스테리에서는 전환, 강박증에서는 전치, 편집증에서는 투사, 정신병적 상태에서는 환각적 혼란과 같은 방어가 주로 사용된다고 설명하였다. 이 가운데 억압은 무의식적 내용이 의식으로 침투하지 못하도록 차단하는 핵심 방어로서, 초기 정신분석 이론의 중심 개념을 이루었다.

안나 프로이트는 이러한 논의를 확장하여 억압 외에도 퇴행, 반동형성, 격리, 취소, 투사, 함입 및 동일시, 자기로의 전향, 반전, 승화 등 다양한 자아 방어기제를 체계화하였으며, 이후 공격자와의 동일시, 이타주의, 금욕주의, 지식화 등의 방어를 추가하였다(최영민, 2013; Anna Freud, 1936/1993). 그녀는 방어기제를 원본능, 초자아, 현실 간의 긴장을 조정하는 자아의 기능으로 이해하였고, 방어기제의 양상이 개인의 성격 구조와 이상심리를 이해하는 중요한 단서가 된다고 보았다.

한편 프로이트와 안나 프로이트의 자아심리학이 주로 신경증적 방어에 초점을 맞추었다면, 대상관계이론은 보다 심각한 성격장애나 정신병적 수준의 병리를 토이는 사람들이 사용하는 원시적 방어기제에 주목하였다. 대상관계이론은 인간의 가장 초기 발달 시기에 형성되는 내적 대상관계와 정신 구조를 연구함으로써, 부인, 분열, 투사, 투사적 동일시, 이상화와 평가절하와 같은 방어기제가 어떻게 초기 관계 경험에서 비롯되는지를 설명한다(유근준, 2014). 이러한 방어기제에 대한 이해는 심각한 정신병리를 보이는 내담자의 행동과 대인관계 양상을 임상적으로 이해하는 데 중요한 이론적 틀을 제공한다.

1. 부인

부인(denial) 혹은 부정은 외부 현실에서 실제로 발생한 사건이나 그 의미를 심리적으로 받아들이지 않음으로써 불안을 최소화하려는 방어기제이다. 이는 "그 일이 일어났다는 사실 자체를 인정하지 않는 것"이라는 점에서, 불편한 충동이나 감정을 의식에서 밀어내는 억압과 구별된다. 부인은 개인이 감당하기 어려운 현실과 처음 마주할 때 가장 자동적으로 나타나는 초기 반응 중 하나로, 충격적 사건, 상실, 외상 상황에서 흔히 관찰된다. 예컨대 "아니야, 그런 일이 있을 리 없어", "그 사람이 그럴 사람이 아니야"와 같은 반응은 현실 판단의 실패라기보다는, 갑작스러운 심리적 붕괴를 막기 위한 일시적인 방어로 이해할 수 있다.

발달적 관점에서 부인은 유아기의 자아중심성과 밀접하게 연결되어 있다. 초기 발달 단계에서 아동은 자신의 인식과 세계가 분리되어 있다는 개념을 충분히 갖지 못하며, "내가 인정하지 않으면 그것은 존재하지 않는다"는 전언어적 신념에 따라 경험을 구성한다. 이러한 원초적 사고 양식은 성인기에도 극심한 스트레스나 외상 상황에서 재활성화될 수 있으며, 부인 방어는 바로 이러한 원초적 과정의 잔재로 이해된다. 따라서 부인은 병리적 현상이라기보다, 심리적 위기를 넘기기 위해 일시적으로 작동하는 가장 초기적이고 보편적인 방어기제라 할 수 있다.

모든 방어기제가 그러하듯, 부인 역시 제한된 범위에서는 적응적 기능을 수행할 수 있다. 예를 들어 말기 질환을 진단받은 환자가 자신의 죽음을 부분적으로 부정하는 경우, 이는 압도적인 불안과 공포로 인한 즉각적인 자기 붕괴를 막아 주는 심리적 완충 장치로 작동할 수 있다. 이처럼 부인은 개인이 현실을 단계적으로 받아들일 수 있도록 시간을 벌어 주는 기능을 하며, 급성 위기 상황에서 자아를 보호하는 역할을 한다.

그러나 부인이 장기화되거나 경직된 형태로 고착될 경우에는 심각한 문제가 발생한다. 억압이 불편한 욕망이나 감정을 의식에서 밀어내되 현실 검증 기능은 유지하는 방어라면, 부인은 현실 검증 자체를 차단함으로써 자아 기능의 분리를 초래한다. 이로 인해 사고와 감정, 소망의 표현이 제한되거나 왜곡되며, 외부 현실과의 접촉이 점차 약화될 수 있다. 특히 만성적인 부인은 현실 적응을 어렵게 하고, 신체 질환의 치료 거부, 관계 문제의 반복, 책임 회피와 같은 행동으로 나타날 수 있으며, 심한 경우 성격장애나 정신병적 수준의 병리와 연결되기도 한다.

임상적으로 볼 때 부인은 제거해야 할 방어라기보다, 그 기능과 맥락을 이해해야 할 방어기제이다. 치료자는 부인이 자아를 보호하기 위해 언제, 왜 작동했는지를 공감적으로 탐색하면서, 내담자가 현실을 점진적으로 인식하고 감당할 수 있도록 돕는 역할을 한다. 즉, 부인을 직접적으로 무너뜨리기보다는, 자아의 성숙과 정서적 지지 속에서 부인이 더 이상 필요하지 않게 되는 과정을 지원하는 것이 치료의 핵심이라 할 수 있다.

2. 분열

분열(split)은 대상이나 자신을 전적으로 좋은 것 혹은 전적으로 나쁜 것으로 나누어 지각하며, 상반된 측면을 동시에 통합하여 사고하지 못하는 방어기제이다. '천사냐 악마냐', '아군이냐 적이냐', '내 편이냐 아니냐'와 같은 이분법적 사고가 그 전형적인 형태이며, 동일한 대상 안에 긍정적 측면과 부정적 측면이 공존할 수 있다는 사실을 심리적으로 견디지 못할 때 사용된다. 발달적 관점에서 분열은 유아기의 정상적인 방어기제로, 어린아이는 가장 중요한 대상인 양육자에게 느끼는 분노와 실망을 감당하기에는 자아가 아직 충분히 성숙하지 않기 때문에, 고통스러운 감정을 분리하여 처리한다. 이 시기에는 "엄마가 미울 때는 엄마의 좋은 면이 전혀 떠오르지 않고, 엄마가 좋을 때는 미운 감정이 사라지는" 양상이 자연스럽게 나타난다.

이러한 분열 경험은 자기표상에도 그대로 반영되어, 양육자에게 수용되는 자기 모습은 '좋은 나', 수용되지 않는 자기 모습은 '나쁜 나'로 분리된다. 그 결과 타인에 대해서도 자신을 전적으로 받아주는 사람만이 좋은 사람으로, 불편함이나 좌절을 주는 사람은 전적으로 나쁜 사람으로 인식하게 된다. 정상적인 발달 과정에서는 반복적인 안정적 돌봄과 정서적 조율을 통해 이러한 분열된 표상들이 점차 통합되지만, 돌봄이 일관되지 않거나 정서적 수용이 부족할 경우 통합 능력의 발달이 저해될 수 있다.

분열이 병리적으로 고착되면 대상과 상황을 전체적으로 보지 못하고, 모든 것을 '전부 좋다' 혹은 '전부 나쁘다'로 판단하는 경향이 두드러진다. 이때 개인은 실제로 피해를 입지 않았음에도 타인을 악의적인 존재로 규정하거나, 사소한 좌절에도 강한 분노와 피해의식을 경험하게 된다. 과도한 분노 폭발뿐 아니라 이유 없는 짜증과 만성적인 불편감 역시 분열이 활성화되고 있다는 신호로 이해할 수 있다. 즉, 마음속에서 긍정적 경험과 부정적 경험이 연결되지 못한 채 분리되어 있을 때 정서적 긴장이 지속적으로 유지된다.

임상적으로 분열은 경계선 성격장애, 편집성 성격장애, 자기애성 성격장애 등에서 핵심적인 방어기제로 관찰된다. 이러한 성격 구조를 가진 사람들은 타인이 아흔아홉 번을 잘해 주었더라도 한 번의 실망스러운 경험만으로 그 사람 전체를 '전적으로 나쁜 존재'로 평가절하하며, 이전의 긍정적 경험은 심리적으로 접근 불가능해진다. 좋은 표상과 나쁜 표상은 서로 영향을 주지 못한 채 분리되어 존재하므로, 감정 상태에 따라 인식이 급격히 변동한다. 예를 들어 경계선 성격 구조를 가진 내담자는 특정 상담가를 전적으로 이상화하다가, 사소한 좌절을 경험하는 순간 상담가를 무능하고 적대적인 존재로 지각하며 극단적인 분노를 표출할 수 있다. 이러한 분열은 개인 차원을 넘어 집단 안에서도 나타나, 한 사람을 중심으로 집단 내 편 가르기와 갈등을 촉발시키는 양상으로 확장되기도 한다.

분열 기제는 개인의 불안을 신속하게 감소시키고 자존감을 보호하는 데 매우 효과적인 방어이기 때문에, 불안 수준이 높거나 불안을 견디는 능력이 취약할수록 더욱 쉽게 활성화된다. 이로 인해 분열은 개인의 인식뿐 아니라 사회문화적 차원에서도 선과 악, 내부와 외부, 정의와 부정의라는 단순화된 이분법적 서사로 반복 재현되며, 정치적·이념적 갈등에서 자주 활용된다. 그러나 분열은 현실을 왜곡하여 인식하게 만들기 때문에 장기적으로는 개인과 집단 모두에게 심각한 관계적·사회적 위험을 초래할 수 있다.

분열은 본질적으로 초기의 상처와 연결된 방어기제로, 성인기에도 지속적으로 모든 대상을 좋은 편과 나쁜 편으로만 나누는 경우, 그 심리는 양가감정을 다룰 수 없는 유아적 수준에 머물러 있다고 볼 수 있다. 양가감정이란 동일한 대상에 대해 사랑과 분노, 기대와 실망을 동시에 느끼는 능력을 의미하며, 분열은 바로 이 능력의 결여를 반영한다. 분열 방어가 반복적으로 사용되는 이면에는 공통적으로 사랑받고 싶은 욕구가 좌절된 경험이 자리하고 있다. 분노와 짜증은 단순한 공격성이 아니라, 마음속에서 사랑과 연결되지 못한 고립된 신호로 이해할 수 있다. 따라서 분열을 다루는 임상적 접근에서는 분열을 비난하거나 제거하기보다, 그 아래에 있는 사랑받고자 하는 욕구와 정서적 결핍을 인식하고 수용하도록 돕는 것이 핵심적 과제가 된다. 이는 분열된 마음을 다시 연결하고, 통합으로 나아가는 출발점이 된다.

3. 투사

투사(projection)는 개인이 자기 안에서 감당하거나 이해하기 어려운 충동, 감정, 사고를 외부 대상에게 보내어 그 대상의 속성인 것처럼 지각하는 무의식적 방어기제이다. 이 개념은 대상관계이론과 함께 발달적으로 확장되었으며, 특히 윌프레드 비온은 투사를 인간 마음의 처리 과정과 연결하여 설명하였다. 비온에 따르면 인간의 마음에는 정체를 파악할 수 없고, 의미화할 수 없으며, 스스로 소화하기 어려운 감각적·정서적 경험들이 존재하는데, 이를 그는 '베타요소(beta elements)'라고 불렀다. 이러한 베타요소는 아직 사고로 변환되지 않은 원초적 경험으로, 개인이 혼자서는 처리할 수 없기 때문에 반드시 타자의 도움을 필요로 한다.

발달 초기의 아기는 이러한 베타요소를 자기 안에 보유할 능력이 없기 때문에, 이를 자기 밖으로 내보내는 방식을 사용한다. 아기가 울음을 통해 불편감과 혼란을 어머니에게 전달하는 과정은, 처리 불가능한 정서와 감각을 대상에게 '보내는' 투사의 원형적 형태라 할 수 있다. 충분히 좋은 어머니는 아기가 투사한 내용을 받아들이고, 이를 정서적으로 소화하고 의미화한 뒤 다시 아기에게 돌려준다. 이 과정을 비온은 '담아주기(containment)'라고 설명하였으며, 이러한 경험을 통해 아기는 자신의 감정이 파괴적이지 않으며 관계 속에서 처리될 수 있다는 기본적인 신뢰를 형성한다. 이때 어머니는 단순한 돌봄 대상을 넘어, 아기에게 세상을 매개하는 심리적 대상이 된다.

성인기의 투사는 이러한 초기 경험의 연속선상에서 이해될 수 있다. 투사는 자신의 바람직하지 않거나 용납하기 어려운 충동, 불안, 분노, 열등감과 같은 정서뿐 아니라, 과거 관계 속에서 형성된 내적 대상표상들을 외부 대상에게 던져 그 대상을 해석하는 방식으로 작동한다. 이 과정은 의식적으로 인지되지 않으며 무의식에서 이루어지기 때문에, 투사가 활성화되면 지각과 판단의 폭이 좁아지고 상대를 있는 그대로 보기 어려워진다. 대신 외부 대상은 내 안의 내적 대상과 닮은 특정 측면만이 과도하게 강조되어 인식된다. 결국 우리가 타인이나 사건을 바라보는 많은 해석은 객관적 사실이라기보다, 자신의 경험과 정서, 그리고 이미 형성된 내적 표상을 투사한 결과일 가능성이 크다.

투사는 부정적인 형태로만 나타나는 것이 아니다. 타인을 과도하게 비난하거나 질투하는 경우 역시 투사의 한 형태이지만, 반대로 이상화, 동경, 영웅 숭배와 같은 긍정적 투사도 존재한다. 아이들이 영웅이나 아이돌에게 매력을 느끼고 그들을 닮고자 하는 과정은, 자기 안에 잠재된 긍정적 가능성과 소망을 외부 대상에게 투사하고 이를 다시 내면화하는 발달적 경로로 이해할 수 있다. 사랑에 빠지는 경험 또한 긍정적 투사의 대표적인 예로, 짧은 만남에도 상대가 유난히 특별하고 매력적으로 느껴지는 것은 내 안의 긍정적 이미지와 이상이 그 대상에게 투사되기 때문이다. 중요한 점은, 투사되는 내용은 언제나 자신의 무의식 안에 이미 존재하는 요소라는 사실이다. 내 안에 전혀 없는 것은 투사될 수 없으며, 내가 상관없는 대상에게 강한 질투나 동경을 느끼는 일도 거의 없다.

투사는 또한 꿈을 통해 드러나기도 한다. 꿈속에 등장하는 인물과 사건은 외부 현실의 재현이기보다는, 자기 마음의 여러 측면이 투사된 상징적 표현으로 이해될 수 있다. 따라서 꿈에서 반복적으로 등장하는 인물이나 강한 감정을 유발하는 대상은, 자기 안의 어떤 부분이 그 형상을 통해서만 인식 가능해진 결과일 수 있다. 이처럼 투사는 무의식을 드러내는 통로가 되기도 하며, 이를 통해 개인은 자신의 내면을 간접적으로 인식할 수 있다.

그러나 성인기에도 투사가 지속적으로 외부로만 향할 경우, 개인은 책임과 에너지를 모두 밖으로 보내게 되어 관계 갈등과 반복적 악순환에 빠질 위험이 크다. 임상적으로 중요한 것은 투사를 완전히 제거하는 것이 아니라, 투사를 인식하고 점차 철회하여 그 에너지를 자기 이해와 자기 성찰로 전환하는 것이다. 투사를 통해 드러난 감정과 이미지를 다시 자기 안으로 가져와 의식화할 때, 과거의 상처와 미해결된 정서가 재구성될 수 있으며, 이는 심리적 성장과 통합의 중요한 계기가 된다. 결국 투사는 병리이기 이전에, 마음이 자신을 알기 위해 사용하는 원초적 언어이며, 이를 어떻게 다루느냐가 정신건강과 발달의 방향을 결정한다.

4. 투사적 동일시

투사적 동일시(projection identification)는 멜라니 클라인이 1946년 논문「분열성 기제에 관하여」에서 처음 제시한 방어기제로, 개인이 자기 안에서 수용하기 어렵고 위협적인 부분을 타인에게 투사할 뿐 아니라, 그 타인이 실제로 투사된 상태나 특성을 느끼고 행동하도록 무의식적으로 유도하는 심리 과정이다. 이는 단순히 "남의 탓으로 돌리는" 투사를 넘어, 분리된 자기의 일부를 대상 안에 넣고, 그 대상을 조정·지배·소유하려는 적극적인 관계적 방어라는 점에서 특징적이다(Hamilton, 1986).

클라인에 따르면 투사적 동일시는 생후 초기 3~4개월경의 편집-분열 자리에서 주로 나타나는 원시적 방어로, 멸절불안과 박해공포로부터 자신을 보호하기 위해 사용된다. 이 시기의 영아는 자기와 대상을 분리된 존재로 인식하지 못하고, 투사와 내사가 상호 교차하는 방식으로 관계한다. 즉, 투사가 일어나면 곧 내사가 뒤따르며, 투사적 동일시가 발생하면 내사적 동일시 역시 동시에 작동한다. 이때 투사되는 것은 단순한 생각이나 감정이 아니라, 자기 존재의 일부로 경험되며, 내사 역시 사고 차원의 동일시가 아니라 자아의 한 부분으로서의 동일시를 의미한다.

임상적으로 투사적 동일시는 구강기 수준에 고착된 정신 구조를 지닌 편집증 환자나 경계선 성격 구조에서 두드러지게 관찰된다. 이들은 자기 안에서 받아들이기 어려운 분노, 의존 욕구, 열등감, 공격성을 타인에게 투사하고, 그 대상이 실제로 그러한 감정이나 행동을 하도록 관계를 구성한다. 예를 들어 자신 안의 '나쁜' 분노를 견디지 못하는 사람은, 상대를 지속적으로 자극하거나 냉정한 태도를 유지함으로써 상대가 대신 분노를 폭발하도록 만들 수 있다. 이 경우 상대가 화를 내면, 의식적으로는 불쾌함을 느끼면서도 무의식적으로는 자신의 분열된 분노가 대신 표현되었다는 해소감을 경험하게 된다.

투사적 동일시는 투사와의 구분을 둘러싸고 이론적 논쟁이 존재한다. 일부 학자들은 투사가 이미 동일시를 포함하므로 둘을 명확히 구분할 수 없다고 보며, 다른 학자들은 투사한 내용에 따라 상대가 실제로 변화하도록 만드는 관계적 과정이 포함될 때 투사적 동일시라고 정의한다. 후자의 관점에서는, 투사적 동일시는 내담자가 감당하기 힘든 감정이나 욕구를 상대에게 '집어넣고', 상대가 그것을 자기의 것으로 느끼고 행동하도록 만드는 일련의 대인간 과정으로 이해된다.

이 기제는 다양한 형태로 나타날 수 있다. 예를 들어 의존 욕구를 '나쁜 것'으로 간주하고 억압한 사람은, 겉으로는 독립적인 태도를 유지하면서도 주변 사람들을 과도하게 의존적인 상태로 만들고, 그들을 돌보는 역할에 집착할 수 있다. 이 경우 타인을 돕지 않으면 불안과 괴로움이 증가하며, 강박적인 돌봄 행동으로 이어지기도 한다. 이러한 양상은 투사적 동일시가 개인의 성격 양식과 삶의 패턴 전반을 조직할 수 있음을 보여 준다.

윌프레드 비온은 투사적 동일시를 개인 내부의 방어를 넘어, 대인관계 속에서 실제로 발생하는 심리적 상호작용으로 확장하였다. 비온에 따르면, 투사적 동일시는 자기의 분열된 부분이 타인 안에 들어가고, 그 타인은 그것과 동일시하여 자신의 것처럼 경험하며, 결과적으로 투사한 사람의 분열된 측면을 관계 속에서 재연하게 되는 과정이다(Bion, 1959). 이 관점에서 투사적 동일시는 단순한 인식 왜곡이 아니라, 두 사람 사이에서 실질적인 정서적·행동적 변화를 만들어 내는 강력한 관계적 기제라 할 수 있다. 현대 정신분석에 오면서 코헛은 투사적 동일시를 응집된 자기를 유지하기 위해 타인에게 자기 기능을 맡기는 과정으로 이해하였다. 즉 코헛에게 투사적 동일시는 '너라도 나 대신 이 감정을 견뎌 달라', '내가 무너질 것 같으니 네가 나의 자아 기능이 되어 달라'라는 자기대상 요청에 가깝게 이해하였다. 즉 투사적 동일시는 '나쁜 자기 부분을 타인에게 넣고 지배, 조정하는 공격적 방어'로 보지 않고, 무의식적 의사소통이라 할 수 있다. 동시에 이는 개인이 감당하지 못한 자기의 일부가 어디에 있고, 어떤 형태로 표현되고 있는지를 보여 주는 중요한 임상적 단서이기도 하다. 따라서 치료적 접근에서는 투사적 동일시를 제거하기보다, 그것이 발생하는 맥락과 의미를 이해하고, 분열된 자기 경험을 점진적으로 통합하도록 돕는 것이 핵심 과제가 된다.

5. 이상화와 평가절하

이상화와 평가절하(idealization and devaluation)는 분열(splitting)에 기반한 방어기제로, 자기와 대상을 통합적으로 지각하지 못한 채 극단적으로 양분하여 경험하게 만드는 심리적 기제이다. 분열방어가 마음을 '전적으로 좋은 것'과 '전적으로 나쁜 것'으로 나누는 방식이라면, 이상화와 평가절하는 이러한 분열된 요소들이 자기와 대상에 비대칭적으로 짝지어지는 방식으로 나타난다. 즉 이상화는 자기 또는 대상을 완벽하고 이상적인 존재로 지각하는 것이며, 평가절하는 자기 또는 대상을 무능하고 무가치한 존재로 경험하는 것이다.

분열방어가 일반적으로 '좋은 자기-좋은 대상'과 '나쁜 자기-나쁜 대상'의 병렬 구조를 가진다면, 이상화와 평가절하는 '좋은 대상-나쁜 자기' 혹은 '좋은 자기-나쁜 대상'이라는 교차 구조를 형성한다. 예를 들어 상대를 지나치게 이상화할 경우, 자신은 그 앞에서 상대적으로 열등하고 부족한 존재로 평가절하되며, "저 사람은 완벽한데 나는 한참 못 미친다"는 자기비하가 강화된다. 반대로 자신이 이상화될 때에는 대상이 무능하고 하찮은 존재로 평가절하된다. 이러한 양상은 자기와 대상의 긍정적·부정적 측면을 동시에 인식하고 조율하는 통합 능력이 부족할 때 나타난다.

이상화와 평가절하는 고정된 상태라기보다, 상황과 정서에 따라 급격히 전환되는 특징을 지닌다. 한때 전적으로 이상적이었던 대상이나 자기상이 사소한 좌절이나 실망을 계기로 순식간에 평가절하되며, 반대로 무가치하다고 느껴졌던 대상이 다시 이상화되기도 한다. 이처럼 대상은 '완전히 좋은 존재'와 '완전히 나쁜 존재' 사이를 오가며, 중간 지점이 허용되지 않는다. 이러한 극단적 진동은 관계의 안정성을 심각하게 훼손하고, 가까운 관계일수록 더 빈번하게 나타난다.

정상적인 통합이 이루어진 심리 구조에서는 자기와 대상 모두에게 강점과 약점이 공존함을 인식할 수 있다. 즉 "나는 어떤 부분에서는 부족하지만, 다른 부분에서는 충분히 괜찮은 사람이며, 상대 또한 그러하다"는 상대적이고 입체적인 사고가 가능하다. 그러나 이상화와 평가절하가 지배적인 경우, 좋은 것은 전적으로 좋고 나쁜 것은 전적으로 나쁘다고 지각되며, 이러한 이분법적 판단이 반복된다. 그 결과 관계는 지속되기 어렵고, 갑작스러운 단절과 재접근, 감정의 급격한 반전이 반복되는 불안정한 패턴으로 조직된다.

임상적으로 이상화와 평가절하는 경계선 성격 조직과 자기애적 성격 구조에서 두드러지게 관찰되며, 이는 대상 항상성과 통합된 자기표상의 발달이 충분히 이루어지지 못했음을 시사한다 (Kernberg, 1975). 이러한 방어기제는 초기 관계에서의 불안과 취약성을 견디기 위한 보호 장치로 기능하지만, 성인기에도 고착될 경우 대인관계의 왜곡과 정서적 소진을 초래한다. 따라서 치료적 개입의 핵심은 이상화나 평가절하를 직접 수정하기보다, 그 기저에 있는 분열된 자기-대상 경험을 점진적으로 연결하고, 양가감정을 견딜 수 있는 통합 능력을 회복하도록 돕는 데 있다.

제4장

대상관계에서 보는 건강한 사람

대상관계이론에서는 대상항상성이 확립되어 있고, 통합능력이 있으며, 개별화가 잘되어 있고, 주체적인 사람을 건강한 사람이라고 본다.

1. 대상항상성이 확립된 사람

대상항상성(object constancy)이란 주요 타자나 타인이 물리적으로 곁에 없거나, 일시적으로 좌절과 불안을 유발하더라도 그 대상에 대해 안정적이고 일관된 정신적 표상을 유지할 수 있는 능력을 의미한다. 이 개념은 하인츠 하트만이 1952년에 처음 사용한 용어로, 단순한 기억 능력이 아니라 긍정적 정서가 부여된 내적 대상으로서 타인을 지속적으로 지각하는 자아 기능을 가리킨다. 즉 대상항상성이 확립된 개인은 타인의 일시적 부재나 좌절 경험에도 불구하고, 그 사람을 전반적으로 신뢰할 수 있는 존재로 유지할 수 있다.

마거릿 말러는 대상항상성을 분리-개별화 과정의 핵심 성취로 보았으며, 이는 실제 어머니가 제공하던 지지와 위로, 사랑의 기능이 심리적 이미지로 내면화된 상태를 의미한다고 설명하였다. 다시 말해, 외적 대상이 부재한 상황에서도 유아는 내면화된 어머니 표상을 통해 정서적 안정과 위안을 얻을 수 있게 된다. 이러한 내적 대상은 단순한 기억이 아니라, 정서적으로 살아 있는 기능적 표상이라는 점에서 중요하다.

안나 프로이트(1968)는 대상항상성을 "개인이 비록 불만스럽고 좌절된 상태에 있더라도 애착관계를 지속할 수 있는 능력"으로 정의하였다. 유아는 주요 타자와의 반복적인 상호작용 속에서 만족스러운 경험뿐 아니라 실망과 좌절도 함께 경험하게 되는데, 이때 양육자로부터 일관되고 충분히 좋은 돌봄을 경험한 경우, 대상의 긍정적 측면과 부정적 측면을 함께 인식하면서도 그 대상을 전체적으로 긍정적인 존재로 유지할 수 있게 된다. 이는 분열이나 극단적 평가를 넘어서 통합된 대상표상이 형성되었음을 의미한다.

대상항상성은 흔히 장 피아제가 제시한 대상영속성(object permanence)과 혼동되지만, 두 개념은 구별된다. 대상영속성은 숨겨진 사물이 여전히 존재하며 다시 찾을 수 있다는 인지적 확신을 의미하는 개념으로, 주로 지각과 사고의 발달과 관련된다. 반면 정신분석적 의미의 대상항상성은 정서적 차원의 개념으로, 부모에게 크게 실망했을 때에도 그 부모에 대한 좋은 감정과 신뢰를 동시에 유지할 수 있는 능력을 포함한다. 따라서 대상영속성은 대상항상성의 인지적 전제조건일 수는 있으나, 정서적 대상항상성은 훨씬 더 복합적이고 관계적인 성취이다.

대상항상성은 일반적으로 생후 약 24~36개월 사이에 형성되기 시작하며, 이 시기에 주요 타자에 대한 전체적으로 긍정적인 표상이 충분히 내면화될 경우, 유아는 타자가 부재한 상황에서도 스스로 그 표상을 활성화하여 정서적 안정을 유지할 수 있다. 이는 도널드 위니컷이 말한 '홀로 있을 수 있는 능력(capacity to be alone)'과도 밀접하게 연결된다. 즉, 대상항상성이 확립된 개인은 혼자 있음이 곧 버려짐이나 붕괴로 경험되지 않으며, 내면의 좋은 대상과 함께 있을 수 있다.

대상항상성이 안정적으로 유지되기 위해서는 부정적 경험보다 긍정적 경험이 충분히 축적되어야 하며, 이러한 경험을 통해 대상에 대한 신뢰와 안정된 표상이 형성된다. 좋은 대상에 대한 긍정적 기억이 충분히 함입될 때, 개인은 타인에 대해 실망하거나 분노를 느끼는 상황에서도 그 대상의 지지적이고 긍정적인 측면을 동시에 떠올릴 수 있다. 그 결과 타인과 세상에 대한 지각이 극단적이거나 부분적으로 왜곡되지 않고, 비교적 안정감과 정서적 균형을 유지할 수 있다. 대상관계이론의 관점에서 이러한 대상항상성의 형성은 건강한 성격 발달과 지속적인 대인관계를 가능하게 하는 핵심 요소이며, '좋은 느낌을 주는 자기(self)를 내면에 지닌 상태'가 바로 대상항상성이 확립된 심리적 건강의 지표라 할 수 있다.

2. 통합 능력이 있는 사람

대상관계이론에서 건강한 사람의 중요한 특징 중 하나는 대상에 대한 통합성(object integration)을 확립한 상태이다. 이는 대상을 부분대상(part-object)이 아니라 전체대상(whole object)으로 경험할 수 있는 능력을 의미한다. 전체대상이란 대상이 긍정적 측면과 부정적 측면을 동시에 지닌 하나의 통합된 존재임을 인식하는 것이다.

통합(integration)이란 두 개 이상의 정신적 요소를 의미 있게 결합하는 정신 기능을 말한다. 여기서 정신적 요소에는 기억, 표상, 정서, 사고, 신체적 반응과 행동 등이 포함된다. 반대로 이러한 요소들을 분리하여 인식하는 과정을 분화(differentiation)라고 한다. 분화는 발달 과정에서 필수적인 기능이지만, 분화된 요소들이 다시 통합되지 못할 경우 정신적 미성숙과 관계적 왜곡이 지속될 수 있다.

대상에 대한 통합성이 확립된 개인은 대상을 '좋은 대상'과 '나쁜 대상'으로 분리하여 지각하지 않는다. 대신 한 대상이 동시에 만족스러운 측면과 실망스러운 측면을 지니고 있음을 받아들이며, 그러한 양가성을 견딜 수 있다. 이러한 능력은 대상의 일부 속성에 근거하여 가치를 판단하기보다, 대상 그 자체의 존재를 지속적으로 유지하고 존중할 수 있는 성숙한 정신 기능을 의미한다.

반면 대상이 부분대상으로 경험될 경우, 개인은 대상을 전체적인 인격체로 인식하지 못하고 특정 기능이나 효용에 따라 관계를 맺게 된다. 이때 타인은 정서적 주체라기보다 정보, 인정, 돈, 권력 등과 같은 욕구 충족의 수단으로 대상화된다. 이는 대상을 일부분만 인식하거나, 일부분을 전체로 동일시하는 미성숙한 정신 작용의 결과이다.

이러한 부분대상 관계는 분열(splitting)이라는 방어기제를 통해 유지된다. 분열은 대상을 전적으로 '좋은 것' 또는 '나쁜 것'으로 나누어 경험하게 하며, 이는 정서적 안정은 제공할 수 있으나 현실 인식과 관계의 지속성을 심각하게 손상시킨다. 이 개념은 특히 초기 대상관계이론을 발전시킨 멜라니 클라인의 이론에서 핵심적인 위치를 차지한다.

따라서 대상관계 상담의 중요한 목표 중 하나는 대상에 대한 분화된 표상을 다시 통합하도록 돕는 것이다. 상담자는 내담자가 대상을 지나치게 이상화하는 경우, 대상의 한계와 결핍을 인식하도록 돕고, 반대로 대상을 전적으로 부정적으로 지각하는 경우에는 대상의 긍정적 측면 또한 경험할 수 있도록 돕는다. 이를 통해 내담자는 자기 자신과 타인의 '좋은 점'과 '나쁜 점'을 동시에 경험하며 견딜 수 있는 능력을 발달시키게 된다.

결국 대상관계 상담은 내담자가 '좋거나 나쁜 대상'이라는 이분법적 기준에서 벗어나, 결핍과 한계를 포함한 대상의 존재 자체를 유지하고 중요하게 인식할 수 있도록 돕는 과정이다. 이러한 통합 능력은 안정적인 관계 형성, 현실적인 대상 인식, 그리고 성숙한 정서 조절의 기초가 된다.

3. 개별화가 이루어진 사람

인간의 본성에는 개별화(individuation)를 향해 나아가려는 성향이 존재한다. 인간은 타인과의 관계가 상실될 때 불안과 두려움을 경험하지만, 동시에 개별화에 실패하여 관계로부터 분리되지 못하고 관계에 과도하게 얽매일 때에도 불안과 두려움을 경험한다. 즉 인간은 분리에 대한 불안과 비분리에 대한 불안을 동시에 지닌 존재이다.

이러한 역설은 인간이 관계적 존재이면서도 독립적 존재로 성장해야 하는 발달적 과제를 지니고 있음을 보여 준다. 관계로부터 떨어지는 것은 위협이 되지만, 관계에 완전히 흡수되어 자기 자신으로 존재하지 못하는 것 또한 심리적 위협이 된다. 따라서 인간의 발달은 관계와 분리 사이의 긴장을 조절해 가는 과정이라고 할 수 있다.

마가렛 말러에 따르면, 개별화가 잘 이루어진 사람이란 자기와 타인 사이의 독립성을 유지하는 동시에 정서적으로 안정된 감각을 지닌 사람이다. 이는 단순히 물리적 분리가 아니라, 정서적 대상항상성(object constancy)을 유지하고 분열된 표상을 통합할 수 있는 능력을 포함한다. 다시 말해, 대상이 부재하더라도 그 대상에 대한 안정된 심리적 표상을 유지하며 자기 자신을 지속적으로 경험할 수 있는 상태를 의미한다(김창대, 2002).

개별화의 발달은 생후 약 24개월 이후 본격적으로 시작되며, 이 과정은 유아기에 국한되지 않고 평생에 걸쳐 지속되는 발달 과제이다. 초기에는 양육자와의 분리를 통해 신체적·정서적 경계를 형성하고, 이후 다양한 분리와 재접근의 경험을 반복하면서 점차 안정된 자기 감각을 형성해 간다.

개별성의 성취는 대체로 대상항상성의 형성과 함께 이루어진다. 이는 반복적인 분리 경험 속에서도 대상이 지속적으로 존재한다는 감각을 유지하는 능력이며, 이를 통해 개인은 외부 대상에 과도하게 의존하지 않으면서도 관계를 유지할 수 있게 된다. 이러한 과정 속에서 개인은 점차 자신에 대한 안정된 감각을 획득하고, 자기와 대상의 경계를 명확히 하면서도 유연한 관계를 형성하게 된다.

발달적으로 볼 때, 인간은 태어나 처음에는 일종의 심리적 껍질 속에서 대상과 구분되지 않은 상태로 존재한다. 이후 자기와 대상에 대한 인식이 싹트면서 양자 단위의 두 극이 형성되고, 점차 대상과 분화되며 분리의 단계를 거쳐 개별성을 획득해 간다. 이 과정에서 대상에 대해 안정된 감각이 형성될수록, 개인은 자신의 개별성에 대해서도 보다 복합적이고 성숙한 감각을 발달시켜 나가게 된다.

반면 개별화가 충분히 이루어지지 않은 경우, 개인은 타인과의 관계에서 정서적 거리를 유지하기 어렵고, 상대에게 정신적으로 매달리거나 과도하게 의존하는 양상을 보이게 된다. 이러한 관계는 상호적인 친밀감보다는 불안에 의해 유지되며, 관계의 안정성과 지속성을 저해한다.

따라서 대상관계 관점에서 볼 때, 개별화란 관계를 단절하는 과정이 아니라 관계 속에서 자기로 존재할 수 있는 능력을 획득하는 과정이다. 이는 인간이 평생에 걸쳐 반복적으로 다루어야 할 핵심적인 발달 과제이다.

4. 정체성이 확립된 사람

정체성이 확립된 사람이란 곧 자기(self)가 확립된 사람이다. 자기심리학자 하인즈 코헛에 따르면, 자기는 단순한 표상이나 자아 기능의 산물이 아니라 주도권의 중심이자 심리적 경험의 수령자이며, 더 나아가 능동적으로 삶을 이끌어 가는 대리자(agent)이다(김창대, 2002). 즉 자기란 외부 자극에 수동적으로 반응하는 구조가 아니라, 경험을 조직하고 선택하며 방향성을 부여하는 심리적 중심이다.

초기 양육 경험에서 양육자가 아동에게 농축된 사랑과 공감적 반응을 제공할 경우, 아동은 긍정적인 자기감을 형성하게 된다. 이러한 자기감은 자신을 가치 있고 유능한 존재로 경험하게 하며, 이는 주체적이고 능동적인 삶의 태도로 이어진다. 이러한 주체성은 곧 자아정체성이 확립될 때 비로소 안정적으로 성취될 수 있다.

자아정체성(self-identity)이란 '나는 누구인가'라는 질문에 대해 형성되는 함축적이고 총체적이며 일관된 믿음과 정서적 느낌이다. 자아정체성은 어느 한 시점에 갑자기 형성되는 것이 아니라, 유아기와 아동기의 자기 이해를 토대로 하여 부분적이고 점진적인 과정을 통해 발달한다. 따라서 초기 자기 경험은 이후 자아정체성 형성의 핵심적인 토대가 된다.

반대로 자아정체성이 충분히 형성되지 못할 경우, 개인은 자신이 누구인지, 어떻게 살아가야 하는지에 대한 명확한 개념과 방향성을 갖기 어렵다. 이러한 상태는 흔히 역할 혼미(role confusion)로 나타나며, 일부 경우 자기 파괴적 행동이나 충동적 활동에 돌입하는 방식으로 표출되기도 한다.

자아정체성의 형성에는 양육 환경이 중요한 역할을 한다. 자녀에게 과도하지 않은 통제, 가능한 범위 내에서의 자율성 허용, 그리고 지속적인 격려와 지지가 제공될 때 자아정체성은 건강하게 발달한다. 특히 타인의 경계를 침해하지 않는 선에서의 지도와 통제, 그리고 아동의 선택과 자율성을 인정하는 태도는 아동이 자신을 독립적인 존재로 인식하도록 돕는다. 이러한 경험을 통해 개인은 자신이 누구인지 알고, 자기 삶의 주체로 성장하게 된다.

청소년기(대략 12세에서 20세)는 자아정체성 형성이 핵심적인 발달 과제가 되는 시기이다. 이 시기는 급격한 신체적 변화와 성적 성숙을 경험하며, 다양한 충동이 활성화되는 시기이다. 동시에 아동기에서 성인기로 이행하는 과도기로서 진학, 전공 선택, 대인관계, 이성 관계 등 중요한 선택과 결정을 반복적으로 요구받는다. 따라서 청소년기는 주체적인 삶을 실제로 연습하고 획득하는 결정적 시기라고 할 수 있다.

결국 대상관계 관점에서 볼 때 건강한 사람이란 대상항상성이 확립되어 홀로 설 수 있는 능력을 지닌 사람이다. 이는 혼자 있을 수 있으면서도 관계 속에 머무를 수 있는 능력을 의미한다. 이러한 개인은 자신과 타인이 약점과 한계를 지니고 있음에도 불구하고, 대체로 괜찮은 존재로 인식할 수 있다. 또한 자신의 생각과 감정을 인식하고, 자신과 타인의 경계를 분명히 구분하며 이를 존중한다. 더 나아가 현실의 삶에서 자기 결정권을 지니고, 삶을 주도적으로 이끌어 가는 사람이라고 할 수 있다.

제5장

대상관계 치료기법

대상관계이론에서는 초기의 발달적 결손, 특히 충분히 좋은(good-enough) 양육자의 결여, 반영의 부족, 대상표상의 분열 등이 안정된 자아의 형성과 온전한 통합을 방해하며 장애를 초래한다고 본다(김진숙, 2003). 따라서 치료 목표는 성장 과정에서 미해결된 욕구나 갈등으로 인해 다른 사람들을 있는 그대로 보지 못하고 분열이나 투사, 투사적 동일시와 같은 방어기제로 다른 사람들을 왜곡하는 내담자가 역기능적인 개인 내적 역동에 대한 통찰을 얻고 자아기능을 강화하여 자기와 다른 사람들에 대해 좀 더 현실적이고 수용적인 태도를 갖는 온전한 대상관계(whole object relations)를 형성할 수 있도록 돕는 것이다. 대상관계의 치료기법은 비지시적이다. 대상관계 기법들은 내담자에게 행동변화를 위한 구체적 지침을 제공하거나 방향을 제시하기보다는 내담자 스스로 탐색과 통찰을 할 수 있도록 해 주는 기법들이다.

1. 존재하는 자기대상 제공

자기심리학자 하인즈 코헛은 인간의 심리적 성장과 발달을 위해 자기대상(selfobject)의 경험이 필수적이라고 주장하였다. 자기대상이란 유아기와 아동기 동안 개인의 정서적 자아가 건강하게 발달하도록 돕는 타자와의 경험을 의미하며, 단순한 외적 대상이 아니라 자기 기능을 대신 수행해 주는 관계적 존재이다.

자기대상은 아직 자기로부터 충분히 분화되지 않은 상태에서 경험되는 대상으로, 유아에게는 자기의 일부처럼 체험된다. 이러한 자기대상은 자기를 위해 봉사하도록 활용되는 존재로서, 아이의 욕구와 정서에 공감적으로 반응함으로써 자기의 응집성(cohesion), 항상성(constancy), 탄력성(resilience)을 형성하도록 돕는다. 즉 자기대상은 안정된 자기 구조의 형성을 가능하게 하는 핵심적 발달 자원이다.

분화되지 않은 유아는 한편으로는 안아 주고 반영해 주는 대상, 즉 정서적 공감과 지지를 제공하는 자기대상을 필요로 하지만, 동시에 자신의 자율성을 침해하지 않는 대상 또한 필요로 한다. 이는 유아가 쉬고 싶을 때 쉴 수 있고, 놀고 싶을 때 놀 수 있는 심리적 공간을 확보하는 것과 관련된다. 그러나 어머니가 아동의 정서적 상태나 욕구를 고려하지 않은 채 과도하게 개입하거나 통제할 경우, 이는 유아에게 침범으로 경험된다. 이러한 침범적 관계 속에서 유아는 자발적인 반응이 아니라 억지로 반응해야 하는 상태에 놓이게 되며, 자신의 욕구가 존중받기보다는 응답을 강요받고 있다는 느낌을 갖게 된다.

이러한 자기대상 개념은 상담 장면에서도 중요한 임상적 의미를 지닌다. 대상관계 상담에서 상담자는 내담자의 욕구와 감정을 공감적으로 반영해 주는 동시에, 침범하지 않는 환경을 제공하는 존재하는 자기대상의 역할을 수행해야 한다. 이는 상담자가 내담자의 감정을 대신 해석하거나, 내담자가 아직 인식하지 못한 내용을 앞서서 알아차리려 하거나, 즉각적인 직면을 통해 변화를 강요하지 않는 태도를 포함한다.

특히 내담자가 자신의 감정이나 경험을 방어적으로 숨기거나 왜곡하더라도, 상담자는 이를 즉시 폭로하거나 교정하기보다, 내담자가 그것을 받아들일 준비가 될 때까지 기다릴 수 있어야 한다. 이는 단순한 수동성이 아니라, 내담자의 현재 자기 상태에 머물며 함께 존재하는 능동적 기다림이다. 이러한 태도는 내담자에게 심리적 안전감을 제공하고, 자기 경험을 점차 통합할 수 있는 토대를 마련한다.

발달적으로 볼 때 초기 자기대상은 주로 어머니가 담당하지만, 성인기 이후 상담 장면에서는 상담자가 내담자에게 존재하는 자기대상으로 기능하게 된다. 상담자는 내담자의 자기를 대신하여 기능하는 존재가 아니라, 내담자가 자신의 자기 기능을 회복하고 내면화할 수 있도록 돕는 관계적 환경을 제공하는 역할을 수행한다.

결국 대상관계 상담에서의 존재하는 자기대상 제공이란, 내담자의 정서와 욕구에 공감적으로 반응하면서도 자율성과 경계를 존중하고, 내담자의 속도에 맞추어 함께 머무를 수 있는 관계를 형성하는 것이다. 이러한 경험을 통해 내담자는 점차 자기의 응집성과 안정성을 회복하고, 외부 자기대상에 대한 의존을 줄이며 보다 자율적인 자기로 성장하게 된다.

2. 안아주기

안아주기(holding)란 부모가 자신의 진정한 생각과 감정을 바탕으로 아이의 감정과 정서를 민감하게 읽어 주고, 이에 공감하며, 부모가 느낀 점을 언어화하고 상호 간의 필요와 해결 방안에 대해 의견을 교환하는 관계적 행위를 의미한다. 이는 단순한 보호나 양육 행동이 아니라, 아이의 정서 경험을 이해하고 그것을 함께 다루는 상호주관적 과정이다.

위니컷은 '안아주기(holding)'를 의존 상태에 있는 유아가 필요로 하는 촉진적 환경(facilitating environment)을 제공하는 모성적 돌봄으로 개념화하였다. 위니컷에 따르면, 안아주기는 유아가 자신의 존재를 안전하게 경험할 수 있도록 하는 환경적 조건이며, 이는 곧 '자기를 경험하는 존재가 되기 위한 기초'가 된다.

발달 초기의 유아에게 신체적 경험과 심리적 경험은 아직 명확히 구분되지 않거나 구분되어 가는 과정에 있다. 이러한 시기에 안아주기는 특히 사랑의 한 형태로서 아이를 신체적으로 안아 주는 경험을 포함한다. 이는 단순한 접촉을 넘어, 유아가 자신이 보호받고 있다는 감각과 함께 정서적으로도 수용되고 있다는 느낌을 갖도록 돕는 통합적 경험이다.

안아주기의 핵심은 비통합적 상태에 있는 아이를 침범하지 않는 것이다. 이는 아이의 연령과 발달 단계에 맞추어 신체적·정신적으로 기다려 주고, 아이가 경험하는 상태를 있는 그대로 받아들이는 태도를 포함한다. 이 과정에서 부모는 아이의 정서를 조급하게 교정하거나 통제하기보다, 아이가 자신의 경험을 스스로 조직할 수 있도록 충분한 시간을 제공한다.

안아주기에는 부모가 자신의 한계와 상태를 정직하게 표현하는 것도 포함된다. 예를 들어 부모가 힘들 때 "지금 엄마는 조금 힘들다"고 말해 주는 것은 아이에게 부담을 전가하는 것이 아니라, 관계 안에서 감정이 진실하게 공유될 수 있음을 경험하게 하는 중요한 요소이다. 이는 아이가 타인의 감정과 자신의 감정을 구분하면서도 관계 속에서 유지할 수 있도록 돕는다.

이러한 안아주기의 개념은 치료 장면에서도 그대로 적용될 수 있다. 상담 현장에서 상담자는 아기를 안아 주듯이, 공감과 이해를 통해 내담자의 감정과 정서를 읽어 주고 이를 반영한다. 동시에 상담자는 자신의 느낀 점을 적절하게 언어화하고, 내담자와 함께 문제 해결을 위한 관점을 교환하는 관계를 형성한다. 이는 해석이나 직면 중심의 개입 이전에 제공되어야 할 관계적 토대이다.

이처럼 신뢰할 수 있는 안아주기를 통해 안정된 심리적 공간이 형성될 때, 내담자는 자신의 방어를 완화하고 보다 진실한 자기 경험에 접근할 수 있게 된다. 위니컷의 개념에 따르면, 이러한 환경 속에서 비로소 참자기(true self)가 발현될 수 있다. 즉 안아주기는 내담자를 변화시키기 위한 기법이기 이전에, 내담자가 자기 자신으로 존재할 수 있도록 허용하는 치료적 환경이다.

결국 대상관계 상담에서의 안아주기란, 공감과 이해를 통해 내담자의 정서적 경험을 지탱하면서도 침범하지 않는 태도로 함께 머무는 능력이며, 이는 내담자가 자기 자신을 안전하게 경험하고 통합할 수 있도록 돕는 핵심적인 치료적 기능이다.

3. 버텨주기

버텨주기(survival)란, 유아나 내담자가 공격성과 파괴적 충동을 표출하더라도 대상이 붕괴되지 않고 관계 안에 남아 있는 능력이다. 이러한 경험은 유아나 내담자로 하여금 자신의 공격성이 관계를 파괴하지 않는다는 것을 경험하게 하며, 대상에 대한 신뢰를 형성하는 핵심적인 발달 조건이 된다. 상담 장면에서 버텨주기란, 내담자가 분노, 적대감, 비난, 좌절, 무가치감과 같은 강렬한 감정을 치료자에게 투사하거나 공격적으로 표현하더라도, 상담자가 이를 개인적 위협이나 관계 파괴로 받아들이지 않고 심리적 의미를 지닌 표현으로 이해하며 관계 안에 머무는 태도이다. 상담자가 내담자의 공격성을 버텨줄 수 있을 때, 이는 내담자의 미숙한 참자기의 한 측면을 수용하고 견디어 주는 경험이 된다.

이러한 버텨주기의 경험을 통해 내담자의 공격적인 에너지는 억압되거나 배제되는 대신, 점차 참자기의 인격 구조 속으로 통합될 수 있는 가능성을 갖게 된다. 즉 공격성은 제거되어야 할 병리적 요소가 아니라, 적절한 관계적 환경 속에서 의미화되고 통합되어야 할 자기의 한 부분으로 다루어진다.

반대로 내담자의 감정적 반응에 대해 상담자가 방어적으로 반응하거나 동일한 정서로 맞서게 될 경우, 치료적 관계는 쉽게 위협받는다. 이때 내담자의 공격적 에너지는 다시 관계에서 배제되거나 분리되고, 결국 억압되는 이전의 발달적 전철을 반복하게 된다. 이는 참자기의 발현을 지연시키고, 방어적 자기 구조를 강화시키는 결과를 낳는다.

따라서 버텨주기란 단순한 인내나 감정 억제가 아니라, 내담자의 감정을 견디며 의미를 잃지 않는 적극적인 치료적 기능이다. 상담자는 내담자의 공격성과 미숙함을 제거하거나 교정하려는 위치에 서기보다, 그것이 관계 안에서 안전하게 드러나고 살아남을 수 있도록 환경을 제공하는 역할을 수행한다.

이러한 역할을 통해 상담자는 아직 깊이 묻혀 있고 충분히 피어나지 못한 내담자의 참자기가 관계 속에서 새롭게 태어나고 성장할 수 있도록 돕는 존재가 된다. 결국 대상관계 상담에서의 버텨주기는 참자기의 발현과 통합을 가능하게 하는 핵심적인 치료적 조건이며, 내담자가 자신의 정서적 전부를 관계 안에 가져올 수 있도록 허용하는 심리적 토대이다.

4. 담아내기

담아내기(containment)란 유아가 스스로 감당할 수 없고, 처리할 수도 없으며, 아직 의미를 부여할 수 없는 불쾌한 정서를 어머니에게 전달할 때, 어머니가 이를 경청과 관찰을 통해 받아들이고, 유아가 소화할 수 있는 형태로 변형하여 의미를 부여한 뒤 다시 돌려주는 과정을 의미한다. 즉 유아가 투사한 정서를 어머니가 흡수하고 해독하여 적절하고 의미 있는 반응으로 되돌려주는 기능을 담아내기라고 한다.

이 과정에서 어머니는 유아의 혼란스럽고 파편화된 정서를 그대로 되돌려주는 것이 아니라, 유아가 견딜 수 있는 수준으로 조절하고 조직하여 제공한다. 이러한 반복적인 경험을 통해 유아는 점차 자신의 정서를 스스로 담아내고 조절하는 능력을 내면화하게 된다. 유아는 내적 통제 능력이 충분히 발달하지 않은 상태이기 때문에 환경 자극과 정서 경험에 쉽게 압도되는데, 어머니의 담아내기 기능은 유아가 자기조절 능력을 학습하는 핵심적인 발달 조건이 된다.

비온은 이러한 과정을 '담아내는 것(the container)'과 '담기는 것(the contained)'의 관계로 개념화하였다. 비온에 따르면, 유아는 감당할 수 없는 원시적 정서 경험을 투사하고, 어머니는 이를 자신의 마음속에서 사고와 의미의 형태로 변형한 후 다시 유아에게 되돌려준다. 이때 담아내기는 단순한 보관이 아니라, 변형(transforming)과 의미화(meaning-making)를 포함하는 적극적인 정신적 기능이다.

'담아낸다'는 표현에는 또한 '소화한다'는 의미가 포함된다. 이는 유아가 소화할 수 없는 불편한 정서를 어머니가 대신 받아서 심리적으로 소화 가능한 형태로 변형하는 과정을 의미한다. 이러한 과정을 통해 유아는 좌절감, 분노, 격노, 공포와 같은 강렬한 정서를 점차 감당할 수 있게 되며, 부정적인 정서를 파괴적 행동으로 방출하기보다 마음속에서 다룰 수 있는 능력을 발달시킨다.

이러한 담아내기의 개념은 상담 장면에서도 그대로 적용된다. 내담자는 감당하기 어렵고, 스스로 처리할 수 없으며, 의미를 부여하지 못한 정서를 지닌 채 치료 현장에 온다. 이때 상담자는 내담자의 사고와 정서를 즉각적으로 해석하거나 교정하기보다, 먼저 그것을 자신의 마음속에 받아들이고 충분히 느끼며 이해하는 과정을 거친다. 이후 상담자는 그 정서를 쪼개고, 정제하고, 의미화하여 내담자가 소화할 수 있는 형태로 되돌려준다.

상담 장면에서의 담아내기란, 내담자가 투사한 감정을 치료자가 이해하고 변형된 형태로 다시 재표상(re-representing)할 수 있도록 돕는 과정이다. 이는 내담자가 자신의 정서 경험을 다시 자기 안으로 재내사할 수 있도록 하는 치료적 기능이다. Garland(2001)는 이를 투사된 감정을 다루고 이해하여, 소화된 언어로 표현함으로써 내담자가 자신의 경험을 의미화할 수 있도록 돕는 과정으로 설명하였다. 담아내기의 개념은 또한 분석적 관계를 하나의 안전한 그릇으로 본 카를 융의 아이디어와도 연결된다. 융은 치료 과정을 연금술사의 용기(container)에 비유하며, 치료자와 내담자의 생각과 감정이 안전하게 보관되고 변형될 수 있는 공간의 중요성을 강조하였다. 비온의 담아내기 개념은 이러한 상징적 통찰을 임상적으로 정교화한 이론이라 할 수 있다.

결국 대상관계 상담에서의 담아내기란, 내담자의 처리되지 않은 정서와 사고를 치료자가 자신의 정신 안에 받아들이고, 그것을 덜 파괴적이고 의미 있는 형태로 변형하여 되돌려주는 관계적 기능이다. 이러한 경험을 반복하면서 내담자는 점차 자신의 부정적 정서를 스스로 담아내고 조절할 수 있는 능력을 내면화하게 되며, 이는 정서 조절과 사고 능력의 성숙으로 이어진다.

5. 전이와 역전이의 이해와 활용

인간관계에서 감정은 핵심적인 요소이며, 개인이 어린 시절 부모와의 관계 속에서 경험한 정서적 상호작용은 이후 대인관계 전반에 지속적인 영향을 미친다. 이러한 관계적 정서 경험은 상담 장면에서도 예외 없이 재현되며, 상담자와 내담자 간의 관계 안에서 다양한 감정이 활성화된다.

전이란 과거의 의미 있는 대상과의 관계에서 형성된 무의식적 소망, 기대, 좌절, 갈등이 현재 치료자와의 관계 속에서 다시 활성화되어 반복적으로 경험되는 현상이다. 이는 내담자가 과거 관계에서 형성한 정서적 관계 양식을 현재의 치료 관계에 옮겨와 경험하는 것을 의미한다. 정신역동적 관점에서는 전이를 치료의 방해 요소가 아니라, 무의식적 심리 과정을 현재 치료 장면으로 끌어내어 다룰 수 있게 하는 핵심적인 치료 도구로 본다. 전이를 통해 내담자는 과거의 관계 경험을 단순히 회상하는 것이 아니라, 치료자와의 실제 관계 안에서 다시 살아내며 경험하게 된다. 이러한 '지금-여기(now and here)'의 경험은 내담자의 관계 양식과 정서적 역동을 생생하게 드러낸다.

역전이는 치료자가 내담자와의 관계 속에서 경험하는 정서적·신체적·인지적 반응을 의미한다. 초기 정신분석에서는 역전이를 치료자의 미해결된 개인적 갈등이나 문제로 인해 발생하는 방해 요소로 간주하였으며, 치료자가 극복하거나 제거해야 할 것으로 보았다(Trembley, 1996). 그러나 대상관계이론과 현대 정신분석의 발전과 함께 역전이 개념은 확장되었다. 대상관계이론가들은 치료자의 반응 중 일부가 내담자의 투사적 동일시(projective identification)에 의해 유발된 것일 수 있다고 보았으며, 이러한 반응 또한 역전이의 중요한 구성 요소로 포함시켰다. 이 관점에서 역전이는 단순한 치료자의 개인적 문제를 넘어, 내담자의 내면 세계가 치료자의 마음을 통해 표현되는 하나의 소통 방식으로 이해된다. 옥텐(1982)은 치료자가 경험하는 역전이를 내담자의 무의식적 역동을 이해할 수 있는 중요한 임상적 자료로 보았다. 치료자가 자신의 역전이 반응을 충분히 인식하고 분석할 수 있을 때, 이는 내담자의 내면 세계를 더 깊이 공감하고 이해하는 데 결정적인 단서를 제공한다.

상담 장면에서 치료자는 내담자에 대해 답답함, 지루함, 무기력함, 짜증, 분노, 죄책감, 두려움, 우울감, 혐오감과 같은 부정적 감정을 경험할 수 있으며, 동시에 지나친 즐거움, 과도하게 돕고자 하는 충동, 보호 욕구와 같은 긍정적 감정을 강하게 느낄 수도 있다. 이러한 감정 반응은 치료자의 개인적 성향이나 과거 경험에서 비롯될 수도 있고, 내담자의 관계적 역동이 치료자에게 투사되어 촉발된 반응일 수도 있다.

따라서 치료자는 자신이 경험하는 역전이가 치료자 자신의 미해결 문제에 기인한 것인지, 혹은 내담자의 투사적 동일시와 관련된 반응인지를 구분할 수 있어야 한다. 치료자 개인의 문제로 인한 역전이는 반드시 분석되고 다루어져야 하지만, 내담자의 역동과 연관된 역전이는 치료적으로 의미 있는 자료로 활용될 수 있다.

전이와 역전이를 치료적으로 활용하기 위해서는 치료자가 자신의 정서 반응을 회피하거나 억압하지 않고, 그것을 충분히 알아차리고 경험하며, 성찰하고 분석할 수 있는 능력을 갖추어야 한다. 또한 이러한 내적 경험을 내담자의 발달사, 대상관계, 방어 양식과 연결하여 이해할 수 있어야 한다. 이러한 작업을 통해 역전이는 상담의 방해 요소가 아니라, 내담자의 내면 세계를 이해하고 변화시키는 중요한 치료 도구가 된다. 전이와 역전이는 치료 관계 안에서 끊임없이 상호작용하며, 내담자가 과거의 관계 패턴을 인식하고 새로운 관계 경험을 형성하도록 돕는 핵심적인 치료 기제로 기능한다.

6. 명료화

명료화(clarification)는 내담자의 말이나 행동, 정서 반응 속에 암시되거나 내포되어 있는 의미를 보다 분명하게 드러내어 내담자가 자신의 경험을 정확히 이해하도록 돕는 상담기법이다. 이는 내담자의 표현을 그대로 되돌려주는 재진술(reflection)과 구분되는데, 재진술이 "그렇게 느끼신다는 말씀이군요"처럼 내담자의 말을 요약하거나 반복하여 공감과 이해를 전달하는 데 초점을 둔다면, 명료화는 그 말 속에 담긴 의미가 무엇인지 구체화하도록 돕는 데 목적이 있다. 예를 들어 내담자가 "저는 쓸모없는 사람입니다"라고 말할 때 재진술은 "스스로를 쓸모없게 느끼고 계시는군요"가 될 수 있으나, 명료화는 "여기서 말씀하신 '쓸모없다'는 것은 어떤 상황이나 경험을 의미하나요?"와 같이 의미를 탐색하도록 질문한다. 또한 요약(summary)이 상담의 한 단계를 마무리하며 핵심 내용을 정리하는 기법이라면, 명료화는 상담 과정 중간중간 사용되어 모호한 표현이나 혼재된 감정과 사고를 정돈한다는 점에서 차이가 있다. 반영(reflection of feeling)이 주로 정서를 강조하는 데 비해, 명료화는 정서와 사고, 경험 간의 관계를 분리하고 구조화하는 기능을 수행한다. 이러한 명료화는 인간중심 상담에서 강조되는 공감적 이해와 깊이 연결되어 있으며, 질문과 반영을 보완하는 핵심 기술이다. 상담자는 명료화를 통해 해석을 성급히 제시하기보다 내담자가 스스로 의미를 발견하도록 촉진해야 하며, 질문이 심문이나 평가처럼 느껴지지 않도록 공감적 태도를 유지해야 한다. 이처럼 명료화는 재진술, 반영, 요약과 구분되는 고유한 기능을 지니며, 내담자의 자기이해를 심화시키고 상담의 초점을 명확히 하는 데 중요한 기본 상담기법이다.

7. 직면

직면(confrontation)은 내담자의 인지, 정서, 행동, 태도 속에 존재하는 불일치를 직접적으로 드러내어 내담자가 그것을 인식하고 통합하도록 돕는 상담기법이다. 직면의 목적은 내담자를 비판하거나 변화시키기 위한 압박이 아니라, 불일치로 인해 지속되는 내적 긴장과 불안을 의식화함으로써 에너지가 보다 건강한 방향으로 사용되도록 돕는 데 있다. 직면의 핵심 내용으로 두 개의 진술 간 불일치, 말과 행동의 불일치, 언어적 정서와 비언어적 정서 간 불일치, 가치와 실제 행동 간의 불일치, 보고된 지각과 실제 경험 간의 불일치, 현실적 자기와 이상적 자기 간의 불일치, 상담자와 내담자 간 지각의 차이, 그리고 개인의 행동과 사회적 기대 간의 불일치 등이 있다. 이러한 불일치는 종종 불안, 혼란, 반복적 문제 행동의 형태로 나타나며, 직면은 이를 상담 장면에서 명확히 드러내는 역할을 한다. 그러나 직면은 치료적 개입 중에서도 강도가 높은 기법이므로, 충분한 신뢰와 라포가 형성되고 내담자가 정서적으로 감당할 준비가 되었을 때 사용되어야 한다. 의료 현장에서 수술 전 준비가 필요하듯, 직면 역시 상담적 준비 과정이 필수적이다. 또한 상담자는 직면을 시도하기 전 자신의 동기를 점검해야 하며, 답답함이나 조급함에서 비롯된 개입이 아니라 내담자의 성장과 삶의 통합을 위한 치료적 필요에서 비롯된 것인지 성찰해야 한다. 이러한 조건이 충족되지 않을 경우 직면은 내담자의 저항을 강화하거나 불필요한 고통을 초래할 수 있다. 따라서 직면은 공감과 지지를 바탕으로 신중하게 사용될 때, 내담자의 통찰과 변화를 촉진하는 강력한 상담기법이 된다.

8. 해석

해석(interpretation)은 정신역동 상담에서 핵심적인 기법으로, 상담자의 말이나 행동을 통해 내담자가 지금까지 자각하지 못했던 무의식적 갈등, 소망, 방어, 반복 양식을 의식화하도록 돕는 개입을 의미하며, 궁극적으로는 내담자의 고통의 근원을 이해하고 통합하도록 하는 데 목적이 있다. 해석은 단순한 설명이나 조언이 아니라, 내담자가 이미 상담 과정 속에서 감정적으로 접근하고 있는 자료, 즉 무의식의 내용이 전의식 수준까지 떠오른 시점에서 조심스럽게 제시되어야 하며, 그렇지 않을 경우 저항이나 불필요한 고통을 초래할 수 있다. 해석을 통해 억압되어 있던 무의식의 내용은 더 이상 감당할 수 없는 '날것'의 상태로 남아 있지 않고, 성찰과 의미 부여의 과정을 거쳐 자아에 의해 통합되며, 이는 내담자가 억압을 유지하기 위해 소모하던 막대한 정신적 에너지를 해방시키는 효과를 가져온다. 이와 관련하여 프랑스의 정신분석가 Juan-David Nasio는 해석을, 분리와 파괴를 향하는 죽음본능에 맞서 연결과 통합을 지향하는 생명본능의 편에 서서 환자를 돕는 작업에 비유하였다.

또한 해석은 상담자가 일방적으로 의미를 부여하는 행위가 아니라, 상담자가 이해한 내용을 내담자와 함께 나누고, 이에 대한 내담자의 반응을 다시 상담자가 수용·수정해 가는 상호적 과정으로 이루어지며, 이 과정 자체가 치료적 관계를 심화시킨다. 즉 해석이란 상담자가 판단하는 것이 아니라 내담자의 말을 경청하고 경청한 내용을 이해한 것을 돌려주는 것이다. 내담자의 말을 이렇게 잘 경청하고 있다는 것을 알려주는 것이다. 특히 해석은 현재의 감정, 태도, 행동이 과거의 관계 경험과 어떻게 반복되고 있는지를 드러내는 데 효과적인데, Hamilton(2007)은 이를 '해석한다' 기보다 '병렬성을 이끌어 낸다'고 표현하며, 현재와 과거, 여기-지금과 그때-거기의 경험을 연결하는 것이 해석의 핵심임을 강조하였다. 이러한 병렬성은 전이 관계 속에서 더욱 분명하게 드러나며, 내담자가 자신의 반복적 삶의 패턴을 인식하고 새로운 선택의 가능성을 확보하도록 돕는다. 그러나 해석은 직면이나 명료화보다 개입의 강도가 높기 때문에, 상담자와 내담자 간의 충분한 신뢰와 라포, 그리고 내담자의 정서적 감당 능력이 확보된 상태에서 사용되어야 하며, 상담자는 자신의 조급함이나 변화 욕구가 아닌, 내담자의 치료적 필요에 근거하여 해석을 제시해야 한다. 이처럼 해석은 무의식을 의식화하는 강력한 도구이자, 상담자와 내담자가 의미를 공동으로 구성해 가는 정신분석적 치료의 핵심 기법이라 할 수 있다.

제6장

대상관계이론으로 문제행동 및 정신병리 이해하기

대상관계이론에서는 문제행동이나 정신병리가 어린 시절 유아와 주양육자와의 상호작용의 문제에서 일어난다고 본다. 인간의 자아는 대상 즉 주양육자와의 관계가 만족스러울 때 건강하게 발달해 나간다. 유아가 어린 시절 명백한 유기 경험이 있거나, 의존과 공생해야 할 시기에 주양육자와 충분한 의존과 공생을 경험하지 못할 때 자아 기능에 심각한 어려움이 발생할 수 있다. 또한 주양육자가 유아의 욕구를 좌절시키거나 거절할 때, 폭력적으로 대할 때 유아의 자아가 분열되어 유아의 정신 내부에 편집증, 분열성 성격장애, 우울증, 공포증, 강박증 등의 정신병리의 씨앗을 맺을 수 있다. 대부분의 문제행동은 대상과의 좋은 경험이 충분하지 않은 데서 발생한다. 대상과의 좋지 않은 경험은 심상에 남아 이후 부적응적인 삶을 살게 되고, 대인관계에서 다음과 같은 문제를 발생시킨다.

1. 거짓말

거짓말(lie)은 타인에게 잘못된 정보를 주거나, 상대가 사실을 알고자 함을 알면서도 진실을 숨기려는 의도를 포함한 모든 형태의 행동을 의미하며, 능동적으로 거짓을 말하는 것뿐 아니라 알고 있으면서도 말하지 않는 수동적 은폐까지 포함한다(Smith, 2007). Ford(2009)는 거짓말의 핵심을 '사실을 감추거나 왜곡하려는 동기'에 두고, 설령 진실의 일부를 말하더라도 속이려는 의도가 있다면 거짓말로 보아야 한다고 하였다. 그는 거짓말을 선의의 거짓말, 유머러스한 거짓말, 남을 위한 거짓말, 방어적 거짓말, 공격적 거짓말, 병적인 거짓말, 공상과 허언증의 일곱 가지로 분류하였으며, 이 중 일부는 사회적 관계에서 윤활유 역할을 하기도 한다. 진화심리학 관점에서는 거짓말을 환경에 적응하기 위해 발달한 인간의 보편적 능력으로 보기도 한다. 그러나 정신역동, 특히 대상관계이론에서는 거짓말을 참자기(true self)를 보호하기 위한 방어로서의 거짓자기(false self)와 연결하여 이해한다. 생애 초기 어머니와의 관계에서 충분히 안아주고 공감해 주는 환경이 제공되지 못하고, 반복적인 박탈이나 침범을 경험할 경우, 유아는 참자기의 자발성과 창조성을 드러내기보다 환경에 순응하기 위해 거짓자기를 강화하게 되며, 이 과정에서 거짓말이 하나의 생존 전략으로 나타난다. 이러한 거짓말은 애정결핍과 밀접하게 관련되어 있으며, 참자기가 숨고 거짓자기가 활성화될수록 현실에 맞추기 위한 모방과 왜곡, 자기기만이 반복된다. 또한 거짓말은 부모와의 상호작용 속에서 학습되는데, 부모가 약속을 지키지 않거나 상황에 따라 말을 바꾸는 경험을 반복할수록 아이는 '필요하면 거짓말해도 된다'는 무의식적 메시지를 배우게 된다. 따라서 거짓말하는 아이를 다룰 때 처벌과 야단은 오히려 거짓말을 강화할 수 있으며, 이는 몸으로 벌을 치렀다는 무의식적 면죄부를 제공하기 때문이다. 반대로 아이의 말을 당장 들춰내기보다 신뢰와 수용의 태도로 대해 주면, 아이 안에 양심이 살아나고 건강한 죄책감이 형성되어 책임을 감당할 수 있는 능력이 자라난다. 거짓말은 부모의 사랑을 받기 위한 것이다. 사랑을 받기 위해 거짓말을 했는데 혼나거나 야단을 맞으면 오지 않은 사랑으로 괴로워하고 사랑을 받기 위해 더 정교한 거짓말을 해야 한다. 거짓말은 모른 척해 주고 사랑을 많이 주면 양심이 살아나게 된다. 결국 정신역동적 관점에서 거짓말은 도덕적 결함이 아니라, 충분히 보호받고 사랑받지 못한 관계 경험에서 비롯된 신호로 이해되어야 하며, 변화의 핵심은 처벌이 아니라 안아주는 환경과 신뢰의 회복에 있다.

2. 도벽

도둑질(도벽)은 충동조절장애의 한 유형으로, 물건의 실제 필요성이나 가치와 무관하게 반복적으로 남의 물건을 훔치려는 충동이 나타나는 행동을 말한다. 그러나 유아기와 아동기의 도둑질은 병리적 도벽으로 진단되는 경우는 드물며, 이는 이 시기 아동에게 아직 명확한 소유 개념이 충분히 발달하지 않았고 초자아 형성이 미숙하여 죄책감과 도덕적 통제가 약하기 때문이다. 유치원에서 사용하던 물건이나 친구 집의 장난감을 가져오는 행동은 발달 과정에서 비교적 흔히 나타날 수 있다. 다만 이러한 행동이 습관적이고 충동적으로 반복될 경우, 그 이면에는 애정결핍과 정서적 불안이 자리하고 있는 경우가 많다. Chapman(1974)은 도벽을 정서적 불안과 인격 발달의 미숙이 행동으로 표출된 현상으로 보았으며, 사회에 적응하기 위한 왜곡된 자기표현이자 일탈 행동과 복합적으로 나타날 수 있다고 설명하였다. 특히 부모로부터 충분한 사랑과 인정을 받지 못한 아동은 내적 결핍을 해소하기 위해 도둑질을 하게 되며, 훔친 물건은 부모의 사랑, 힘, 권위에 대한 상징적 대체물이 된다(이상복 등, 1996; 최외선 등, 1998). 즉 도벽은 물건 자체를 원하는 행동이라기보다, 채워지지 않은 애정과 관계적 결핍을 '훔쳐서라도' 충족하려는 시도로 이해할 수 있다. 따라서 도둑질을 한 아동을 다룰 때에는 처벌이나 폭력, 과도한 꾸중은 오히려 분노와 저항을 키워 행동을 반복하게 만들 수 있으므로 주의가 필요하다. 부모의 물건을 가져간 경우에는 즉각적인 처벌보다 애정과 관심을 충분히 제공하는 것이 도움이 되며, 타인의 물건을 가져왔을 때는 아이와 함께 직접 돌려주고 사과하는 과정을 통해 책임감을 배우도록 돕는 것이 바람직하다. 청소년기의 도벽 역시 법적 책임은 경험하게 하되, 그 과정에서도 부모의 기본적인 신뢰와 사랑의 메시지를 유지하는 것이 중요하다. 도벽의 근본에는 애정 결핍과 관계적 욕구가 자리하고 있으므로, 부모는 물질적 제공뿐 아니라 정서적 지지와 따뜻한 태도를 통해 아이가 사랑받고 있다는 감각을 회복하도록 도와야 한다. 결국 도벽은 '훔치는 행동' 이전에 '사랑을 갈망하는 신호'로 이해되어야 하며, 부드럽고 지속적인 애정 교육이 가장 핵심적인 개입이라 할 수 있다.

3. 자폐 스펙트럼

자폐 스펙트럼 장애(autism spectrum disorder, ASD)는 자폐증을 비롯하여 아스퍼거 증후군, 상세불명의 전반적 발달장애, 아동기 붕괴성 장애 등을 포괄하는 개념으로, 핵심적인 특징은 지속적인 사회적 의사소통과 사회적 상호작용의 결함, 그리고 제한적이고 반복적인 행동, 관심, 활동 양상이 아동기 초기부터 나타나 일상 기능에 의미 있는 제한이나 손상을 초래한다는 점이다. 자폐 스펙트럼 아동은 타인과의 관계에서 정서적 교류가 어렵고, 생각과 감정을 공유하려는 시도가 적거나 거의 없으며, 사회적 상호작용을 자발적으로 시작하지 않는 경우가 많다. 또한 눈맞춤, 몸짓, 얼굴 표정, 신체 정위, 말의 억양과 같은 비언어적 의사소통에서도 질적 결함이 나타나며, 타인의 행동을 모방하거나 사회적 단서를 활용하는 능력 역시 제한된다. 진단 기준에 이르지 않더라도 임상적으로 자폐 특성을 가늠하기 위해서는 감정적 상호작용의 질, 상호적인 눈맞춤 여부, 반복적이고 상동적인 행동의 존재, 의미 없는 소리의 반복, 그리고 순서·위치·방식에 대한 강한 동일성 집착 여부를 주의 깊게 관찰할 필요가 있다. 예컨대 손을 흔들거나 몸을 반복적으로 흔드는 행동, 일정한 순서나 물건의 배치를 고집하며 변화에 과도한 불안을 보이는 모습, 의례적 행동을 지키려는 경향 등은 자폐 스펙트럼의 중요한 임상적 신호가 될 수 있다. 이러한 특성으로 인해 가구 배치의 변화나 익숙한 이동 경로의 변경과 같은 사소한 환경 변화에도 극심한 불안과 저항을 보이는데, 이를 단순한 문제행동으로 간주하여 야단치거나 통제하려 할 경우 오히려 아동의 불안을 증폭시킬 수 있다.

대상관계 관점에서 자폐 스펙트럼은 단순한 행동적 결함이 아니라, 초기 관계 경험과 정서적 조직화의 어려움과 깊이 연결되어 이해된다. Margaret Mahler의 발달 이론에 따르면, 자폐적 특성은 공생적 애착과 분리-개별화 과정이 원활히 이루어지기 이전 단계, 즉 정상적 자폐기에 고착된 상태로 이해될 수 있다. 자폐 스펙트럼 아동은 어머니에게 안기는 것 자체를 어려워하고, 중간대상(transition object)을 충분히 형성하지 못하며, 얼굴-몸짓-언어로 이어지는 상징적 의사소통 체계 전반에서 심각한 어려움을 보인다(Hamilton & Gregory, 2007). 이는 어머니와의 따뜻한 이자관계, 즉 정서적으로 '안전하게 안겨 있음'을 경험하지 못한 상태로 해석될 수 있으며, 그 결과 외부 세계와의 접촉보다는 동일성과 반복을 통해 불안을 조절하려는 방식이 강화된다. 이러한 관점에서 자폐 스펙트럼 아동에 대한 치료와 양육은 기술 훈련이나 행동 교정에만 머물기보다, 따뜻하게 품어 주고 안정적으로 안아 주는 관계 경험, 예측 가능하고 정서적으로 안전한 환경을 제공하는 데 초점을 둘 필요가 있다. 즉 자폐 스펙트럼에 대한 정신역동적 이해는 증상을 '고쳐야 할 문제'로만 보지 않고, 초기 관계와 정서 발달의 맥락 속에서 이해하며, 관계적 안전과 정서적 접촉을 회복시키는 방향으로 개입의 의미를 확장시킨다.

| 사례: 자폐증인 16세 준수

준수는 자폐아로 특수학교에 다니고 있다. 타인과 상호작용이 되지 않으며, 준수는 왼손 바닥 위에 오른손 등을 대고 치는 행동을 반복적으로 한다. 학교에서 귀가하면 '너 혼나야 돼, 너 혼나야 돼, 너 앉아, 똑바로 앉아' 등 학교에서 들었던 얘기를 계속해서 반복한다. 준수는 사진첩에 집착하여 집에서도 사진첩을 계속 꺼내 보고 타인의 집에 가서도 허락받지 않고 사진첩을 꺼내서 본다. 상대가 했던 말을 반복해서 하기 때문에 때로 주위 사람들은 무슨 말인지 모를 때가 많다. 어떤 집에 가서 사진첩을 본 적이 있는 경우 그 사람을 만나면 '앨범 보러 와. 앨범 보러 와' 자신이 앨범을 보러 가고 싶다는 말을 그렇게 한다. 저녁에 산책을 할 때는 매일 같은 순서 같은 방향으로 하고 들어온다.

| 사례에 대한 이해

준수는 타인이 아직 '관계의 대상'으로 경험되기 이전에 뭔지 모를 외부에 대한 두려움과 공포로 인해 마음을 닫고 자기 안의 세계 속에 혼자 생각하고 혼자 말하는 것으로 이해된다. 자폐적 행동은 관계를 회피하거나 거부하는 문제행동이 아니라, 자아가 충분히 통합되지 못한 상태에서 자기 보존을 위해 선택된 심리적 적응 양상으로 이해될 수 있다. 준수가 반복적으로 손바닥을 치는 상동행동은 외부 대상과의 상호작용에서 안정감을 경험하지 못할 때 자기 신체 감각에 집중함으로써 파편화될 위험에 놓인 자아를 붙잡으려는 자기자극적 방어로, 외부 세계와의 단절을 보상하는 심리적 울타리의 기능을 수행한다. 사진첩에 대한 집착은 살아 있는 타인이 지니는 예측 불가능성과 정서적 침투를 회피하고, 변화하지 않는 고정된 대상을 통해 안정감을 유지하려는 시도로서, 사진첩이 준수에게 자기와 외부 세계를 연결하는 변형된 과도기적 대상의 역할을 하고 있음을 시사한다. 이와 관련하여 "앨범 보러 와"라는 반복적 표현은 타인과 직접적인 관계 맺기 대신 안전한 매개체를 통해 제한적으로 접촉하려는 의사소통 방식으로 이해될 수 있다. 또한 "너 혼나야 돼", "똑바로 앉아"와 같은 반향어는 학교에서 경험한 권위적 대상과 그에 수반된 긴장과 불안을 의미화하지 못한 채 통째로 내사한 결과로, 언어가 상징적 소통 수단이 아니라 불안을 재연하고 통제하기 위한 자기조절 기제로 기능하고 있음을 보여 준다. 매일 같은 순서와 방향으로 산책하는 동일성에 대한 고집 역시 내면에 안정적인 '좋은 대상'이 형성되지 못한 상태에서 대상 항상성의 결핍을 보완하려는 시도로, 외부 환경의 미세한 변화조차 존재의 붕괴로 경험하는 불안을 막아 주는 심리적 방어라 할 수 있다. 이러한 이해에 근거할 때, 위니컷이 강조한 보듬어 주는 환경은 준수에게 핵심적인 치료적 조건이 된다. 사진첩을 제거하기보다 소통의 매개로 활용하고, 반향어와 반복행동을 교정의 대상으로 삼기보다 불안을 담아내는 신호로 이해하며, 일상의 변화를 아주 점진적으로 확장하는 방식의 환경적 지지를 통해 자아 통합과 관계 경험의 가능성을 열어주는 접근을 시도해 볼 수 있다.

4. 주의력결핍 과잉행동장애

ADHD(주의력결핍 과잉행동장애)는 주의력 결핍과 과잉행동·충동성을 핵심 특징으로 하는 발달장애로, 기능이나 발달을 저해하는 부주의와 자기조절의 어려움이 여러 환경에서 지속적으로 나타난다(APA, 2013). 부주의는 과제를 끝까지 수행하지 못하고 산만하게 돌아다니거나 집중을 유지하지 못하는 모습, 무질서함으로 드러나며, 이는 반항이나 이해 부족이 아니라 주의 조절 기능의 취약성에서 비롯된다. 과잉행동은 상황에 부적절한 과도한 움직임이나 꼼지락거림, 지나치게 많은 말로 나타나고, 충동성은 즉각적인 보상 욕구를 지연하지 못해 성급한 행동이나 위험한 선택으로 이어진다. 발달 과정에서 ADHD 아동은 어려서부터 '까칠하다', '예민하다'는 평가를 받기 쉬운데, ADHD 자체가 곧바로 가장 큰 문제가 되기보다는 산만함과 충동성으로 인해 또래관계가 원활하지 않고 또래 활동을 방해하거나 수업과 지시에 따르지 못하는 2차적 문제가 누적되는 것이 핵심적 어려움으로 이어진다. 이러한 2차적 문제로 인하 반복적인 지적과 처벌을 경험하면서 부정적 자기개념이 형성되고, 자아존중감이 점차 낮아지게 된다. 계속 혼나고 문제아로 낙인찍히는 경험은 아이로 하여금 혼내는 어른에 대해 적대적 태도를 갖게 하고, 결국 반항과 대립으로 이어질 수 있으며, 이 과정에서 ADHD의 일부는 청소년기에 적대적 반항장애로 이행되고, 이후 품행장애, 성인기에는 반사회적 양상으로까지 진행될 위험이 높아진다. 이러한 경로는 생물학적 취약성 위에 초기 양육 환경의 과도한 통제와 잦은 잔소리, 자율성 박탈이 결합되며 강화되는 것으로 이해될 수 있다. 집 안에서 억압과 간섭 속에 성장한 아이는 자신의 욕구와 행동을 표현하지 못한 채 긴장을 축적하다가, 외부 환경에서 통제자가 부재할 때 과잉행동과 충동으로 이를 발산하고, 다시 지적과 처벌을 불러오는 악순환에 빠지기 쉽다. 특히 잔소리에 익숙해진 아이는 언제 통제가 들어오는지를 민감하게 감지하며, 통제가 없을 경우 오히려 불안이 증가해 행동을 멈추지 못하는 역설적 현상을 보이기도 한다. 임상적으로는 어린 시절 과도한 억압이나 잦은 입원 등으로 자율적 행동이 제한되었던 경우에도 유사한 과잉행동과 충동성이 관찰된다. 따라서 ADHD에 대한 개입은 증상을 단순히 억제하거나 통제하는 데 그치기보다, 부정적 자기개념의 형성을 막고 자율성과 안전감을 회복하도록 돕는 관계적·정서적 환경을 제공하며, 일관된 지지 속에서 자기조절 능력을 점진적으로 키우는 방향으로 이루어져야 한다. 이는 2차적 문제의 누적과 발달적 악화를 예방하는 데 핵심적인 의미를 갖는다.

| 사례: 주의산만, 과잉행동, 충동성을 보이는 민재

민재(가명)는 만 9세 남아로 초등학교 3학년에 재학 중이다. 담임교사는 민재가 수업 중 자주 자리에서 일어나 교실을 돌아다니거나, 교사의 질문이 끝나기 전에 불쑥 대답을 하는 행동을 반복한다고 보고하였다. 과제를 제시하면 처음에는 의욕적으로 시작하지만, 얼마 지나지 않아 주변 친구의 행동이나 소음에 쉽게 주의가 분산되어 과제를 끝까지 완수하지 못하는 경우가 많다. 공책이나 준비물을 자주 잃어버리고, 숙제를 했다고 말하지만 실제로는 끝내지 못하거나 중간까지만 한 채 제출하지 않는 일이 반복된다. 민재는 친구들과 어울리고 싶어 하는 욕구가 강하지만, 대화 중 상대방의 말을 끝까지 듣지 못하고 자신의 생각을 먼저 말한다. 친구 관계가 자주 끊어졌다가 다시 이어지는 불안정한 양상을 보이며, 민재는 "나는 맨날 혼나"라는 말을 자주 사용한다. 최근에는 학교에서 반복적으로 지적을 받으면서 스스로를 "말 안 듣는 아이", "문제 있는 아이"로 인식하기 시작했고, 실패 경험이 누적될수록 과제 회피와 반항적 태도가 점차 증가하고 있다.

가정에서 민재는 부모의 지시를 들을 때 고개를 끄덕이며 "알겠어"라고 대답하지만, 곧 다른 자극에 끌려 지시 내용을 잊어버린다. 식사 시간에는 자리에 오래 앉아 있지 못하고, TV나 장난감 소리에 즉각적으로 반응하며 자리에서 일어나는 행동을 보인다. 동생과의 놀이에서는 자신의 차례를 기다리지 못하고 동생 것을 뺏으며 갈등을 일으킨다, 놀이가 자신의 뜻대로 흘러가지 않으면 쉽게 짜증을 내거나 화를 폭발시키기도 한다.

| 사례에 대한 이해

이 사례는 주의집중의 어려움, 충동성, 과제 지속의 곤란, 그리고 반복되는 부정적 피드백 속에서 형성되는 부정적 자기개념이 상호작용하며 아동의 학습과 정서, 대인관계 전반에 영향을 미치는 전형적인 ADHD 임상적 특성을 보여 준다.

대상관계 관점에서 볼 때 민재의 주의산만, 충동성, 과제 지속의 어려움은 단순한 실행기능의 결함이라기보다, 초기 대상관계 경험 속에서 형성된 불안과 자아조절의 취약성이 행동으로 표출된 양상으로 이해될 수 있다. 민재의 부모 모두는 교사이고, 통제적이며 민재의 충동성에 대해 끊임없이 잔소리를 하는 편이다. 주의산만은 어릴 적 민재의 심리가 불안했다는 것이며, 과잉행동은 어릴 적 민재에게 무엇인가 억압이 많았던 것으로 보인다. 부모의 통제적인 양육 방식 속에서 민재는 자율성이 억압받고 견딜 수 없는 답답함을 과잉행동으로 표출할 수 있다. 충동성 역시 민재의 까칠함과 예민함을 견뎌 주고 버텨 준 대상이 없고 오히려 혼내고 야단을 치므로 억압된 많은 무의식적 욕구들이 통제되지 않고 튀어나오는 것으로 볼 수 있다. 이는 내면에 안정적인 '좋은 대상'이 충분히 내재화되지 못한 상태에서 외부 세계의 자극이 자아를 쉽게 압도하기 때문으로 해석된다. 반복되는 지적과 실패 경험 속에서 민재가 자신을 "맨날 혼나는 아이"로 인식하게 되면서 자신도 모르게 혼날 일을 만들게 된다. 이러한 과정을 통해 외부의 비판적 대상이 점차 내사되어 부정적 자기표상으로 자리 잡아 가게 되면서 자아개념이 부정적으로 자리 잡게 된다. 이로 인해 민재의 자아는 점점 더 불안정해지고, 과제 회피나 반항적 태도는 자아를 보호하기 위한 방어로 강화된다. 이러한 관점에서 ADHD 아동에 대한 개입은 행동 통제 이전에 관계적 안전을 제공하는 것이 우선되어야 한다. 오히려 통제하기보다 자율성을 주면서 조절 능력을 키워야 한다. 위니컷이 말한 보듬어 주는 환경 속에서 반복적이고 예측 가능한 반응을 통해 아동이 외부 대상을 신뢰 가능한 존재로 경험하도록 돕는 과정이 자아조절 능력의 발달에 중요한 토대가 된다.

5. 우울증

우울은 본질적으로 상실과 실패 경험에 대한 슬픔의 정서적 반응에서 출발하며, 여기에 무력감과 무망감이 결합될 때 병리적 수준으로 심화된다. 우리는 무언가를 잃거나 중요한 시도에서 실패했을 때 슬픔을 느끼지만, 그 상실을 회복할 수 있는 힘이 자신에게 있다고 믿으면 슬픔은 애도 과정으로 흘러가며 우울로 고착되지 않는다. 반대로 잃어버린 것을 다시 찾을 수 없다고 느끼고, 자신에게는 아무런 힘이 없다는 무력감이 동반될 때 우울은 깊어진다. 이러한 의미에서 우울증의 핵심 감정은 돌이킬 수 없다고 느껴지는, 자신에게 매우 의미 있는 대상의 상실에 대한 깊은 슬픔이며, 그 이면에는 상실한 대상에 대한 분노가 함께 자리하고 있다. 그러나 우울증에서는 이 분노가 외부로 향하지 못하고 자기 자신을 향해 공격적으로 전환되는데, 이것이 바로 우울증의 자기비난,

무가치감, 죄책감의 심리적 기제이다. 더 이상의 상실을 막기 위해 사람은 아예 욕구와 기대를 차단하고, 아무것도 바라지 않는 상태로 자신을 위축시키며, 그 결과 무기력과 활력 상실이 나타난다. 그래서 우울증은 단순한 기분 저하가 아니라, 우리가 생각하는 것보다 훨씬 깊은 애도되지 못한 슬픔을 내포하고 있다. 임상 현장에서 가장 흔히 접하는 정신병리 역시 우울증이며, 그 대표적인 진단이 주요우울장애(major depressive disorder, MDD)로, 전 인구의 약 6~7%가 일생 동안 경험하는 것으로 알려져 있다.

DSM-5에 따르면 주요우울장애는 9가지 증상 중 5가지 이상이 최소 2주 이상 지속될 때 진단되며, 그중 반드시 포함되어야 하는 필수 증상은 우울한 기분과 흥미 또는 즐거움의 현저한 감소이다. 여기에 체중이나 식욕의 변화, 불면 또는 과다수면, 피로감과 활력 상실, 정신운동성 초조나 지체, 사고력·집중력 저하와 우유부단, 무가치감이나 과도한 죄책감, 반복적인 죽음이나 자살에 대한 사고가 동반될 수 있다. 정신역동적으로 볼 때 우울증은 상실 경험과 깊이 연결되며, 특히 부정적인 메시지를 반복적으로 투사하는 부모 아래에서 성장한 경우, 아이는 '정신적 삼투압'처럼 부모의 부정적 감정과 사고를 무의식적으로 받아들이고 자신의 긍정적인 자기감은 내보내며 자란다. 이 과정에서 우울증의 주요 방어기제로 내사(introjection)가 사용되는데, 내사는 타인의 생각과 감정을 자신의 것으로 받아들이는 무의식적 과정이며, 특히 자아가 충분히 응집되지 않은 어린 시기일수록 부모의 정서 상태를 그대로 자기 안에 들여놓게 된다. 그 결과 우울증의 핵심 감정은 슬픔이지만, 임상적으로 두드러지게 나타나는 정서는 죄책감과 자기비난이 된다.

Abraham은 주요우울장애 가운데 하나의 유형으로 내사적 우울증(introjective depression)을 제시하였다. 이는 어린 시절 어머니의 산후우울, 신체적 질병, 정서적 부재 등으로 인해 어머니를 '잃었다'고 경험한 아이에게서 형성된다. 이때 아이가 느끼는 슬픔은 죽음에 준하는 고통이기 때문에, 다시는 그런 상실을 겪지 않기 위해 심리적 해결책을 만들어 낸다. 어머니를 '나쁜 대상'으로 인식하는 것보다, 어머니는 좋은 존재이고 모든 문제는 나에게 있다고 믿는 편이 덜 고통스럽기 때문에, 아이는 상실의 원인을 자기 자신에게 돌린다. "내가 나빠서 엄마가 나를 돌보지 못한 것이라면, 내가 바뀌면 엄마는 다시 돌아올 수 있다"는 믿음은 상실 속에서도 희망을 유지하기 위한 방어이며, 이때 사용되는 방어기제가 바로 내사이다. 이 내사 안에 핵심적으로 포함된 감정이 죄책감이며, 이는 주요우울장애의 진단 기준에도 포함되는 핵심 증상이다.

한편 Sidney Blatt은 또 다른 우울증 유형으로 의존적 우울증(anaclitic depression)을 제시하였다. 이 유형의 우울증에서는 핵심 감정이 슬픔보다는 무력감과 유약감이다. 어린 시절 자신을 만족시켜 주지 않는 어머니 앞에서 아이는 "내가 약하고 불쌍한 모습을 보이면 엄마가 다시 돌아올지도 모른다"는 무의식적 해결책을 선택하게 되고, 실제로 아프거나 무력한 상태에서 돌봄을 경험하면 그 방식이 강화된다. 이렇게 상실을 극복하기 위해 형성된 무력감과 유약함은 습관이 되어 몸에 체화되고, 성인이 되어서도 연인과의 이별, 실패, 좌절과 같은 상실 상황에서 동일한 반응으로 반복된다. 실제로 신체화 증상으로 이어져 몸이 아프기도 한다. 그러나 성인기의 대상은 더 이상 어머니가 아니기 때문에, 이러한 무력화는 관계 회복으로 이어지지 못하고 오히려 우울을 심화시킨다. 이처럼 정신역동적 관점에서 우울증은 단일한 증상이 아니라, 상실을 견디고 의미화하기 위해 선택된 서로 다른 심리적 해결 전략의 결과이며, 치료는 이 상실이 안전하게 애도되고 새로운 관계 경험 속에서 재구성될 수 있도록 돕는 과정이라 할 수 있다.

▎사례: 주요우울장애로 약물을 복용 중인 은경 씨

은경 씨(가명, 50세)는 주요우울장애 진단을 받고 현재 약물치료를 병행하고 있는 내담자이다. 화장품 대리점 지점장으로 오랜 기간 일해 왔으나, 코로나19 이후 매출 감소로 사업이 어려워졌고, 최근 담낭에 혹이 발견되어 수술을 받은 이후 우울 증상이 급격히 악화되었다. 과거력으로는 20대 초반 자취를 시작하며 심한 우울을 경험한 적이 있으며, 출산 후에는 약 2개월간 산후우울증으로 큰 고통을 겪은 바 있다. 최근에는 불면증이 심해졌고, 특히 아침에 눈을 뜰 때 극심한 공허감과 함께 간헐적인 자살 사고를 보고하였다. 정서적으로 무미건조한 얼굴 표정을 보이며, 사람을 만나고 싶은 의욕이 거의 없고, 자녀들에게 충분한 돌봄을 제공하지 못했다는 죄책감을 반복적으로 호소하였다. 은경 씨는 둘째 자녀가 초등학교 1학년 무렵브터 화장품 판매 일을 시작하였는데, 자녀가 엄마를 가장 필요로 하는 시기에 곁에 있어 주지 못했다는 생각과 함께, 50세가 되었지만 인생에서 의미 있게 이룬 것이 없다는 자기비난으로 우울감이 심화된 상태였다.

은경 씨의 성장 배경을 살펴보면, 어머니는 신체적으로 허약하였고 부부 갈등이 잦았으며, 은경 씨가 3세가 되었을 때 둘째를 출산한 이후 건강이 더욱 악화되어 요양이 필요한 상태가 되었다. 이 시기 은경 씨는 할머니 손에 맡겨져 성장하였으며, 부모가 있지만 실제로는 돌봄을 받지 못하는 경험을 반복하였다. 할머니 집에서 부모가 자신을 데리러 와 줄 날을 기다리던 기억은 은경 씨에게 '엄마는 있지만 없는 것 같은' 상실 경험으로 내면화되었다. 이러한 초기 경험으로 인해 은경 씨의 내면에는 늘 채워지지 않는 공허감과 대상 상실감이 자리 잡게 되었고, 이를 보상하기 위해 공부와 일에 몰두하며 앞만 보고 살아온 삶의 방식이 형성되었다.

| 은경 씨에 대한 이해

은경 씨의 우울은 반복적으로 활성화되는 내적 대상관계의 붕괴와 재현으로 이해할 수 있다. 어린 시절 어머니의 정서적·신체적 부재는 '돌봐 주지 않는 대상' 혹은 '사라지는 대상'이라는 내적 대상표상을 형성하였고, 이 대상은 충분히 애도되거나 통합되지 못한 채 은경 씨의 내면에 결핍적이고 공허한 상태로 남아 있었다. 동시에 은경 씨는 자신을 "기다리지만 채워지지 않는 아이", "사랑받지 못하는 나"라는 자기표상으로 내면화하며, 대상과의 관계에서 늘 상실을 전제한 채 살아가게 되었다. 이러한 내적 대상관계는 성인기에도 유지되어, 20대 자취 시기, 출산 이후 산후우울증, 그리고 현재의 우울 삽화에서 반복적으로 재연되었는데, 이는 모두 외적 지지 대상이 약화되거나 위협받는 시점에 '버려지는 나-부재하는 대상'이라는 초기 대상관계가 다시 활성화된 결과로 볼 수 있다. 특히 이번 경우 코로나로 인한 사업 실패와 담낭 수술은 은경 씨에게 '능력 있는 일하는 나'와 '건강한 몸'이라는 보조적 자기대상(selfobject)을 동시에 상실하게 만든 사건으로 작용하였고, 이로 인해 내면에 저장되어 있던 결핍적 대상표상과 무력한 자기표상이 급격히 전면화되었다. 그 결과 은경 씨는 자신을 실패하고 무가치한 존재로 경험하며, 내적 대상에 대한 분노는 외부로 향하지 못하고 자기비난과 죄책감의 형태로 자기에게 향하게 되었고, 더 이상의 상실을 피하기 위해 욕구와 기대를 철회한 채 공허하고 무기력한 우울 상태로 후퇴하게 된 것으로 이해할 수 있다.

은경 씨의 경우 핵심적인 문제는 우울 증상 그 자체라기보다, 믿고 의지할 수 있는 대상이 충분히 내면화되지 못한 상태에서 반복되는 상실을 감당해야 했다는 점에 있다. 과거 신앙을 갖게 되었을 때, 그리고 산후우울증 시기에 남편의 지속적인 지지를 받았을 때 우울에서 회복될 수 있었던 점은, 은경 씨가 외부의 안정적 대상이 제공될 때 정서적으로 회복 가능함을 보여 준다. 따라서 치료에서는 현재 은경 씨가 의지할 수 있는 지지 자원이 누구인지 탐색하고, 그들과의 관계를 정서적으로 안전하게 유지하고 확장할 수 있도록 돕는 것이 중요하다. 동시에 상담 관계 안에서 신뢰할 수 있는 대상 경험을 제공함으로써, 은경 씨가 점차 대상을 내면에 들이고 상실을 애도하며 공허함을 견딜 수 있도록 돕는 것이 치료의 핵심 목표가 된다. 이러한 과정을 통해 은경 씨는 반복되는 우울의 악순환에서 서서히 벗어나 정서적 회복과 삶의 의미를 재구성할 수 있을 것이다.

6. 불안증

불안장애(anxiety disorders)는 실제 위험에 비해 과도하그 지속적인 불안과 공포가 중심이 되며, 이로 인해 개인의 정서적 안정, 인지 기능, 행동 수행 및 대인관계 전반에 유의미한 손상이 나타나는 정신장애 범주를 의미한다. DSM-5-TR에서는 불안장애를 미래의 위협에 대한 과도한 예기불안(anxiety) 또는 즉각적인 위험에 대한 공포(fear)를 핵심 특징으로 정의하며, 이러한 정서 상태가 회피 행동, 과잉 경계, 자율신경계 각성 증상과 결합되어 지속적으로 나타날 때 진단적 의미를 갖는다고 본다. 예컨대 범불안장애의 경우 최소 6개월 이상 지속되는 과도한 걱정과 불안, 걱정에 대한 통제 곤란, 안절부절, 피로감, 집중 곤란, 근육 긴장, 수면 문제 등의 증상이 동반될 것을 제시한다. 그러나 이러한 진단 기준은 불안의 현상적 기술에 초점을 둔 것으로, 불안이 어떠한 심리적·발달적 맥락에서 형성되고 유지되는지에 대한 이해는 애착이론, 사회인지이론, 정신역동이론을 통해 보다 입체적으로 설명된다.

대상관계 관점에서 볼 때 불안은 사랑하는 사람이나, 혹은 사랑하는 사람의 사랑을 잃을 수 있다는 위협이 느껴질 때 일어난다. 또한 강한 정서불안은 흔히 '자기 확신의 결핍'에서 비롯되며, 이는 개인이 자기 자신을 신뢰하지 못한다는 의미이자 성장 과정에서 자신을 믿어 주고 지지해 준 타인의 경험이 충분히 내면화되지 못했음을 시사한다. 애착이론(Bowlby)에 따르면, 양육자가 아동의 시도를 신뢰하고 탐험을 허용하며 정서적으로 반응할 때 아동은 안전기지를 기반으로 환경을 탐색하고 실패 후에도 회복할 수 있는 정서조절 능력을 형성하게 되는데, 이 과정에서 반복적으로 제공되는 "잘했다", "괜찮다", "네가 해낼 수 있다"는 메시지는 아동으로 하여금 '나는 그 정도는 할 수 있는 존재'라는 자기확신과 유능감을 내면화하게 한다. 반대로 양육자가 자신의 불안을 충분히 조절하지 못한 채 아이를 과도하게 통제하고 간섭하거나 탐험을 제한할 경우, 아동은 세상을 위험하고 위협적인 공간으로 지각하게 되며, 자기 능력에 대한 신뢰를 형성하지 못한 채 만성적인 불안 상태에 노출될 가능성이 커진다.

이러한 맥락에서 '믿어 주는 사람이 없었다'는 주관적 경험은 단순한 애정 결핍이 아니라, 위협 상황에서 의지할 수 있는 대상이 부재했던 발달적 경험을 의미하며, 이는 성인기에도 자신과 세상에 대한 근본적인 불신으로 이어진다. 그 결과 개인은 해야 할 일이 분명히 존재함에도 불구하고 실제로 그것을 수행할 수 있는 능력과 에너지가 자신에게 없다는 감각을 반복적으로 경험하며, 이러한 자기 무능감 인식은 불안을 더욱 증폭시키는 악순환을 형성한다. 더 나아가 생애 초기부터 안정적이고 바람직한 인간관계를 경험하지 못한 개인은 의미 있는 관계를 형성하는 것 자체를 불가능한 과제로 인식하게 되고, 이러한 인식에서 비롯된 자기 실망과 무력감은 불안을 해소할 수 있는 심리적 자원을 더욱 고갈시킨다. 임상적으로 이러한 불안은 개인 차원에 머물지 않고 세대 간 전이를 보이기도 하는데, 불안한 성인은 자신의 미해결된 불안을 자녀에게 투사하거나 위협적인 세계관을 전달함으로써 자녀 역시 불안한 정서 구조를 형성하도록 만들 가능성이 높다. 따라서 불안장애는 단순히 증상의 집합으로 이해되기보다는, 자기확신의 형성 실패, 안전한 애착 경험의 결핍, 낮은 자기효능감, 그리고 관계적 경험의 왜곡이 상호작용하며 발달·유지되는 복합적 정신병리로 이해되어야 하며, 이러한 이해는 불안장애의 예방과 치료에서 증상 완화뿐 아니라 신뢰 가능한 관계 경험의 회복과 자기확신의 재구조화를 핵심 목표로 설정해야 함을 시사한다.

| 사례: 불안을 호소하는 10대 청소년

10대 여자 중학생 다연(가명)이는 중간시험을 앞두고 너무 불안해서 손톱을 다 물어뜯어 피가 날 정도이다. 다연이는 시험과 같이 불안한 상황이 오면 손톱을 다 물어뜯어서 손톱이 반밖에 없고 어려서도 머리를 긁어 주거나 등을 긁어 달라는 요구를 자주 하였고, 현재 공부 성적은 상위권이지만 학교를 가고 싶어 하지 않고 친구가 거의 없이 집에서 혼자 지내는 편이다.

| 다연이에 대한 이해

다연(가명)은 중학생 여아로, 중간시험을 앞두고 극심한 불안을 호소하며 손톱을 심하게 물어뜯어 출혈이 날 정도의 자기진정 행동을 반복하고, 어린 시절부터 머리나 등을 긁어 달라고 요구하는 등 외부 대상을 통한 정서조절에 강하게 의존해 온 양상을 보인다. 학업 성취는 상위권임에도 불구하고 학교에 가는 것을 꺼리며 또래관계가 매우 제한적이고, 대부분의 시간을 집에서 혼자 보내는 사회적 위축과 고립이 동반된다. 이러한 불안은 시험이라는 평가 상황에서 급격히 촉발되지만, 그 기저에는 자기 자신을 신뢰하지 못하는 자기확신의 결핍과 조건부 자기표상이 자리하고 있는 것으로 이해된다. 다연이의 어머니는 '좋은 엄마·좋은 사람이어야 한다'는 강박적 신념과 타인의 평가에 대한 과도한 불안을 지니고 살아왔으며, 공무원 시험 실패 이후 천식 증상이 나타날 정도로 자아강도가 취약하고 대인 상황에서 눈치를 많이 보는 삶의 양식을 보여 왔다. 이러한 모의 불안과 완벽주의는 양육 과정에서 의식적·무의식적으로 다연이에게 전수되어, 다연이는 "모든 사람에게 잘 보여야 하고, 잘해야 사랑받는다"는 신념을 내면화한 채 성장했을 가능성이 크다. 그 결과 다연이는 '공부 잘하는 아이, 괜찮은 아이'라는 자기정체성을 유지해야만 관계와 사랑이 보장된다고 느끼며, 중학생이 되어 처음 맞는 공식적 평가 상황에서 이 기준이 위협받자 내면에 축적되어 있던 불안이 폭발적으로 활성화된 것으로 보인다. 더 나아가 충분히 믿어 주고 기다려 주는 의존 대상과의 안정적인 공생 경험이 부족했던 탓에, 다연이는 실패나 실수 상황에서 스스로를 지탱할 내적 자원이 형성되지 못했고, 그 공백을 손톱 물어뜯기와 같은 원시적 자기진정 행동으로 메우고 있다. 친구가 거의 없고 혼자 식사하는 등 관계적 고립이 지속되는 현재의 생활 맥락 역시 불안을 완화할 보호요인을 제공하지 못해 불안을 더욱 유지·증폭시키는 요인으로 작용하고 있으며, 전반적으로 다연이의 불안은 개인의 기질적 문제라기보다 '잘해야만 사랑받을 수 있다'는 내면화된 관계 틀과 충분히 신뢰받지 못한 발달 경험 속에서 형성·유지되는 관계적 불안으로 이해될 수 있다. 잘하지 않으면 사랑하는 사람의 사랑을 잃을 수 있다는 위협을 받고 있는 것이다.

7. 공포증

공포증(phobia)은 특정 대상, 상황, 장소에 결부된 병리적인 두려움과 공포 반응으로 나타나는 불안장애의 한 유형이지만, 대상관계이론의 관점에서는 단순히 어떤 대상을 "무서워하는 증상"이 아니라 초기 대상과의 관계에서 경험된 유기(버려짐)와 분리의 공포가 외부 대상에 고정되어 나타난 결과로 이해된다. 불안이 대상 없는 막연한 긴장 상태라면, 공포증은 그 불안이 특정 사물이나 상황에 붙잡혀 조직화된 형태로 드러난 것으로, 본질적으로는 무의식 속에 자리한 '아무도 없을 것 같은 상태', '혼자 남겨질 것 같은 공포'가 핵심이다. 어린 시절 부모와의 관계에서 충분히 안정적인 애착과 정서적 보호를 경험하지 못하거나, 실제적·심리적 분리와 상실을 견디기 어려운 수준으로 경험한 경우, 아이의 마음에는 유기불안이 외상으로 남게 된다. 이 유기불안은 너무 원초적이고 생존을 위협하는 감정이기 때문에 그대로 의식화될 수 없고, 대신 외부 세계의 한정된 대상이나 상황으로 전치되어 나타난다. 그 결과 군중, 밀폐된 공간, 높은 곳, 동물, 터널, 광장과 같은 특정 대상이 '무서운 것'으로 고정되지만, 실제로 두려운 것은 그 대상 자체가 아니라 대상이 사라질 때 느꼈던 초기의 공포와 무력감이다.

대상관계적으로 볼 때 공포증 환자는 내면에 '보호해 주지 않는 대상', '갑자기 사라지는 대상', '나를 버릴 수 있는 대상'에 대한 표상을 가지고 있으며, 이에 대응하는 자기표상은 '혼자 남겨진 나', '지켜지지 않는 나'이다. 이때 마음은 완전한 붕괴나 정신병적 해체를 피하기 위해 공포를 특정 대상에 묶어 두는 방어를 선택한다. 즉 공포증은 정신이 무너지는 것을 막기 위해 만들어 낸 신경증적 방어 구조이며, 회피·전치·상징화가 주된 방어기제로 사용된다. Juan-David Nasio(2018)는 공포증의 핵심 정서를 "보호적인 사랑이 갑자기 철회될 때 느끼는 원초적 공포"라고 설명하며, 이는 죽음과 직결된 감정이기에 정신이 감당할 수 없어 특정 대상에 고정된다고 보았다. 광장공포증에서 '혼자 공공장소에 남겨질 것 같은 두려움'이 강한 이유 역시, 아동기 버려질 것 같은 불안이 재활성화되기 때문이다. 이러한 사람들은 대체로 위축되고 열등감이 많으며, 타인의 시선을 과도하게 의식하는 경향을 보인다.

공포증이 지속될수록 불안은 삶 전반으로 확산되어 미래에 대한 과도한 걱정, 재난·질병·전쟁에 대한 염려, 과잉 대비 행동으로 나타나며, 이는 "의지할 대상이 없을 때를 대비하려는 무의식적 노력"으로 이해할 수 있다. 자다가 가위에 눌리는 경험이나 귀신을 본다고 느끼는 현상 역시, 대상에게 압도당하고 함입될 것 같은 초기 공포가 재현되는 것으로, 공포증의 심화된 표현으로 볼 수 있다. 대상관계이론에서 중요한 점은 공포증을 유발한 대상 또한 불안정하고 유기불안을 지닌 인물인 경우가 많다는 것이다. 즉 아이에게 공포를 준 대상 역시 자신의 불안을 아이에게 투사한 경우가 많으며, 그 결과 아이는 세상을 위험한 곳으로 내면화하게 된다.

따라서 공포증의 치료는 단순히 공포 대상을 없애거나 회피 행동을 교정하는 데 그치지 않고, 공포를 만들어 낸 초기 대상관계를 새롭게 재구성하는 과정이 되어야 한다. 공포증의 핵심에는 발달적 의존 욕구와 퇴행적 충동이 동시에 존재하기 때문에, 치료에는 시간이 필요하며, 무엇보다 공포를 준 대상보다 더 안전하고, 더 강하며, 동시에 부드러운 새로운 대상 경험이 필수적이다. 이때 상담자는 내담자에게 중간대상이자 새로운 대상관계로 기능하며, 내담자가 어떤 공포를 드러내더라도 붕괴되지 않고 견뎌 내는 존재가 되어야 한다. 이러한 안정적인 관계 속에서만 내담자는 외부 대상에 고정되었던 공포를 조금씩 회수하여, '혼자 버려질 것 같은 공포'를 말과 감정으로 경험하고 통합할 수 있게 된다. 결국 대상관계이론에서 공포증은 제거해야 할 증상이 아니라, 정신이 생존하기 위해 선택한 마지막 방어선으로 이해되며, 치료는 그 방어를 해체하는 것이 아니라 더 안전한 관계로 대체해 나가는 과정이라 할 수 있다.

| 사례: 귀신이 보인다는 10대 초반의 아동

미란이(가명)는 10대 초반의 아동으로, 부모의 이혼 이후 조부모와 함께 생활하고 있다. 미란이는 네 살 어린 동생을 돌보고 할머니를 도와 집안일을 많이 맡고 있으며, 또래 친구와의 관계는 거의 없는 상태이다. 미란이는 자신의 삶이 힘들고 외롭다고 호소하며, 귀신이 보이거나 밤에 자다가 귀에 이상한 소리가 들린다고 말한다. 때로는 사람들이 동물처럼 보이기도 하고, 소풍과 같은 야외활동 중에도 다른 아이들은 보지 못하는 이상한 형체가 보여 매우 무섭다고 느낀다고 한다. 이러한 경험으로 인해 미란이는 늘 걱정이 많고 불안한 상태에 있으며, 혼자 있는 상황을 특히 두려워한다.

| 미란이에 대한 이해

미란이의 공포증과 걱정은 단순한 지각 이상이나 상상력이 아니라, 안정적인 보호 대상을 상실할 수 있다는 근원적 불안이 외부 증상으로 조직화된 결과로 이해할 수 있다. 부모의 이혼은 미란이에게 초기 주요 대상의 붕괴 경험으로 작용하였으며, 이후 조부모 가정에서의 생활은 생존을 위해 조기 성숙과 과도한 책임을 요구하는 환경이 되었다. 미란이는 어린 나이에 동생을 돌보고 집안의 역할을 수행하며 '돌봄을 받는 아이'가 아니라 '돌봐야 하는 아이'로 기능하게 되었고, 이로 인해 자신이 의지할 수 있는 안정적인 대상 경험을 충분히 누리지 못하였다. 이러한 환경 속에서 할머니마저 사라질 수 있다는 무의식적 두려움은 '대상이 없을지도 모른다'는 공포로 내면화되었고, 이는 견디기 어려운 유기불안으로 축적되었다.

미란이의 공포증적 증상은 이 유기불안을 특정한 형태로 외부화한 결과로 볼 수 있다. 혼자 있을 때 환청과 환시가 나타나는 것은, 실제로는 아무도 곁에 없다는 상태를 견딜 수 없기 때문에 대상을 만들어 내는 심리적 시도로 이해된다. 즉 귀신이나 이상한 형체는 무서운 존재이지만, 동시에 '누군가가 옆에 있다'는 감각을 제공하는 대상 역할을 하며, 이는 완전한 고립 상태를 피하기 위한 방어적 산물이다. 또한 미란이는 자신이 힘들고 걱정스러운 상태를 드러낼 때 담임교사나 상담교사로부터 관심과 보호를 경험한 바 있는데, 이 경험을 통해 '강하고 괜찮은 나'보다는 '걱정스럽고 불안한 나'일 때 관계가 유지된다는 내적 학습이 이루어진 것으로 보인다. 그 결과 미란이는 걱정과 불안을 통해 타인의 관심을 끌어오는 관계 양식을 형성하였고, 이는 공포와 걱정을 반복·확대시키는 방식으로 굳어졌다. 결국 미란이의 공포증은 무의식적으로 대상을 곁에 붙잡아 두기 위한 관계 전략이며, 공포와 걱정은 버려지지 않기 위해 선택된 생존 방식이라 할 수 있다. 이때 사용되는 주요 방어는 전치, 상징화, 회피이며, 공포의 내용은 귀신이나 이상한 형체로 나타나지만 그 핵심에는 '혼자 남겨질 것 같은 공포', '아무도 나를 지켜 주지 않을 것 같은 두려움'이 자리하고 있다.

미란이의 공포증을 다룰 때에는 증상 자체를 즉각적으로 제거하려 하기보다, 안정적인 대상 경험을 제공하고 걱정 없이도 관계가 유지될 수 있음을 반복적으로 경험하게 하는 것이 핵심이다. 상담자는 미란이에게 중간대상으로 기능하며, 미란이가 불안하거나 두려운 상태뿐 아니라 비교적 안정적이고 평온한 상태에서도 지속적으로 관계가 유지된다는 경험을 제공해야 한다. 또한 과도한 책임을 짊어진 삶의 구조를 점검하여, 미란이가 '아이로서 보호받는 자리'를 회복할 수 있도록 환경적 개입이 병행될 필요가 있다. 이러한 과정을 통해 미란이는 걱정과 공포를 통해서가 아니라, 안정된 관계 속에서 자신의 존재가 유지될 수 있음을 내면화하게 되고, 공포증적 증상은 점차 완화될 수 있을 것이다.

8. 강박증

강박증(obsessive-compulsive disorder, OCD)은 원치 않는 사고, 이미지, 충동이 반복적으로 침투하여 강한 불안을 유발하고, 그 불안을 감소시키기 위해 특정 행동이나 정신적 행위를 반복할 수밖에 없는 불안장애이다. 강박사고는 개인이 원하지 않음에도 지속적으로 떠오르는 생각이나 심상으로 심각한 불안과 고통을 초래하며, 이를 중화하거나 제거하기 위해 손 씻기, 반복 확인, 정리정돈, 저장, 의례적 행동과 같은 강박행동이 뒤따른다. 이러한 강박행동은 불안을 근본적으로 해결하기보다는 일시적으로 낮출 뿐이며, 반복될수록 증상을 강화하여 개인을 더욱 무력하고 절망적인 상태로 몰아넣는다.

강박증의 핵심 정서는 불안과 두려움으로, 잘못될 것 같은 예감, 재난에 대한 과도한 걱정, 건강과 안전에 대한 집착, 나아가 공격적이거나 수치스러운 사고까지 포함된다. 강박증을 가진 사람들은 자신의 생각과 행동이 비합리적이라는 점을 인식하고 있음에도 불구하고 이를 멈추지 못하기 때문에 심리적 고통이 더욱 커진다.

강박증은 내면에서 처리되지 못한 불안, 공격성, 죄책감이 직접적으로 경험되거나 표현되지 못하고, 의례화된 반복 행동으로 전환된 방어 구조로 이해할 수 있다. 본래 불안으로 방출되었어야 할 심리적 에너지가 행동 증상으로 조직화되어, 불안을 통제 가능한 형태로 붙잡아 두는 것이다. 이 과정에서 주로 사용되는 방어기제는 격리(isolation), 취소(undoing), 반동형성, 지성화이며, 반복 행위는 "이렇게 하면 괜찮아질 것이다"라는 마술적 사고를 동반한다. 강박증은 위험을 과대평가하고 자신이 그 위험을 감당할 수 있는 능력은 과소평가하는 경향을 지니며, 이로 인해 미래에 대한 걱정이 증폭되고 반복 확인과 점검의 악순환이 형성된다. 예를 들어 현관문을 잠갔음에도 불구하고 가족에게 해가 미칠지 모른다는 불안이 커지면, 그 불안을 잠재우기 위해 문손잡이를 여러 차례 확인하는 반복 행동이 나타난다. 이러한 반복성은 강박증의 핵심 구조로, 표면적으로는 불안을 관리하려는 시도이지만, 근본적으로는 자신의 지각과 행동을 신뢰하지 못하는 내적 상태를 반영한다.

이들은 불안과 공포, 두려움이 만성적으로 높아 정신쇠약적(neurasthenic) 정서 상태에 가까운 취약성을 지니고 있으며, 이를 견디기 위해 반추(rumination)라는 방어기제를 빈번하게 사용한다. 반추란 이미 지나간 생각이나 가능성 있는 실패, 위험한 결과를 끊임없이 되새김으로써 부정적 감정을 통제하고 극복하려는 시도이지만, 실제로는 불안을 줄이기보다 증폭시키는 경향이 있다. 이러한 강박적 성향의 핵심을 이루는 성격 특성은 완벽주의와 정서억제이다. 완벽주의는 흠이나 결이 전혀 없는 상태를 추구하려는 경향으로, '잘못되면 모든 것이 무너진다'는 사고방식으로 나타난다. 특히 강박적 개인은 자신의 흠결이 가장 쉽게 드러나는 순간을 '감정이 표현될 때'라고 인식하기 때문에, 슬픔·분노·불안과 같은 감정을 위험한 것으로 경험한다. 그 결과 감정을 느끼지 않는 것이 아니라, 느끼고도 표현하지 않으며 통제하려는 정서억제가 강화된다. 완벽주의가 외적 기준과 행동을 통제하는 기능을 한다면, 정서억제는 내적 세계를 통제하는 기능을 하며, 이 두 특성이 결합되어 강박성향을 구성한다. 이러한 사람들은 감정을 드러내는 대신 생각으로 처리하려 하고, 불안을 느낄수록 더 많이 생각하고 점검하며 반복함으로써 안전을 확보하려 한다.

대상관계 관점에서 강박증은 초기 양육 환경에서 경험한 불안정한 대상, 과도한 통제, 엄격한 기준, 사랑과 처벌이 혼재된 관계 경험과 깊이 연결된다. 특히 강박증은 학대와 모멸이라는 외상을 경험한 경우에 나타날 수 있다. 그래서 질병에 대한 불안이 크고 타인의 말이 모멸감으로 느껴져 분노를 많이 경험할 수 있다. 이러한 환경에서 아이는 자신의 공격적 충동이나 불안을 표현하면 관계가 위협받는다고 느끼게 되고, 감정보다 규칙과 질서, 완벽함에 의존하는 방식으로 자신을 보호하게 된다. 그 결과 내면에는 "잘못되면 큰일 난다", "내가 완벽하지 않으면 관계가 무너진다"는 강박적 신념이 형성되고, 이는 성인기에도 반복적 사고와 의례적 행동으로 유지된다. 따라서 강박증은 제거해야 할 단순한 증상이 아니라, 불안을 견디고 관계를 유지하기 위해 형성된 고통스러운 자기보호 방식으로 이해되어야 하며, 상담가가 내담자를 전적으로 신뢰해줌으로 내담자가 스스로를 신뢰하고 믿을 만한 존재로 인식하는 것이 핵심적인 치료 목표가 된다.

| 사례: 40대 후반의 강박성향 준수 씨

준수 씨(가명, 45세)는 대기업 계열 공공기관에 근무하는 직장인으로, 강박적 성향과 불안 증상이 두드러진다. 그는 업무를 완벽하게 처리하지 못할까 봐 늘 불안해하며, 매일 야근을 하고 주말에도 출근을 반복한다. 집은 정리할 여유가 없어 각종 물건이 쌓여 있는 상태이나, 정작 직장에서는 사소한 실수도 용납하지 않으려 한다. 혼자만 과도한 업무를 떠맡고 있다는 피해의식이 강하며, 동료들은 일도 하지 않으면서 월급만 받는 것 같다는 생각에 분노와 억울함을 자주 경험한다. 팀장이 업무에 대해 지적하는 경우 자존심이 크게 상하고, 이를 견디지 못해 과도하게 분노를 표출함으로써 직장 내 관계도 원만하지 못하다. 비난을 듣는 것을 극도로 두려워하여 책임을 완벽히 수행하려 애쓰지만, 일은 늘 밀려 있고 휴식을 취하지 못해 만성적인 소진 상태에 놓여 있다. 또한 건강에 대한 염려가 커 수시로 손을 씻고, 코로나 감염과 백신 부작용 모두를 두려워하여 동료들과 식사를 피하고 혼자 식사를 하는 등 사회적 위축도 나타난다.

| 준수 씨에 대한 이해

준수 씨의 강박증적 성향은 초기 대상관계에서 형성된 '위협적이고 비난적인 대상'과 '항상 조심해야 하는 자기'라는 내적 구조의 반복적 재현으로 이해할 수 있다. 그의 내면에는 실수하거나 부족한 모습을 보이면 즉각적으로 공격하거나 사랑을 철회하는 대상표상이 자리하고 있으며, 이에 대응하는 자기표상은 "항상 긴장하고 완벽해야만 살아남을 수 있는 나"이다. 이러한 내적 대상관계는 어린 시절 부모의 과잉통제적이고 엄격한 양육 태도 속에서 형성된 것으로 추정된다. 부모가 아이의 실수나 불안을 정서적으로 담아주기보다 처벌과 통제로 대응할 경우, 아이는 실수를 '재앙'으로 경험하게 되고, 불안을 줄이기 위해 스스로를 과도하게 통제하는 방식을 내면화한다.

　준수 씨에게 강박증은 단순한 증상이 아니라, 자율성을 박탈당한 관계 속에서 형성된 생존 전략이다. 그는 내면의 공격적 대상과 마주치지 않기 위해 규칙과 완벽함, 반복과 통제에 매달리며, 감정은 위험한 것으로 인식하여 억제한다. 이로 인해 분노와 불안은 직접 표현되지 못하고, 강박적 행동과 피해의식, 관계 갈등으로 전치된다. 직장에서 팀장의 지적에 과도하게 분노하는 반응은, 현재의 권위적 인물이 과거의 비난적 부모 대상과 병렬적으로 연결되며 활성화된 결과로 볼 수 있다. 또한 건강염려와 위생 강박은 신체가 공격받을 수 있다는 원초적 불안을 통제 가능한 영역으로 옮겨 놓은 시도로 이해할 수 있다.

　이러한 강박증적 삶의 방식은 동시에 준수 씨의 자기 가치감과 안정감을 유지하기 위한 필사적인 노력이기도 하다. 완벽하게 책임을 수행하고 쉬지 않는 삶은 그에게 "나는 무가치하지 않다", "나는 비난받아도 될 존재가 아니다"라는 최소한의 자기 보호 장치로 기능한다. 그러나 이 방식은 관계를 고립시키고 정서적 소진을 심화시키며, 장기적으로는 자기 파괴적 결과를 낳는다.

　준수 씨의 상담에서는 강박 행동을 단순히 줄이거나 교정하는 것보다, 내면의 비난적 대상과의 관계를 재구성하고, 실수해도 붕괴되지 않는 새로운 대상 경험을 제공하는 것이 핵심적이다. 상담자는 준수 씨에게 통제와 평가의 대상이 아니라, 불완전함과 감정을 견뎌 주는 안정적인 대상, 즉 새로운 대상관계로 기능해야 한다. 이를 통해 준수 씨는 점차 완벽함과 반복 없이도 관계가 유지될 수 있음을 경험하고, 자율성과 자기 신뢰를 회복해 갈 수 있다. 결국 대상관계 관점에서 강박증은 제거해야 할 결함이 아니라, 한 인간이 관계 속에서 살아남기 위해 선택했던 방식으로 이해되어야 하며, 치료는 그 방식을 더 안전하고 유연한 관계로 대체해 가는 과정이라 할 수 있다.

9. 편집증

　편집증(paranoia)은 일상적으로는 "지나친 의심과 경계"를 뜻하는 용어로 널리 쓰이지만, 학문적으로는 몇 가지 서로 다른 범주를 구분해서 이해할 필요가 있다. 첫째, 망상장애(delusional disorder)에서 보이는 체계적 망상(예: 피해·질투·과대·신체·애정망상)이 대표적이며, 과거에 '편집증'이라는 용어가 망상장애를 가리키는 방식으로 사용되기도 했다. 둘째, 진단명으로는 편집성 성격장애 (paranoid personality disorder)가 있는데, 이는 망상 수준의 확고한 믿음이라기보다 전반적인 대인관계에서 불신·의심·과민함이 지속되는 성격적 양상이다. 셋째, 조현병 스펙트럼에서는 망상과 함께 환각, 사고장애, 와해 등의 다른 정신병적 증상이 동반될 수 있어 감별이 중요하다. 즉 "편집"이라는 표현이 가리키는 현상은 단일 진단이 아니라 망상장애, 편집성 성격장애, 조현병 스펙트럼의 망상을 모두 포괄하는 기술어(phenomenological descriptor)에 가깝다.

편집적 양상은 타인의 행동이나 말, 우연한 사건을 자기와 관련된 악의적 의도로 해석하는 경향이 두드러진다. 이들은 근거가 충분하지 않아도 착취·속임·배신·음모 가능성을 높게 평가하고, 호의나 칭찬조차 "숨은 뜻"이나 "조종"으로 읽어 경계를 늦추지 않는다. 또한 모욕이나 비난 가능성에 매우 예민하여 작은 지적에도 수치심과 분노가 급격히 촉발되고, 즉각적인 반격이나 관계 단절로 이어지기 쉽다. 대인관계는 긴장과 경계 속에서 유지되며, 충고나 피드백이 '도움'이라기보다 '공격'으로 지각되기 때문에 치료적 개입에서도 신뢰 형성이 매우 핵심적 과제가 된다. 많은 경우 정서는 제한되어 보이지만, 그 밑바탕에는 위협을 예상하는 불안과 공포, 그리고 자신이 손상될 수 있다는 취약감이 놓여 있다.

편집적 구조의 핵심 방어는 분열(splitting)과 투사(projection)이다. 내적 세계에서 감당하기 어려운 공격성, 수치심, 죄책감, 열등감 같은 '나쁜 부분'을 자신 안에 두고 통합하기 어렵기 때문에, 그것이 바깥으로 투사되어 "타인이 나를 해치려 한다/나를 모욕한다/나를 빼앗는다"는 형태로 경험된다. 이때 외부 대상은 '나쁜 대상(all-bad object)'으로 지각되고, 자기 자신은 '피해자' 위치에 고정되기 쉬우며, 결과적으로 관계는 상호 불신과 공격-방어의 악순환에 들어간다. 동시에 내면에는 매우 엄격하고 비난적인 내적 대상(가혹한 초자아/학대적 대상)이 자리해, 타인을 강하게 비난하면서도 스스로는 깊은 긴장과 죄책감, 두려움을 경험하는 양가성이 나타날 수 있다.

발달적으로는 실제적·심리적 수준에서 안전한 의존이 허용되지 않은 관계가 반복될 때, 편집 성향이 강화될 수 있다. 가까운 양육자로부터 예측 불가능한 비난, 모멸, 과도한 처벌, 통제, 혹은 관계의 불안정(분리·상실)이 경험되면 "가까운 사람이 나를 다치게 할 수 있다"는 기본 가정을 내면화한다. 그 결과 친밀함은 위험해지고, 관계를 통제하거나 거리를 두는 것이 안전하다는 신념이 강화된다. 이런 맥락에서 편집적 양상은 단지 '이상한 믿음'이 아니라, 초기에 형성된 관계-안전 체계가 성인기까지 지속된 결과로 볼 수 있다.

망상장애에서 관찰되는 망상의 유형은 임상적으로 다음과 같이 분류된다. 애정망상(erotomanic type)은 특정 인물이 자신을 사랑한다고 확신하는 양상(스토킹으로 이어질 수 있음)이고, 과대망상(grandiose type)은 자신이 특별한 재능·지위·사명을 가졌다고 믿는 형태이다. 질투망상(jealous type)은 배우자/파트너의 부정행위를 확신하는 양상으로 의처증·의부증이 대표적이며, 피해망상(persecutory type)은 타인이 자신을 감시·해치려 한다는 믿음이 중심이다. 신체망상(somatic type)은 신체 변형, 감염, 기생충 침입 등 의학적 근거가 약한 신체 믿음이 확고한 경우를 말한다. 한 개인에게 여러 유형이 혼재되는 혼합형(mixed type)도 가능하다. 중요한 점은 망상이 단순한 '걱정'이나 '추측'이 아니라, 반대 증거가 제시되어도 쉽게 수정되지 않는 확고성을 지니며, 생활 기능과 관계에 지속적인 손상을 야기한다는 점이다.

치료적으로는 편집적 환자에게 "그건 틀렸다/망상이다"라고 직접 논박하는 방식이 대개 치료동맹을 깨뜨리고 방어를 강화하기 쉽다. 임상적으로 유용한 접근은 (1) 먼저 정서 경험을 인정하고("그렇게 느낄 만큼 위협적으로 경험됐군요"), (2) 치료자의 의도와 현실 정보를 간결하고 일관되게 제공하며, (3) 내담자가 가진 확신을 '즉시 제거'하기보다 그것이 형성되는 관계 맥락(수치심, 위협, 버려짐 공포)을 함께 탐색하는 것이다. 필요시 약물치료(특히 망상 수준이 높거나 기능 손상이 큰 경우 항정신병 약물), 약물 개입과 가족 개입이 병행될 수 있으며, 무엇보다 치료자는 예측 가능하고 안정적인 관계를 유지함으로써 '새로운 대상경험'을 제공하는 것이 핵심이 된다.

| 사례: 편집 성향이 있는 창수 씨

창수 씨(40대)는 과거 회사 생활을 하다가 중단한 후, 현재 부모가 운영하는 찜질방 매점에서 일하고 있다. 그는 손님을 대할 때 전반적으로 공격적이고 경계적인 태도를 보이며, 특히 학생 손님들에게 강한 적대감을 나타낸다. 학생들이 음식을 먹은 뒤 정리를 제대로 하지 않으면 과도하게 분노하여 고성을 지르거나 신체적 폭력을 행사한 적도 있어 경찰서에 다녀온 경험이 있다. 창수 씨는 사람들이 여러 명 모여 있는 상황에서 자신을 험담하거나 공격하려는 음모를 꾸미고 있다고 느끼며, "손님들이 다 나를 공격하는 것 같다"고 호소한다. 또한 간헐적으로 "넌 창녀 같다, 더럽다"와 같은 환청을 경험하고 있으며, 이러한 증상으로 인해 대인관계와 직업적 기능에 심각한 어려움을 겪고 있다.

창수 씨에게서 보이는 두드러지는 증상은 타인의 의도를 악의적으로 해석하는 피해망상적 사고, 과도한 경계심과 공격성, 특정 집단(학생)에 대한 강한 적대감과 충동적 폭력, 비난적·모욕적인 내용의 환청, 자기 개념의 혼란과 자아통합력의 약화이다. 이러한 증상은 일시적인 스트레스 반응이라기보다, 비교적 지속적이고 체계적인 편집적 양상으로 나타나고 있다.

| 창수 씨에 대한 이해

대상관계이론의 관점에서 볼 때, 창수 씨의 편집증적 증상은 초기 양육 환경에서 형성된 학대적·비난적 대상의 내면화와 그것이 외부로 투사된 결과로 이해할 수 있다. 그는 통제적이고 지시적인 부모 아래에서 성장했으며, 자신의 자율성과 감정이 존중받거나 믿어지고 기다려진 경험을 거의 갖지 못한 것으로 보인다. 이로 인해 창수 씨의 내면에는 "나는 늘 잘못하고 있다", "나는 더럽고 가치 없는 존재다"라는 자기표상과, "대상은 언제든 나를 비난하고 공격한다"는 대상표상이 강하게 자리 잡게 되었다.

이러한 내적 대상관계는 충분히 통합되지 못한 채 분열된 상태로 남아 있었고, 성인기에도 외부 세계를 지각하는 기본 틀로 작동한다. 그 결과 타인은 중립적인 존재가 아니라, 언제든 자신을 모욕하고 해칠 수 있는 '가해자'로 지각되며, 창수 씨는 스스로를 억울한 피해자로 경험한다. 특히 학생 시절 왕따를 당했던 경험은 이러한 내적 구조를 더욱 공고히 하여, 학생이라는 대상이 과거의 상처와 수치심을 촉발하는 강력한 트리거가 되었다. 학생 손님을 대할 때 나타나는 과도한 분노와 폭력은, 현재의 학생이 아니라 과거 자신을 모욕하고 배제했던 대상과의 관계가 재연된 결과로 이해할 수 있다.

또한 "넌 창녀 같다, 더럽다"라는 환청은 외부에서 새롭게 생성된 목소리라기보다, 부모로부터 반복적으로 경험했던 비난적이고 모욕적인 목소리가 내면화된 것으로 볼 수 있다. 정상적인 발달에서는 이러한 비난적 대상이 자아 안에서 일정 부분 통합되어 '내적 비판자'로 기능하지만, 창수 씨의 경우 자아통합력이 충분히 형성되지 못하여, 이 내적 목소리가 자기 내부의 생각으로 인식되지 않고 외부에서 들려오는 소리처럼 경험되는 것이다. 특히 성적 욕구와 같이 금기시되고 억압된 충동이 활성화될 때, 그는 이를 자신의 일부로 받아들이지 못하고 "더럽다", "창녀 같다"는 비난의 형태로 외부화하여 듣게 된다. 이는 자기 안의 공격성과 욕망을 견디지 못하고 투사함으로써 자아를 보호하려는 정신병적 수준의 방어로 볼 수 있다. 이러한 창수 씨의 편집증적 증상은 단순한 성격 문제나 분노 조절의 실패가 아니라, 학대적 대상과의 관계가 내면에서 지속적으로 재생산되며,

분열·투사·부인의 방어를 통해 유지되는 대상관계 구조의 표현이다.

창수 씨의 치료에서는 망상이나 환청의 내용이 '틀렸다'고 직접 논박하기보다, 그가 경험하는 위협과 수치심, 두려움의 정서를 먼저 안정화하는 것이 중요하다. 상담자는 창수 씨에게 비난하거나 통제하는 대상이 아니라, 공격성과 혼란을 견디고 버텨 주는 새로운 대상관계로 기능해야 한다. 특히 학생이나 손님을 향한 분노 이면에 있는 과거의 모욕감과 피해 경험을 점진적으로 다루며, 자기 내부의 비난적 목소리를 '외부의 공격'이 아닌 '내면화된 대상'으로 인식할 수 있도록 돕는 것이 치료의 핵심 과제가 된다. 약물치료와 병행하여 안전을 확보하면서, 점차 자아통합을 강화하고 현실검증 능력을 회복해 나가는 접근이 필요하다.

10. 조현병

조현병(schizophrenia)은 사고, 감정, 지각, 행동 등 인격의 여러 영역에 걸쳐 광범위한 임상적 이상 증상을 보이는 대표적인 정신증적 장애이다. 과거에는 '정신분열증'이라 불렸으나, 이 용어가 질병에 대한 오해와 낙인을 강화한다는 이유로 현재는 '조현병'이라는 명칭이 공식적으로 사용되고 있다. 조현병은 단일 질환이라기보다 공통된 핵심 특징을 지닌 여러 질환군으로 이해되며, 보호자와 가족에게도 정서적·현실적으로 큰 부담을 주는 중증 정신질환으로 알려져 있다.

조현병이라는 명칭은 영어 schizophrenia에서 유래하는데, 'schizo'는 분리 또는 분열을, 'phrenia'는 고대 그리스에서 마음이나 정신이 위치한다고 여겨졌던 횡격막을 의미한다. 이는 마음과 현실, 자기와 대상, 내부 세계와 외부 세계가 통합되지 못하고 분리되는 병이라는 의미를 담고 있다. 임상적으로 조현병의 증상은 크게 양성증상과 음성증상으로 구분된다. 양성증상에는 환청, 환시, 피해망상, 과대망상과 같은 증상이 포함되며, 음성증상에는 정서 둔마, 무욕증, 사회적 위축, 언어 빈곤 등이 해당된다. 조현병은 남성의 경우 주로 10대 후반에서 20대 후반, 여성은 20대 초반에서 30대 초반에 발병하는 것으로 알려져 있다.

정신병리학적으로 조현병은 편집증적 장애나 양극성 장애의 정신병적 삽화와 함께 정신증(psychosis) 범주에 속한다. 정신증과 신경증을 구분하는 핵심 기준은 자아 기능 중 현실 검증력(reality testing)의 존재 여부이다. 프로이트는 신경증을 자아와 이드 간의 갈등, 정신증을 자아와 외부 현실 간의 갈등으로 설명하였다. 인간은 내적 현실과 외부 현실이라는 두 세계 속에서 살아가며, 현실 검증력은 이 두 현실을 비교·검증하여 조정하는 능력이다. 신경증에서는 내부에서 떠오른 생각이나 이미지가 '내 안에서 만들어진 것'임을 인식할 수 있지만, 정신증에서는 내부 세계에서 생성된 사고나 감각 경험을 외부 현실에서 실제로 발생한 사건으로 믿게 된다. 즉 조현병에서의 환청이나 환시는 "내가 잘못 들었을 수도 있다"는 수정 가능성이 거의 없고, 실제 외부에서 누군가 말하거나 존재한다고 확신하는 형태로 경험된다.

DSM 진단 기준에 따르면 조현병은 망상, 환각, 와해된 언어, 심하게 와해되거나 긴장증적 행동, 음성증상 중 두 가지 이상이 최소 1개월 이상 지속되며, 사회적·직업적 기능의 현저한 저하를 동반한다. 망상은 비합리적이고 현실적으로 불가능한 내용임에도 불구하고 강한 확신을 지니며, 환각은 타인은 경험하지 못하는 감각을 실제처럼 지각하는 증상이다. 특히 환청은 자신의 행동을 평가하거나 지시하는 목소리, 혹은 여러 사람이 서로 대화하는 소리로 들리는 경우가 흔하다. 정서적으로는 점차 감정 표현이 감소하고 무표정해지며, 인지 기능 면에서는 계획·학습·판단 능력이 저하되어 일상생활 전반에 어려움을 겪게 된다.

대상관계이론의 관점에서 조현병은 초기 대상관계의 심각한 붕괴와 통합 실패와 깊이 연관된 질환으로 이해된다. 많은 대상관계이론가들은 조현병 환자에게서 안정적인 공생 관계의 실패와 공생에 대한 강렬한 갈망이 동시에 관찰된다고 보았다. Searles(1965)에 따르면, 조현병 환자의 초기 양육 관계에서는 어머니가 아이의 긍정적 감정과 의존 욕구를 무의식적으로 거부하는 경우가 많으며, 이는 어머니 자신의 낮은 자존감, 미통합된 성격 구조, 그리고 자신의 어머니와의 관계에서 비롯된 감정적 갈등과 연결되어 있다. 이 과정에서 아이는 어머니로부터 거부된 감정들을 그대로 내사하면서, 자신의 개별성과 자율성을 희생하고 대상의 불완전한 통합을 대신 유지하려는 역할을 떠맡게 된다.

조현병의 핵심 역동에는 공격성, 대상 보호, 자기희생이라는 세 요소가 결합되어 있다. 발달 초기 유아는 배고픔이나 불쾌한 내적 자극을 스스로 처리할 수 없기 때문에 울음을 통해 외부 대상에게 신호를 보낸다. 이때 양육자가 적절히 반응하여 욕구를 충족시켜 주면 유아는 긴장이 완화되고 만족스러운 경험을 하게 된다. 그러나 이러한 반응이 지속적으로 제공되지 않을 경우, 유아는 강한 좌절과 분노를 경험하지만, 그 분노를 외부 대상에게 향할 수 없기 때문에 자신의 내적 대상과 자기 자신을 향해 공격성을 돌리게 된다. Margolis(1987)는 이러한 공격성의 내향화가 반복될 경우 정신기구의 해체로 이어지고, 궁극적으로 정신증적 붕괴를 초래할 수 있다고 설명하였다. 즉 조현병은 외부로 방출되지 못한 공격성이 자기 내부를 파괴하는 방향으로 작동한 결과로 이해될 수 있다.

이러한 맥락에서 조현병 치료의 핵심 과제는 억압되고 봉인된 공격성을 어떻게 다룰 것인가에 있다. 대상관계적 치료에서 분석적 과제는 공격성의 방출을 가로막고 있는 내적·관계적 방해물을 제거하고, 행동화가 아닌 언어를 통한 상징적 방출이 가능하도록 돕는 것이다. 치료자는 환자에게 현실을 강요하거나 망상을 논박하는 존재가 아니라, 분열된 내적 세계를 견디고 통합을 도울 수 있는 안정적인 대상이 되어야 한다. 이러한 치료적 관계 속에서 환자는 점차 내부와 외부, 자기와 대상, 감정과 사고를 구분하고 연결할 수 있는 능력을 회복해 나가게 된다. 또한 조현병은 자신의 내면을 통찰할 힘이 없기에 약물치료를 병행하면서 해야 한다.

즉, 조현병은 현실 검증력의 손상이라는 표면적 증상을 넘어, 초기 대상관계의 실패, 통합되지 못한 공격성, 그리고 자기희생적 내사 구조가 복합적으로 작동하는 심층적 정신병리로 이해되어야 한다. 대상관계이론은 조현병을 제거해야 할 증상이 아니라, 붕괴를 막기 위해 형성된 극단적 방어 구조로 바라보며, 치료 역시 통제나 교정보다는 관계 속에서의 점진적 통합을 목표로 한다.

| 사례: 20대 초반의 대학생 미수

미수(가명)는 대학교 2학년 재학 중 외모에 대한 과도한 왜곡된 인식과 대인관계 불안을 경험하며 학업과 일상 기능이 급격히 저하되어 자퇴에 이른 20대 초반 여성이다. 쌍꺼풀 수술 이후 자신의 얼굴이 찌그러져 보이고 코가 흘러내리는 것 같다는 확신을 가지게 되었으며, 타인들이 자신을 비웃고 모함한다고 느끼는 피해적 사고가 동반되었다. 이러한 지각 왜곡과 망상적 해석으로 인해 외출과 대인관계가 제한되었고, 결국 정신과 입원과 약물치료를 받게 되었다. 이후에도 무기력과 집중력 저하로 학업을 지속하지 못하고 자퇴하였다. 미수 씨의 핵심 증상은 외모에 대한 신체망상적 사고, 타인의 시선을 비난과 조롱으로 해석하는 피해망상적 지각, 현실검증력의 약화, 정서 표현과 공격성의 심한 억제, 대인관계 철수와 사회적 위축이다. 이는 신경증적 수준을 넘어 정신증 경계선 수준(borderline psychotic level)에서 나타나는 증상 양상으로 이해할 수 있다. 대학 2학년에 접어들며 학업 부담이 증가하고, 제한적이었던 대인관계마저 소실되자 미수 씨는 "아무도 없다"는 공포, 즉 대상 상실의 불안을 강하게 경험하게 되었다. 이 시점에서 그녀의 취약한 자아는 더 이상 내적 긴장을 상징적으로 처리하지 못하고, 억압되어 있던 분노·수치심·열등감이 신체 이미지(얼굴)로 투사되었다. 얼굴은 대인관계와 사회적 평가가 집중되는 부위이자, 어린 시절 "눈이 좀 컸으면 좋겠다"는 부모의 말이 각인된 상징적 장소로, 미수 씨에게는 이미 비난과 결핍이 응축된 대상이었다.

그 결과 미수 씨는 자신의 얼굴이 찌그러지고 망가졌다는 확신을 갖게 되었고, 이는 곧 "사람들이 나를 비웃고 공격한다"는 피해망상으로 확장되었다. 이때 나타난 외모에 대한 왜곡된 지각과 타인의 시선에 대한 망상적 해석은, 자기 내부의 비난적 대상과 공격성이 외부 현실로 투사된 정신증적 방어로 이해할 수 있다. 즉, 자신의 내면에서 들려오는 "너는 부족하다, 너는 잘못됐다"는 목소리가 외부 사람들의 시선과 행동으로 경험되기 시작한 것이다.

| 미수 씨에 대한 이해

대상관계이론의 관점에서 볼 때, 미수 씨의 조현병적 증상은 초기 대상관계에서 형성된 비난적·완벽주의적 대상과 취약한 자기표상이 통합되지 못한 채 성인기 스트레스 상황에서 붕괴된 결과로 이해할 수 있다. 미수 씨는 교수인 아버지와 의사인 어머니라는 높은 성취 기준을 지닌 부모 아래에서 성장하며, "잘해야만 인정받을 수 있다"는 조건부 애정의 환경을 경험하였다. 특히 아버지의 언어적·신체적 폭력은 미수 씨에게 부모를 안전한 보호 대상이 아니라 언제든 공격할 수 있는 위협적 대상으로 내면화하게 만들었다.

이러한 양육 환경 속에서 미수 씨의 내면에는 '비난하고 평가하는 대상'과 '항상 부족하고 잘못된 나'라는 자기표상이 형성되었으며, 이는 충분히 통합되지 못한 채 분열된 상태로 유지되었다. 미수 씨는 분노와 화를 외부로 표현할 수 없었고, 공격성을 표출하는 것이 곧 관계의 파괴로 이어질 것이라는 무의식적 공포 속에서 공격성을 철저히 억압하고 내재화하였다. 그 결과 자기주장과 감정 표현이 극도로 제한되었고, 자기 내부의 공격성은 점차 자기 자신을 향한 비난과 혐오로 전환되었다.

미수 씨의 치료에서는 망상 내용이나 외모 인식의 왜곡을 즉각적으로 교정하려 하기보다, 비난적 대상관계가 어떻게 형성되었고 그것이 현재 어떻게 재현되고 있는지를 안정적으로 다루는 것이 중요하다. 상담자는 성취나 완벽을 요구하는 대상이 아니라, 미수 씨의 미숙함과 취약함, 공격성까지도 견디고 버텨 줄 수 있는 새로운 대상관계로 기능해야 한다. 특히 미수 씨가 억압해 온 분노와 자기주장을 언어화하고 상징화할 수 있도록 돕는 것이 치료의 핵심 과제이다.

또한 약물치료를 통해 현실검증력을 일정 부분 회복시키는 동시에, 상담 장면에서는 외부 세계와 내부 세계를 구분하고 연결하는 경험을 반복적으로 제공함으로써 자아통합을 점진적으로 강화해 나가야 한다. 대상관계 관점에서 미수 씨의 조현병적 증상은 제거해야 할 '이상 행동'이 아니라, 관계를 잃지 않기 위해 자기 자신을 희생하며 선택한 마지막 방어로 이해되어야 하며, 치료는 그 방어를 더 안전한 관계와 상징화 능력으로 대체해 가는 과정이라 할 수 있다.

11. 연극성 성격

히스테리(hysteria)는 19세기 말 프로이트와 브로이어의 연구에서 출발한 임상 개념으로, 명칭은 고대 그리스어 *hystéra*(자궁)에서 유래되었다. 과거에는 여성 특유의 질환으로 오해되어 신체적 원인으로 설명되었으나, 정신분석의 발전과 함께 히스테리는 심리적 갈등과 억압된 정서가 신체 또는 의식 수준에서 표현되는 현상으로 재개념화되었다. DSM 체계가 정교화되면서 히스테리는 단일 진단명으로 유지되기보다 전환장애(기능성 신경학적 증상장애), 해리장애, 연극성 성격장애 등으로 분화되었고, 현재 정신의학에서는 '히스테리'라는 용어를 공식 진단명으로는 거의 사용하지 않지만 임상적·역동적 맥락에서는 중요한 개념적 뿌리로 다뤄진다.

연극성 성격장애는 전환장애처럼 신체 기능의 장애로 드러나기보다는 성격 전반에서 주목 추구, 정서적 과장, 피상적 관계 양식이 지속되는 형태로 나타난다. 정신역동적으로 연극성 성격은 대체로 조건적이고 변덕스러운 사랑을 제공하는 양육자와의 관계에서 형성되며, 아이는 존재 자체로 사랑받기보다 외모·애교·표현·매력 등을 통해서만 관심을 얻는 경험을 반복하면서 "있는 그대로의 나는 가치가 없다"는 부정적 자기표상을 내면화하기 쉽다. 부모가 안정된 정서제공보다는 지나친 육체적 안아줌을 지나치게 했을 때 이것이 단순한 즐거움이 아니라 자기 가치감을 잠시 회복시키는 강렬한 보상이 되어, 주목을 얻는 행동이 강화되고 점차 성격 구조로 굳어진다. 대상관계적으로는 '주었다가 철회하는' 줄 듯 말 듯한 대상경험이 핵심적이며, 간헐적으로 주어지는 칭찬과 관심이 강렬한 쾌감으로 각인될수록 주목에 대한 의존이 커진다.

이러한 구조 속에서 연극성 성격은 정서적 고통을 직접 경험하는 것을 회피하기 위해 부인과 억압을 주요 방어로 사용한다. 약점이 드러나면 사랑과 관심을 잃을 것이라는 두려움 때문에 자신의 취약성과 불편한 감정을 인정하지 않으려 하고, 그 결과 정서 경험은 깊게 처리되기보다 얇고 피상적이며 기복이 큰 방식으로 표현되기 쉽다. 동시에 타인의 주의와 애정을 붙잡기 위해 과장된 말과 행동, 때로는 성적 유혹을 포함한 자극적인 방식이 동원되며, 관계는 친밀하고 개방적으로 깊어지기보다는 비교적 피상적으로 유지되는 경향을 보인다. 주목이 다른 사람에게 옮겨가거나 관심을 받지 못한다고 느끼는 순간에는 견디기 어려운 공허와 분노가 활성화되고, 이를 만회하려는 과장된 행동이 오히려 관계를 소원하게 만들어 소외감을 강화하는 악순환이 반복될 수 있다.

요약하면, 연극성 성격장애는 단순히 과장되거나 관심을 좋아하는 성향이 아니라, 조건적 애정의 대상관계 속에서 형성된 자기 가치감의 취약성과 주목을 통한 자기조절 방식으로 이해할 수 있다. 치료에서는 주목 행동 자체를 단순 교정하기보다, 내담자가 타인의 시선 없이도 자신의 감정과 욕구를 인식·표현하고 견딜 수 있도록 돕고, 관계 안에서 보다 안정된 자기표상과 정서 조절 능력을 형성해 가는 것이 핵심 과제가 된다.

| 사례: 피아노 학원 원장인 30대 미연 씨

미연 씨(가명)는 피아노 학원을 운영하며 가끔 피아노 개인 연주를 하기도 한다. 평상시에도 앞가슴이 드러나는 보라색 옷을 즐겨 입으며, 사자 머리 같은 헤어스타일을 주로 하고 있다. 피아노를 학원에서 칠 때도 온몸을 흔들면서 치고, 과도한 액션을 한다. 미연 씨를 좋아하는 남자들이 많은데. 연애를 길게 하지 못하고, 남자를 만나고 호텔까지 가지만 남자를 혼자 호텔에 두고 돌아서서 나오는 경우가 다반사다.

| 미연 씨에 대한 이해

미연 씨는 존재 그 자체로 사랑받기보다는 외적 표현과 매력을 통해서만 관심을 얻을 수 있었던 관계 경험을 내면화하였다. 이러한 양육 환경 속에서 형성된 핵심 자기표상은 "나는 그대로의 나로는 충분히 사랑받을 수 없다"는 부정적 자기상이며, 이에 대응하여 "타인의 시선을 사로잡을 때만 가치가 있다"는 관계 신념이 발달한 것으로 보인다.

미연 씨가 평소 화려한 복장과 과장된 헤어스타일, 신체 노출을 포함한 표현 방식을 사용하는 것은 단순한 자기표현이 아니라 자기 가치감을 유지하기 위한 방어적 전략으로 이해된다. 이는 외부 대상의 주목과 관심을 통해 불안정한 자기를 지탱하려는 시도이며, 타인의 시선이 곧 자기 존재를 확인해 주는 기능을 한다. 피아노 연주 시 온몸을 흔들며 과도한 액션을 취하는 모습 역시 음악적 표현을 넘어 "보여지는 나"를 통해 살아 있음을 확인하려는 자기조절 방식으로 볼 수 있다.

대상관계적으로 미연 씨는 '흥분시키지만 충족시키지 않는 대상'의 반복을 관계 속에서 재연하고 있다. 남성들을 유혹하고 빠르게 친밀감을 형성하지만, 실제로 관계가 성적·정서적 친밀성의 단계로 진입하려는 순간 물러나는 행동은, 깊은 관계 속에서 자신의 공허함과 무가치감이 노출될 것에 대한 두려움과 밀접하게 연결되어 있다. 즉, 미연 씨에게 유혹은 관계를 맺기 위한 수단이 아니라, 관계 직전에서 멈춤으로써 상처받지 않기 위한 통제 방식이다. 이는 "가까워지면 버려질 수 있다"는 무의식적 신념과, "내가 원하면 관계를 중단할 수 있다"는 전능적 환상을 동시에 유지하려는 방어로 해석할 수 있다.

미연 씨의 반복적인 공허감과 채워지지 않는 느낌은 내면에 안정적으로 내사된 '좋은 대상'의 부재를 시사한다. 외적으로는 주목을 받고 매력적인 존재로 보이지만, 내적으로는 자신을 따뜻하게 지지하고 견뎌 줄 대상표상이 충분히 형성되지 못해, 타인의 관심이 사라질 때마다 자기가 무너질 것 같은 불안을 경험한다. 이로 인해 미연 씨는 친밀한 관계를 통해 안정감을 얻기보다는, 주목과 갈망의 상태를 유지함으로써 자신을 붙잡아 두려 한다.

방어기제 측면에서 미연 씨는 주로 부인과 억압을 사용한다. 자신의 취약함, 외로움, 의존 욕구는 의식에서 밀어내고, 대신 생동감 있고 매력적인 모습만을 전면에 내세운다. 그러나 억압된 정서는 해소되지 않은 채 공허감과 감정기복으로 되돌아오며, 다시금 주목 추구 행동을 강화하는 악순환을 만든다. 이 과정에서 대인관계는 깊어지지 못하고 피상적으로 유지되며, 이는 다시 소외감과 공허를 증폭시킨다.

종합하면, 미연 씨의 연극성 성격은 사랑을 갈망하지만 친밀함을 견디지 못하는 대상관계의 역설로 이해할 수 있다. 그녀는 타인의 시선을 통해 잠시 자기 가치를 회복하지만, 관계가 깊어질수록 자신의 결핍이 드러날 것을 두려워하여 물러난다. 치료적으로는 주목 행동 자체를 통제하거나 수정하기보다는, 미연 씨가 타인의 시선 없이도 자신의 감정과 욕구를 인식하고 견딜 수 있도록 돕고, 관계 안에서 조건 없는 관심과 정서적 지속성을 경험하도록 하는 것이 핵심 과제가 된다. 이를 통해 점차 외부 주목에 의존하지 않는 보다 안정된 자기표상과 대상관계를 형성해 나갈 수 있을 것이다.

12. 자기애성 성격

자기애성 성격장애(narcissistic personality disorder)는 오토 컨버그에 의해 개념적으로 정식화되었으며, 그는 이를 자기중심적이고 과도한 요구를 보이며, 자신의 능력과 특수성을 과대평가하고 시기심·착취성을 동반하는 성격 구조로 설명하였다. 겉으로는 자기중요성과 우월감을 강하게 드러내지만, 내면에는 좌절감, 공허감, 불안정성이 깊게 자리하고 있다는 점이 핵심이다. 반면 코헛은 자기애를 병리 이전에 하나의 정상 발달선으로 보았으며, 건강한 나르시시즘은 자기감 형성과 대인관계의 기초 조건이라고 강조하였다. 병적인 자기애는 이 발달 과정이 좌절되거나 와해될 때 형성된다고 보았다.

자기애성 성격의 임상적 특징은 다음과 같다. 이들은 자신의 중요성과 탁월함을 과장하고, 성공·권력·이상적 사랑에 대한 공상에 몰두하며, 자신을 특별한 존재로 인식해 특정한 사람이나 집단만이 자신을 이해할 수 있다고 믿는다. 과도한 찬사와 특별대우를 요구하고, 대인관계에서는 타인을 자신의 목적을 위해 이용하는 착취적 양상을 보인다. 공감 능력이 제한적이며, 타인의 감정을 고려하기보다는 자신의 욕구를 중심으로 관계를 조직한다. 또한 타인을 시기하거나 타인이 자신을 시기한다고 믿고, 거만하고 방자한 태도를 보이는 경우가 많다.

정신역동적으로 자기애성 성격은 거대 자기(grandiose self)구조를 중심으로 형성된다. 실제의 자신과 이상화된 자신, 실제 부모가 아닌 '갖고 싶은 부모'의 이미지가 결합되어, 스스로를 특별하고 위대한 존재로 믿게 된다. 그러나 이 거대 자기는 안정된 자기구조가 아니라 취약한 자기감 위에 세워진 방어적 구조이기 때문에, 자신보다 더 뛰어나 보이는 대상을 만나면 강한 시기심이 활성화된다. 자기애성 성격에서 시기심은 핵심 정서로, 이는 대상이 가진 '좋은 것'을 갖고 싶어 하는 질투와 달리, 대상이 가진 것을 파괴하고 싶어 하는 원초적 정서에 가깝다. 시기심은 자신의 위대하다는 자기상이 허상임을 드러내는 순간이기에, 이들은 시기심을 견디지 못하고 평가절하, 철수, 환경 회피 등의 방어를 동원한다.

형성 과정을 보면, 인간은 생애 초기 극도의 무기력과 의존 상태를 견디기 위해 전능감과 환상을 사용한다. 이 시기에 공감적 양육을 통해 아이의 전능감이 적절히 반영되고 좌절되면, 아이는 점차 현실적 자기로 이행할 수 있다. 그러나 부모가 아이를 있는 그대로 만족시키지 못하고, 특별함·성과·외적 우월성을 조건으로 사랑을 제공할 경우, 아이는 '그대로의 나는 가치 없다'는 자기표상을 내면화한다. 특히 인정 욕구가 강한 부모, 열등감이 많은 부모는 아이를 자신의 자기애를 보충하는 대상으로 사용하며, 이 과정에서 아이는 이상화와 평가절하의 세계관을 학습하게 된다.

코헛은 이러한 환경에서 자란 아이가 자신의 약점과 무력감을 견디지 못해 과대적 자기 이미지를 강화한다고 보았다. 공감적 반응이 부족할수록 아이는 취약한 자기 부분을 분열·부인하고, 대신 완벽하고 특별한 자기상을 유지하려 한다. 반면 컨버그는 공격적 시기심과 평가절하를 자기애성 성격의 핵심 병리로 보았으며, 이들이 자신과 타인 모두를 이상화와 평가절하의 극단 사이에서 오가며 관계를 파괴한다고 설명하였다.

자기애성 성격의 내면에는 깊은 수치심과 공허감이 자리한다. 자신은 위대한 존재여야 하는데 현실은 그렇지 않다는 간극에서 오는 수치심을 견디기 어려워, 이를 타인에게 투사하고 타인을 깎아내림으로써 자신을 지탱한다. 이러한 사람과의 관계에서는 상대가 반복적으로 위축되고 초라해지는 경험을 하게 되는데, 이는 자기애성 성격이 무의식적으로 상대의 약점과 욕구를 자극하고 조종하기 때문이다.

치료적으로 프로이트는 자기애성 성격이 전이를 형성하기 어렵고, 형성되더라도 부정적 전이가 많아 치료가 쉽지 않다고 보았다. 반면 코헛은 자기대상(selfobject) 경험을 치료의 핵심으로 제시하였다. 즉, 공감적이고 안정적인 치료자와의 관계 속에서 과대적 자기를 성급히 해체하기보다, 이해하고 반영함으로써 점차 현실적이고 통합된 자기구조로 이행하도록 돕는 것이 중요하다고 보았다.

요약하면, 자기애성 성격장애는 단순한 자만이나 이기심의 문제가 아니라, 공감적 양육의 결핍 속에서 형성된 취약한 자기를 보호하기 위한 방어적 구조이다. 이들의 거대함 뒤에는 깊은 수치심과 공허가 있으며, 치료의 목표는 이를 무너뜨리는 것이 아니라, 취약한 자기와 함께 존재할 수 있도록 돕는 것에 있다.

| 사례: 자기애성이 강한 한슬 씨 부모

한슬 씨(가명)는 자기애성 성향이 강한 부모 아래에서 성장한 성인 여성으로, 현재 부모와의 관계에서 벗어나기 위해 제주도에서 혼자 생활하고 있다. 어린 시절부터 부모는 한슬 씨의 정서적 경험이나 욕구에는 거의 관심을 보이지 않았고, 오직 성적과 성취를 통해서만 가치를 평가하였다. 초등학교 시절 왕따를 당했을 때조차 보호받지 못했으며, 성적이 기대에 미치지 못할 경우 심한 체벌을 경험하였다. 반면 성취가 뛰어난 오빠는 상대적으로 학대를 받지 않아, 한슬 씨는 가족 내에서 차별과 부당함을 반복적으로 경험하였다.

부모는 기본적인 양육을 제공하면서도 이를 조건으로 끊임없는 감사와 보상을 요구하였다. "키워 준 은혜를 갚아야 한다"는 메시지는 성인이 된 이후까지 지속되었고, 부모의 통제와 요구는 점점 더 강화되었다. 이러한 관계에서 벗어나고자 한슬 씨는 부모와의 물리적·정서적 거리를 확보하기 위해 제주도로 이동하였고, 현재는 최소한의 연락만 유지하고 있다.

| 한슬 씨 부모에 대한 이해

한슬 씨의 부모는 전형적인 자기애성 성격 특성을 보인다. 겉으로는 자신감 있고 당당해 보이지만, 내면에는 깊은 무가치감과 열등감이 자리하고 있어 지속적인 인정과 숭배를 요구한다. 자녀를 독립된 인격체로 보기보다 자신의 자존감을 유지하기 위한 도구로 사용하였으며, 자녀의 감정이나 고통에는 공감하지 못하고 자신의 기분과 욕구를 우선시하였다. 감정기복이 심해 예측 불가능하게 분노를 표출하였고, 자녀는 부모의 기분을 살피며 살아야 했다. 이러한 양육 환경은 한슬 씨에게 심각한 정서적 불안을 남겼다.

한슬 씨는 '정서적으로 부재한 자기애적 대상' 아래에서 성장하였다. 부모는 보호와 공감의 대상이 아니라, 평가하고 요구하며 감정적으로 침범하는 대상이었다. 이로 인해 한슬 씨는 안정적인 좋은 대상을 내면화하지 못했고, 대신 "내가 잘해야만 관계가 유지된다", "요구에 응답하지 않으면 버려진다"는 내적 신념을 형성하였다. 동시에 부모로부터 받은 공격성과 죄책감은 내사되어, 부모와 거리를 둔 현재에도 "부모를 이렇게 외면해도 되는가"라는 죄책감으로 지속되고 있다.

또한 한슬 씨는 관계 속에서 자기 욕구를 표현하면 상대를 상처 입히거나 버려질 것이라는 불안을 가지고 있어, 친밀한 관계를 맺는 데 어려움을 보인다. 부모로부터의 분리 이후에도 세상과 단절된 느낌, 깊은 외로움과 우울을 경험하지만, 동시에 타인과 관계 맺는 것은 버겁고 위협적으로 느껴지는 양가감정 속에 머물러 있다. 현재 한슬 씨는 부모의 직접적인 통제에서는 벗어났으나, 내면화된 자기애적 대상과의 관계는 여전히 지속되고 있다. 외로움과 우울, 공허감이 크지만 관계에 대한 두려움과 죄책감이 동시에 작동하여 고립 상태를 유지하고 있다. 이는 자기애성 부모 아래에서 성장한 성인 자녀에게 흔히 나타나는 양상으로, 물리적 분리 이후에도 정서적 분리가 완성되지 않은 상태로 이해할 수 있다.

치료적으로는 부모로부터 내면화된 비난적·요구적 대상과 거리를 두고, 공감적이고 안정적인 관계 속에서 자신의 감정과 욕구를 안전하게 인식하고 표현하는 경험을 축적하는 것이 핵심 과제이다. 이를 통해 한슬 씨는 죄책감 없이 관계를 선택하고, 타인과의 연결 속에서도 자기 자신을 유지할 수 있는 보다 건강한 자기표상을 형성해 나갈 수 있을 것이다.

13. 반사회성 성격

반사회성 성격(antisocial personality)은 사회적 규범과 법을 무시하고 타인의 권리를 침해하면서 자신의 쾌락과 이익을 우선시하는 성격 구조이다. 반복적인 폭력, 절도, 사기, 무모한 위험행동, 직업적 부적응, 가족부양과 재정적 책임의 방기, 성적 문란, 채무 불이행 등을 특징으로 하며, 이러한 행동에 대해 죄책감이나 후회를 거의 느끼지 않는다는 점에서 두드러진다. 이들은 충동적이고 공격적이며 계획 없이 행동하는 경향이 강하고, 음주운전이나 범죄, 약물 사용과 같은 위험한 행동을 반복하면서도 경험을 통해 자신을 변화시키는 학습과 내재화에 어려움을 보인다. 거짓말과 사기, 가명 사용이 잦고, 자신의 잘못을 인정하기보다 합리화와 정당화를 통해 책임을 외부로 전가하는 경향이 강하다.

반사회성 성격은 성인기에 갑작스럽게 형성되는 것이 아니라, 15세 이전의 품행장애 병력을 전제로 하며, 아동기와 청소년기에 나타나는 폭력, 절도, 거짓말, 가출, 결석 등의 문제행동이 지속적으로 이어지는 발달적 연속선상에서 이해된다(DSM-5-TR). 발달적으로 볼 때, 이들은 어린 시절 신체적·정서적 학대, 방임, 유기, 일관성 없는 양육을 경험하는 경우가 많으며, 보호자가 돌봄의 대상이 아니라 공격자나 약탈자로 경험되면서 기본적 신뢰 형성에 실패한다.

특히 반사회성 성격의 핵심에는 자신이 의존하는 사람이 결국 자신을 싫어하거나 거절하고 버리게 될 것이라는, 거절과 버림, 보살핌 상실에 대한 근본적인 두려움이 자리하고 있으며, 이로 인한 반복적인 실망을 피하기 위해 타인과의 정서적 관여 자체를 차단하게 된다. 이러한 정서적 차단은 정서 반응의 둔마로 이어져 이들이 차갑고 냉담해 보이게 만들며, 동시에 타인의 감정을 이해하고 공감하는 능력의 발달을 심각하게 제한한다. 이 과정에서 반사회성 성격의 주된 방어기제는 행동화이며, 핵심 감정은 분노로 조직된다. 이들은 자기 즈장성과 자율성 욕구가 매우 높아 자신의 의지와 통제가 좌절되거나 외부로부터 제한을 받는 상황에서 강한 적대감과 분노를 경험하게 되고, 이를 언어화하거나 숙고하기보다 반항적이고 공격적인 행동으로 즉각 표출하는 행동화 방어를 사용한다. 반복적인 학대 경험은 공격자와의 동일시를 강화하여, 성장 후 힘을 갖게 되었을 때 자신이 과거에 당했던 공격을 타인에게 행사하는 방식으로 관계를 맺게 만들며, 그 결과 대상관계는 상호 돌봄과 신뢰가 아닌 지배와 복종, 착취와 피착취의 구조로 조직된다. 이러한 환경 속에서 생존을 위해 정서적 접촉과 내면화를 차단하게 되고, 그 결과 초자아의 형성과 도덕적 규제 기능 또한 충분히 발달하지 못하여 죄책감과 후회가 행동을 제어하지 못하는 성격 구조가 형성된다. 더 나아가 안정적으로 의존할 수 있는 '좋은 대상'에 대한 내적 표상, 즉 대상항상성이 형성되지 못함으로써 성인기 관계에서도 고립과 관계 철수, 혹은 권력과 폭력을 과시하는 가학적 방식 중 하나로 타인과 관계하려는 양상을 보이게 된다.

이러한 반사회성 성격은 타고난 기질적 요인과 환경적 요인이 결합된 결과로 이해되며, 조기 품행장애, 주의력결핍 및 과잉행동장애, 학대와 방임의 경험이 함께 존재할 경우 성인기 반사회성 성격으로 진행될 가능성이 높다. 임상적으로 반사회성 성격은 경계선 성격이나 자기애성 성격과 일부 공통점을 보이지만, 타인의 고통에 대한 내적 괴로움이나 죄책감의 결여, 지속적인 범법 행동과 충동적 공격성이 핵심적인 차별점이다. 이들은 대체로 자발적으로 치료를 요청하지 않으며 법적 명령이나 외부 압력에 의해 치료에 의뢰되는 경우가 많아 치료 동기가 낮고, 권위적 인물에 대한 저항이 강해 치료적 개입이 매우 어렵다. 따라서 반사회성 성격은 성인기 치료 이전에, 아동기와 청소년기에 안정적인 애착 경험과 공감적 양육을 제공하고 학대를 예방하는 조기 개입과 부모 교육이 무엇보다 중요하다고 할 수 있다.

| 사례: 공격성을 보이는 12세 민아

민아(가명)는 학교폭력의 가해자로 학교폭력위원회에 기소되었고, 민아가 규칙을 어겨서 교사가 교육을 하게 되면 교사에게 욕을 하거나 물건을 집어 던지는 등의 거친 행동을 하여 반 아이들도 민아를 무서워하는 상황이었다. 마른 체형에 화장을 진하게 하고. 상담가에게 반말을 했다가 존댓말을 하기도 하였다. 친구들과 학교 선생님도 내담자를 달래고 눈치를 보게 되고, 교사들과 트러블이 잦으며, 친구하고 싸움이 있고 나면 사과를 끝까지 받아내야 하고, 상담실에서도 화가 나면 상담사의 물건을 집어 던지며 소리를 지르고 욕을 하고 제재를 하게 되면 상담가의 등이나 팔도 주먹으로 때리는 행동을 보였다. 현재 남자친구가 있고, 남자친구와 갈등이 생기면 자해를 하였다.

| 민아에 대한 이해

민아는 학교폭력 가해 행동과 반복적인 공격성, 경계 침범, 충동적 행동화를 보이는 12세 아동으로, 대상관계 관점에서 볼 때 초기 양육 환경에서 형성된 폭력적이고 침투적인 대상관계의 내면화가 현재의 행동 문제로 재현되고 있는 사례로 이해된다. 민아는 아버지의 강한 체벌 속에서 성장하며 '관계란 때리고 맞는 것'이라는 원초적인 대상관계를 형성하였고, 이로 인해 좌절이나 분노가 촉발될 때 이를 언어화하거나 조절하기보다 공격적 행동으로 즉각 표출하는 행동화 방어기제를 주요 심리적 대응 방식으로 사용하게 되었다. 규칙을 지적받거나 자신의 의지가 좌절되는 상황에서 욕설, 물건 투척, 신체적 폭력을 보이는 민아의 반응은 단순한 반항이 아니라, 과거 체벌 상황에서 경험했던 무력감과 분노가 현재의 관계 장면에서 반복 저현되는 것으로 볼 수 있다.

민아의 공격성 이면에는 의존 대상에 대한 깊은 불신과 버림받을 것이라는 근본적인 두려움이 자리하고 있다. 어머니의 이혼과 유기, 그리고 정서적으로 부재한 아버지로 인해 민아의 내적 세계에는 신뢰할 수 있는 '좋은 대상'이 형성되지 못하였으며, 이로 인해 민아는 심리적으로 의존할 대상이 없는 상태, 즉 정서적 고아와 같은 내적 경험을 갖고 있다.

이러한 대상항상성의 결핍은 또래 관계나 남자친구와의 관계에 과도한 집착과 불안을 유발하며, 관계가 위협받는 순간 극심한 정서적 붕괴와 자해로 이어진다. 이는 대상 상실에 대한 불안을 스스로 조절하지 못하고, 몸을 통해 감정을 처리하려는 미숙한 자기조절 방식으로 이해할 수 있다.

또한 민아가 진한 화장과 찢어진 옷차림으로 또래보다 성숙하고 위협적으로 보이려는 행동은, 자신을 보호받아야 할 약한 존재로 인식시키기보다 '함부로 대할 수 없는 존재'로 보이게 하려는 무의식적 시도로 해석된다. 이는 반복적인 학대 경험 속에서 형성된 취약한 자기표상을 방어하기 위한 과대자기적 외현화이며, 동시에 공격당하지 않기 위해 먼저 공격적인 위치를 선점하려는 방어 전략이다. 종합하면 민아의 문제 행동은 도덕성의 결여라기보다, 학대와 버림 속에서 형성된 왜곡된 대상관계와 미숙한 정서조절 능력의 결과로 이해할 수 있다. 민아는 아직 발달적 가소성이 남아 있는 아동기로, 적절한 개입이 이루어질 경우 반사회적 성격 구조로의 고착을 예방할 수 있는 단계에 있다.

민아의 치료에서 가장 중요한 목표는 공격성을 즉각적으로 제거하는 것이 아니라, 안전하고 일관된 관계 속에서 새로운 대상관계 경험을 제공하는 것이다. 치료자는 민아에게 신뢰할 수 있고 예측 가능한 '좋은 대상'으로 기능해야 하며, 동시에 폭력과 경계 침범에 대해서는 명확하고 일관된 한계를 설정해야 한다. 이는 민아가 경험해 보지 못한 "정서적으로는 받아들여지되, 행동에는 분명한 경계가 존재하는 관계"를 실제로 체험하게 하는 핵심 치료 요소이다.

치료 초기에는 민아의 행동화를 해석하거나 훈계하기보다, 정서적 안정과 관계 형성이 우선되어야 한다. 민아가 분노를 행동으로 표현할 때 이를 즉각적으로 도덕화하거나 처벌하면, 과거의 체벌 경험이 재연되어 치료 관계 자체가 위협받을 수 있다. 대신 치료자는 폭력 행동을 단호히 중단시키되, 그 이면에 있는 감정과 두려움을 언어로 대신 표현해 주는 정서적 번역자의 역할을 수행해야 한다. 이를 통해 민아는 점차 '때리지 않고도 감정을 전달할 수 있다'는 새로운 정서 처리 방식을 학습하게 된다.

중기 치료 단계에서는 민아가 타인과의 관계에서 경험하는 분노, 좌절, 버림에 대한 공포를 점진적으로 다루며, 관계 안에서 감정을 견디고 조절하는 능력을 키우는 것이 중요하다. 이 과정에서 치료자는 민아의 공격성에 대해 일관된 경계를 유지함으로써, 힘과 폭력이 아닌 관계적 안정이 유지될 수 있음을 반복적으로 경험하게 해야 한다. 또한 민아의 남자친구 관계나 또래 관계에서 나타나는 극단적인 반응은 대상항상성의 미성숙과 연결하여 다루며, 관계가 일시적으로 흔들려도 자신이 완전히 버려지지 않는다는 경험을 축적하도록 돕는다.

부모 및 보호자 개입 또한 필수적이다. 특히 아버지에게는 체벌이 아닌 일관된 규칙과 정서적 반응을 제공하는 양육 방식에 대한 교육이 필요하며, 민아 주변의 어른들이 민아의 공격성에 휘둘리거나 눈치를 보는 관계 패턴을 중단하도록 돕는 것이 중요하다. 민아에게는 "사랑과 지지는 유지되지만, 폭력은 허용되지 않는다"는 메시지가 말과 행동으로 일관되게 전달되어야 한다.

결론적으로 민아의 치료는 통제나 교정보다, 새로운 대상관계의 재경험을 통해 정서조절과 경계 인식을 발달시키는 과정이다. 아직 12세라는 발달적 시기를 고려할 때, 민아는 공격성과 행동화를 내려놓고도 관계 안에 머무를 수 있다는 경험을 충분히 학습할 수 있는 가능성을 지니고 있으며, 이는 향후 반사회적 성격 구조로의 이행을 예방하는 결정적인 치료적 기회라고 할 수 있다.

14. 경계선 성격

　경계선 성격(borderline personality)은 모든 개인의 성격 병리가 그러하듯 문화적 맥락과 발달적 요인을 함께 고려해야 한다. 우리나라 사람들은 한민족이라는 집단적 정체성과 강한 공동체 의식을 바탕으로 관계를 중시하는 문화적 특성을 지니고 있으며, 그로 인해 개인의 개별성과 심리적 경계를 존중하기보다는 함께하려는 경향이 강하다. 이러한 문화는 상호 돌봄과 연대라는 긍정적 기능을 가지는 동시에, 타인의 다름을 인정하고 심리적·정서적 경계를 존중하는 데 어려움을 낳기도 한다.

　특히 부모-자녀 관계에서 이러한 공동체적, 어른 중심 문화는 부모가 자녀의 개별적 욕구와 자율성을 존중하기보다 통제와 간섭, 훈육이라는 이름으로 경계를 침범하는 양상으로 나타나기 쉽다. 그 결과 우리 사회 구성원 다수는 정도의 차이는 있으나 타인의 경계를 침범하거나, 경계가 위협받을 때 과도한 정서 반응을 보이는 경계선적 성향을 부분적으로 공유하고 있다고 볼 수 있다. 이러한 이유로 경계선 성격을 이해하지 않고서는 현대 한국 사회에서 나타나는 개인의 심리적 갈등과 대인관계 문제를 충분히 이해하기 어렵다고 할 수 있다.

　경계선 성격에서 '경계선'이라는 용어는 본래 신경증(neurosis)과 정신증(psychosis)의 경계에 위치한 임상적 양상을 의미한다. 일반적으로 신경증적 문제는 현실 검증 능력이 유지된 상태에서 정서적 고통과 대인관계의 어려움이 중심이 되며, 우울, 불안, 공포, 감정 기복, 무기력, 반복적인 갈등 등이 나타난다. 반면 정신증적 문제는 현실 검증 능력의 손상이 핵심으로, 환청이나 환각, 망상 등을 현실로 믿으며 일상 기능에 심각한 지장을 초래한다.

　경계선 성격은 평상시에는 비교적 신경증적 수준의 기능을 유지하다가, 스트레스 상황이나 관계적 위협이 가해질 때 일시적으로 현실 판단이 붕괴되며 정신증적 수준에 가까운 반응을 보인다는 점에서 이 두 영역의 경계를 오간다. 이로 인해 일반적인 상황에서는 비교적 잘 기능하기 때문에 전문가가 아니면 병리로 인식하기 어려우나, 좌절이나 관계 갈등이 발생하면 상황에 어울리지 않는 격렬한 분노, 폭력적 행동, 충동적 일탈, 극단적인 반항이나 철수 행동이 갑작스럽게 나타난다.

　이러한 경계선 성격의 형성 과정은 정신분석적 발달 이론에서 주로 설명되어 왔다. 마가렛 말러와 동료들(Mahler, Pine, & Bergman, 1975)은 유아가 발달 과정에서 부모로부터 심리적으로 분리되고 자율성을 획득해 가는 분리-개별화 과정을 강조하였다. 이 과정에서 아이는 부모, 특히 어머니의 좋은 측면은 유지하면서도 통제와 구속으로 경험되는 측면으로부터는 독립하려 한다. 그러나 아이가 '좋은 엄마'와 '나쁜 엄마'가 실제로는 동일한 대상이라는 것을 통합하지 못한 상태에서 자율성에 과도한 침해를 경험하게 되면, 대상은 분열된 채 내면화되고 정서적 혼란이 발생한다. 말러는 이러한 통합 실패가 대상 분열과 불안정한 자아 구조를 낳으며, 경계선 성격의 발달적 토대가 된다고 보았다.

이러한 관점을 확장한 오토 컨버그(Kernberg, 1975)는 경계선 성격을 유아기의 분리-개별화 단계에 고착된 성격 구조로 설명하였다. 이 시기의 아이는 보호 대상이 시야에서 사라질 때 강한 불안을 경험하며, 반복적인 좌절 속에서 버림받을 것이라는 공포를 내면화한다. 어머니가 정서적으로 안정적인 애착을 제공하지 못했거나, 아이 자체의 공격성이 부모와의 관계에서 충분히 조절되지 못한 경우, 이 단계의 갈등은 해결되지 못한 채 성격 구조로 고착된다. 그 결과 성인기에도 대상 상실에 대한 극심한 불안, 분노, 관계적 혼란이 반복적으로 나타나게 된다.

이러한 발달적·이론적 이해는 오늘날의 진단 기준에서도 반영되어 있다. DSM-5-TR에 따르면, 경계선 성격장애는 성인 초기에 시작되는 대인관계, 자기상, 정서의 현저한 불안정성과 지속적인 충동성을 특징으로 하며, 실제적 혹은 상상된 버림을 피하기 위한 필사적인 노력, 이상화와 평가 절하를 오가는 불안정한 관계 패턴, 불안정한 자기정체성, 자기파괴적 충동성, 반복적인 자해나 자살 행동, 극심한 정서 기복, 만성적인 공허감, 분노 조절의 어려움, 스트레스와 관련된 일시적인 편집증적 사고나 해리 증상 등이 주요 특징으로 제시된다. 이러한 증상들은 경계선 성격이 단순한 성격적 예민함이 아니라, 초기 대상관계의 불안정성과 자율성 침해, 그리고 대상 상실에 대한 깊은 공포에서 비롯된 구조적 병리임을 보여 준다.

종합하면, 경계선 성격은 개인의 취약성만으로 형성되는 것이 아니라, 발달 초기의 대상관계 경험과 문화적 맥락이 상호작용하여 형성되는 성격 구조이다. 특히 관계와 공동체를 중시하는 한국 사회의 문화적 특성은 경계선 성향을 강화하거나 정상 범주 안에서 가려지게 만들 수 있으며, 이러한 맥락 속에서 경계선 성격에 대한 깊이 있는 이해는 개인의 심리와 대인관계 문제를 해석하는 데 필수적인 토대가 된다.

| 사례: 사랑을 주지 않는 남자에게 매달리는 보람 씨

20대 후반의 보람(가명) 씨는 남자친구가 자신과 가까운 친구와 공공연하게 양다리로 만나는 것을 묵인해 왔으나 남자친구가 헤어지자는 말에 자살 충동을 느끼고 자해를 시도하면서까지 남자친구를 붙잡고 싶어 하면서 매달린다. 보람 씨가 어렸을 때는 엄마가 원하는 옷을 입어야 했으며, 엄마가 원하는 학원을 다녀야 했다. 엄마는 성과 위주로 좋은 성적을 받지 않으면 한심하게 여기고 야단을 많이 치고 매를 때렸으나 사춘기 이후부터는 거의 포기한 듯 내버려두었다. 초등학교 때부터 학교폭력의 피해자로 왕따를 경험하였고, 고등학교 때부터 자취를 하였고, 남자친구를 만나면 집착하고 모든 걸 남자친구와 같이 하려고 해서 남자들이 숨 막혀서 헤어지자고 하게 되었고, 남자친구와 헤어질 때는 괴로워서 자해를 하고 금방 다른 남자친구를 사귀는 것을 반복해 왔다.

| 보람 씨에 대한 이해

보람 씨는 사랑을 주지 않거나 자신을 반복적으로 거절하는 남자에게 집착하며, 관계 단절의 위협이 가해질 때 극심한 불안과 자해, 자살 충동으로 반응하는 경계선적 관계 양상을 보이고 있다. 이러한 관계 패턴은 성인기 연애 관계의 문제라기보다, 어린 시절 형성된 결핍된 대상관계와 불안정한 자기구조가 성인 관계에서 반복 재연되는 결과로 이해할 수 있다. 보람 씨는 성장 과정에서 어머니의 통제적이고 성과 중심적인 양육을 경험하였으며, 자신의 욕구나 선택은 존중받지 못한 채 어머니가 원하는 옷을 입고, 원하는 학원을 다니며, 성취하지 못할 경우 비난과 체벌을 받았다. 이는 보람 씨로 하여금 '나는 있는 그대로는 사랑받을 수 없는 존재이며, 무언가를 해내지 못하면 버려질 수 있다'는 핵심 신념을 형성하게 만들었다. 더 나아가 사춘기 이후에는 양육자가 정서적으로 철수하며 사실상 방임에 가까운 태도를 보였는데, 이는 보람 씨 내면에 사랑을 요구하면 거절당하고, 기대하면 버려진다는 이중적 경험을 남기게 되었다.

이러한 양육 환경 속에서 보람 씨는 안정적으로 의존할 수 있는 '좋은 대상'을 내면화하지 못하였고, 그 결과 대상에 대한 만성적인 결핍감, 즉 대상에 대한 배고픔(object hunger)을 지속적으로 경험하게 되었다. 부모로부터 충분히 공감받고 보호받는 경험을 하지 못한 채 성장한 보람 씨의 자기구조는 취약하며, 자기 존재의 가치와 중요성에 대한 확신이 형성되지 못하였다. 그로 인해 보람 씨는 스스로를 지탱하는 자아의 힘이 약하고, 정서적 안정과 자기 가치를 외부 대상, 특히 연애 관계에 과도하게 의존하게 된다. 남자친구는 보람 씨에게 단순한 연인이 아니라, 결핍된 자기대상을 대신 채워 주는 유일한 의존 대상이 되며, 이 대상이 흔들릴 때 보람 씨의 정서적 균형 역시 급격히 붕괴된다.

보람 씨가 반복적으로 사랑을 주지 않거나 자신을 충분히 존중하지 않는 남자에게 끌리는 점 또한 중요한 대상관계적 의미를 지닌다. 이는 어린 시절 비난과 통제, 조건부 사랑을 제공했던 부모 대상과의 관계가 성인기 연애 관계에서 반복 재현되는 것으로, 보람 씨의 내면에는 '사랑이란 노력하고 매달려야 얻을 수 있는 것'이라는 왜곡된 관계 표상이 자리하고 있다. 특히 대상이 차갑고 거절적일수록, 보람 씨의 내면에서는 결핍된 애정을 갈망하는 리비도 자아가 활성화되어 더욱 강한 집착과 매달림이 나타난다. 처음에는 헌신적이고 애정적인 태도로 상대를 끌어들이지만, 점차 모든 시간을 함께하려 하고 정서적 거리를 허용하지 않는 관계 양상은 상대에게 숨 막힘과 부담을 주게 되고, 결국 상대의 철수나 이별 통보로 이어진다.

이별이 현실화되는 순간, 보람 씨는 단순한 관계 상실을 넘어 존재 자체가 버려진다는 원초적 유기 불안을 경험하게 된다. 이때 세상이 텅 비고 삭막하게 느껴지며, 혼자 남겨졌다는 감각을 견디지 못해 자해나 자살 시도로 이어지는데, 이는 고통을 끝내려는 의도라기보다 '떠나려는 대상을 붙잡기 위한 마지막 수단'으로 기능하는 경우가 많다. 이러한 자해 행동은 무의식적으로는 상대의 관심과 반응을 유도하려는 조종적 시도로 작동하며, 이는 어린 시절 부모의 애정을 얻기 위해 매달리고 버림을 피하려 애썼던 관계 경험의 재현이라고 볼 수 있다. 다시 말해 보람 씨의 자해와 자살 시도는 사랑을 요구하는 절박한 신호이자, 관계를 유지하기 위한 병리적 의사소통 방식이다.

종합하면, 보람 씨의 문제는 충동적 연애나 의존성의 문제가 아니라, 정서적 지지와 자율성을 충분히 경험하지 못한 채 형성된 취약한 자기구조와 불안정한 대상관계가 성인기 연애 관계에서 반복적으로 재연되는 구조적 문제로 이해된다. 부모로부터 지속적으로 경계를 침범당하고 조건부 사랑을 경험한 보람 씨는, 성인기 관계에서도 자신의 욕구와 경계를 세우기보다 상대에게 모든 것을 내어주며 매달리는 방식으로 관계를 유지하려 한다. 그 결과 사랑받지 못하는 관계를 반복적으로 선택하고, 관계가 끊어질 때마다 극심한 유기 불안과 자기 파괴적 행동으로 무너지는 악순환이 지속된다. 이 사례는 경계선 성격의 핵심 병리가 대상 상실에 대한 공포, 대상에 대한 배고픔, 그리고 취약한 자기구조에 있음을 잘 보여 주는 임상적 예라 할 수 있다.

제7장

대상관계이론으로 감정 이해하기

1. 수치심과 죄책감

수치심(shame)과 죄책감(guilt)은 인간의 도덕적·사회적 기능과 밀접하게 관련된 자기의식적 정서(self-conscious emotions)로, 개인의 자기 평가와 행동 조절에 중요한 역할을 한다. 수치심은 자신에 대해 전반적으로 부정적인 평가가 활성화될 때 경험되는 정서로, 개인이 자신을 결핍되고 부족하며 타인보다 열등한 존재로 지각할 때 발생한다. Lewis(1971)는 수치심을 '전반적인 자기상(self-image)에 대한 손상에서 비롯되는 정서 반응'으로 정의하면서, 수치심의 핵심은 특정 행동이 아니라 자기 자신 전체가 문제라는 감각이라고 보았다. 즉 수치심은 "내가 잘못했다"가 아니라 "나는 잘못된 존재다"라는 자기 평가에 기반한다.

반면 죄책감은 자신이 저지른 특정 행동이나 하지 않은 행위에 초점을 둔 정서로, 잘못에 대한 후회와 자책, 그리고 그것을 바로잡고자 하는 동기를 포함한다. Lewis(1971)는 수치심과 죄책감의 결정적 차이를 평가의 초점에 두었는데, 수치심은 자기(self)에 대한 평가인 반면, 죄책감은 행위(behavior)에 대한 평가라는 점에서 구별된다고 보았다.

발달적 관점에서 보면, 수치심과 죄책감은 유아가 자기 자신을 타인과 구별되는 존재로 인식하고 사회적 규준을 내면화하기 시작하는 시기에 출현한다. Lewis(1987)는 두 정서 모두 약 3세경부터 나타난다고 보았으며, 이 시기에 아동은 행동 규준을 이해하고 자신의 행동과 자기 자신을 평가할 수 있는 인지적 능력을 갖추게 된다. Erikson의 심리사회적 발달이론에서도 이러한 구분은 명확히 드러난다. 생후 1~3세의 자율성 대 수치심·의심 단계에서는 유아가 자율적으로 탐색하고 시도하는 과정에서 부모가 이를 지지하면 자율성이 발달하지만, 과도한 통제나 비난이 반복될 경우 자기 능력에 대한 의심과 수치심이 형성된다. 이후 3~6세의 주도성 대 죄책감 단계에서는 아이가 목표를 세우고 주도적으로 행동할 때 이를 격려받으면 주도성이 강화되지만, 지속적인 제지와 질책은 죄책감의 축적과 행동 위축으로 이어진다.

정신분석 이론에서 죄책감은 주로 초자아(superego)와 관련하여 설명되어 왔다. Freud(1964)는 죄책감을 본능적 충동이나 자아의 욕구가 초자아의 규범을 위반할 때 발생하는 내적 갈등의 산물로 보았으며, 이는 오이디푸스 콤플렉스 해결과 초자아 형성의 결과로 나타난다고 설명하였다. 이에 따라 죄책감은 비교적 후기 발달 정서로 간주되었다. 그러나 Lewis(1971)는 Freud가 임상에서 관찰한 많은 정서 경험을 실제로는 수치심이었음에도 죄책감으로 개념화했다고 비판하며, 수치심을 독립적이고 핵심적인 정서로 재조명하였다. 이후의 연구들은 수치심을 단순한 도덕적 감정이 아니라 자기개념과 깊이 연결된 정서로 이해하게 되었다.

대상관계 및 자기심리학 관점에서는 수치심의 기원을 초기 관계 경험에서 찾는다. Broucek(1982)은 수치심을 유아가 필요로 하는 정서적 환경을 부모가 제공하지 못했을 때 경험하는 근본적인 실망감으로 보았으며, Kohut은 어머니의 공감 실패와 부적절한 자기대상 반응이 유아에게 자기애적 상처를 남기고, 그 결과로 깊은 수치심이 형성된다고 설명하였다. 즉 반복적인 공감 결핍, 무관심, 정서적 냉담 속에서 성장한 아이는 자신의 욕구와 존재 자체를 부끄러운 것으로 인식하게 되며, 이는 안정적인 자존감 형성을 방해한다. 수치심과 죄책감은 종종 동시에 활성화되지만, 심리적 결과는 상이하다. 죄책감은 특정 행동에 대한 불편감과 후회를 통해 사과, 보상, 행동 수정과 같은 적응적 반응을 촉진할 수 있어 도덕성 발달에 기여한다(Tangney & Dearing, 2002). 반면 수치심은 자기 위축, 사회적 철회, 분노 또는 방어적 공격성으로 이어지기 쉬우며, 도덕적 행동을 지속적으로 촉진하지 못하는 경향이 있다. 대상관계이론은 죄책감과 수치심을 단순한 도덕 정서가 아니라, 초기 관계 경험 속에서 형성되는 자기-대상 구조의 산물로 이해한다. 그러나 각 이론가들은 이 정서들의 기원과 기능을 서로 다른 발달적·역동적 맥락에서 설명해 왔다.

로널드 페어베언(Fairbairn)은 생애 초기의 관계 경험이 극도로 좌절적일 경우, 아동의 자아는 심각한 분열을 경험하게 되며, 이때 자아는 '나쁜 대상'을 그대로 인식하는 대신 그 대상의 나쁨을 자신이 떠맡는 방어를 선택한다고 보았다. 즉 아동은 대상이 지닌 공격성·냉담함·결핍을 자신의 나쁨으로 내면화함으로써, 대상을 보호하고 관계를 유지하려 한다. 페어베언은 이를 '도덕 방어(moral defense)' 혹은 '죄책감 방어'라고 명명하였으며, 이 과정에서 발생하는 죄책감은 본질적으로 방어 기능을 수행하는 정서라고 보았다. 이 관점에서 죄책감은 결코 건강한 성취물이 아니며, 오히려 상처의 흔적이자 나쁜 대상과 살아남기 위해 선택한 절박한 적응 전략이다. 아이는 "대상은 선하고 나는 나쁘다"는 내적 구도를 유지함으로써, 언젠가 자신이 더 잘하면 대상에게서 사랑과 구원을 받을 수 있을 것이라는 희망을 붙잡게 되는데, 이러한 무의식적 구조 속에서 죄책감은 사랑받고자 하는 처절한 욕구의 표현으로 기능한다.

위니컷(Winnicott)은 죄책감을 관계 발달의 중요한 성취로 보았다. 위니컷에 따르면 인간은 선천적으로 공격성(파괴성)을 지니고 태어나며, 이 공격성이 초기 관계 속에서 어떻게 다루어지느냐가 죄책감의 성격을 결정한다. 유아가 공격성을 표현했을 때 주양육자가 보복하지 않고 견뎌 주며 '살아남는' 경험을 제공하면, 아이는 자신이 사랑하는 대상을 파괴했다는 인식과 그 대상을 여전히 사랑한다는 감정을 통합하게 된다. 이 과정에서 아이는 자신의 공격성을 인식하고, 그로 인해 손상된 대상을 회복하고자 하는 관심(concern)과 책임감을 발달시키는데, 이것이 위니컷이 말한 건강한 죄책감의 핵심이다. 이러한 죄책감은 감당 가능하고, 용서받을 수 있으며, 관계를 회복하려는 능동적 태도로 이어진다. 반대로 양육자가 과도하게 보호하여 공격성의 표현을 억압하거나, 공격성에 대해 보복적으로 반응할 경우, 아이는 자신의 공격성을 인식하고 책임지는 기회를 박탈당하게 되어 성숙한 죄책감을 발달시키지 못한다.

클라인(Klein) 역시 죄책감을 발달의 성취물로 보았으나, 이를 편집-분열적 자리에서 우울적 자리로 이동하는 과정과 연결 지어 설명하였다. 클라인에 따르면 병리적인 죄책감은 사랑과 증오를 통합하지 못한 채 대상 상실을 경험할 때 나타난다. 사랑하는 대상을 잃으면 대상은 이상화되고, 대상에 대한 증오와 공격성은 자기비난과 초기 죄책감의 형태로 자신에게로 향하게 된다. 이때 중요한 발달 과제는 대상에 대한 증오와 공격성을 외면하지 않고 직면하여, 그것을 사랑과 통합하는 애도 작업을 수행하는 것이다. 이러한 과정을 성공적으로 거칠 때 초기의 고통스러운 죄책감은 책임을 수반하는 성숙한 죄책감으로 변형되며, 대상을 회복하거나 온전히 떠나보낼 수 있게 된다. 클라인에게 성숙한 죄책감은 진정한 사랑으로 나아가는 통로인 반면, 병리적인 죄책감에 머무를 경우 그것은 우울과 자기처벌의 족쇄로 작용한다. 또한 클라인은 수치심을 부정적인 자기표상을 타인에게 투사함으로써 자신을 보호하려는 방어적 과정으로 이해할 수 있다고 보았다.

제이콥슨(Jacobson)은 초자아 발달의 질적 차이에 주목하였다. 그녀에 따르면 초자아 통합이 잘 이루어져 성숙한 초자아가 형성될 경우, 개인은 자신의 행동에 책임을 지는 건강한 죄책감을 발달시키지만, 초자아가 가혹하고 분열적으로 형성될 경우에는 죄책감보다는 존재 전체를 부정하는 수치심이 지배적인 정서로 자리 잡게 된다. 이러한 관점은 죄책감과 수치심을 초자아 구조의 성숙도와 직접적으로 연결시킨다는 점에서 의의를 지닌다. 자기심리학자인 하인즈 코헛(Kohut)은 수치심의 기원을 공감적 자기대상 경험의 결핍에서 찾았다. 충분히 이상화되고 공감받는 경험을 하지 못한 아이는 자기애적 상처를 입게 되고, 그 결과 자신의 욕구와 존재 자체를 부끄러운 것으로 인식하는 깊은 수치심을 형성하게 된다고 보았다.

위니컷과 클라인이 말하는 성숙한 죄책감은 자신의 행동에 대한 책임을 가능하게 하고 관계 회복을 촉진하는 순기능적 정서인 반면, 페어베언이 말한 죄책감은 나쁜 대상과의 관계를 유지하기 위해 자기 자신을 희생하는 방어적 산물이다. 마찬가지로 수치심은 반복적으로 내면화될 경우 자기 존재 자체를 부정하게 만들지만, 그 이면에는 공감받지 못한 자기와 보호받지 못한 관계 경험이라는 깊은 상처가 자리하고 있다. 따라서 임상적으로 중요한 것은 죄책감이나 수치심의 존재 여부가 아니라, 그것이 관계 회복과 자기 통합으로 나아가는 정서인지, 혹은 상처를 감추고 관계를 유지하기 위한 방어로 고착된 정서인지를 구분하여 이해하는 것이다.

2. 탐욕, 질투, 시기심

탐욕, 질투, 시기심은 모두 비교에서 출발하는 정서·충동으로, '내 안의 결핍'과 '타인의 좋음'을 어떻게 처리하느냐에 따라 서로 다른 형태로 나타난다. 탐욕은 외부의 좋음(사랑, 인정, 자원)을 '나의 만족을 위해' 더 많이, 더 빨리, 더 확실하게 소유하려는 욕망으로, 충분히 받지 못했다는 내적 결핍감이 강할수록 강화되기 쉽다. 그래서 탐욕은 "좋음을 더 받고 싶다"는 생의 욕동적 방향을 품고 있지만, 관계에서는 상대의 좋음을 소진시키며 착취로 흘러갈 위험이 있다.

질투는 '내 것'이라고 믿는 대상(사람, 관계, 지위, 애정)을 경쟁자에게 빼앗길까 두려워하며 지키려는 정서로, 상실 공포와 소유 욕구가 결합된 형태다. 나지오(2017)는 질투를 사랑하는 사람이 내게로 향했던 사랑을 라이벌에게로 방향을 바꾼다는 가정된 사랑의 상실에 대한 반응이라고 했다. 즉 질투는 사랑하는 사람의 사랑을 잃어버렸다는 고통과 라이벌에 대한 미움, 그리고 나의 자리를 지키지 못했다는 것에 대한 자책이 뒤섞인 감정이라고 했다.

반면 시기심(envy)은 "내가 갖지 못한 좋음"을 타인이 누리고 있다는 사실 자체가 견디기 어려워, 그 좋음을 가지려 하기보다 망치고 싶어지는 파괴적 충동이 동반된다는 점에서 질투와 구별된다. 멜라니 클라인은 시기심을 출생 초기부터 작동하는 공격성과 연결 지어, 특히 '좋은 젖가슴(좋은 대상)'을 향해 공격이 향한다는 점에서 시기심의 비극성을 강조했다. 즉 시기심은 나쁜 대상을 파괴하는 것이 아니라, 오히려 나를 살리고 길러 주는 '좋음'에 대한 파괴 욕동으로 작동한다. 시기심이 강해지는 발달적 배경으로는 구강기 초기의 심한 박탈이 강조된다. 충분하고 일관된 '좋은 경험'이 결핍되면, 아이는 "대상에게 좋음이 있는데 나에게는 없다"는 내적 결론에 쉽게 도달하고, 그 좋음이 '없어서 못 주는 것'이 아니라 '가지고 있으면서 안 주는 것'처럼 느껴져 열등감과 분노가 결합된다. 이때 시기심은 "좋음을 빼앗아 내 것으로 만들고 싶다"를 넘어 "차라리 좋음 자체가 사라졌으면"이라는 방향으로 기울 수 있다. 내 안에 좋은 내적 대상이 충분히 형성되지 못하면, 타인의 행복·성취·매력 같은 '좋음'이 눈앞에 지각되는 순간 그것은 곧바로 내 결핍과 대비되어 고통을 유발하고, 고통을 없애기 위해 '대비되는 좋음'을 제거하려는 충동이 촉발된다. 그래서 시기심은 타인을 무너뜨릴 뿐 아니라, 자기 삶에서 일어난 성취와 기회마저 "결실을 맺기 직전에 망치고 흩어 버리는" 자기파괴로도 이어질 수 있다. 다시 말해 시기심은 '좋음을 향유하려는 욕망'이 약화된 상태에서, 불행감의 자각을 피하려고 외부·내부의 좋음을 동시에 파괴하려는 심리로 이해될 수 있다.

시기심이 "나쁜 사람의 성격"이라기보다, 좋음을 담아내고 유지할 내적 용량이 손상된 결과로 나타나는 관계적·발달적 현상이라는 것이다. 좋은 경험이 충분했던 사람은 타인의 좋음을 보면서도 "저 사람에게 있구나, 언젠가 나에게도 혜택이 오겠지"라는 기대와 연계하여 시기심을 약화시키거나 발전적 동기로 전환할 수 있다. 반대로 초기에 좋은 경험이 빈약한 사람은 타인의 좋음이 곧바로 위협으로 느껴져 공격이나 폄하, 관계 파괴, 무차별적 분노로 이어지기 쉽고, 심한 경우 어떤 '좋은 말'이나 '긍정적 자극'조차 내면에 수용되지 못한 채 왜곡되거나 파괴된다. 따라서 치료적 접근에서 핵심은 시기심을 도덕적으로 비난하거나 훈계하는 것이 아니라, 그 정서가 가리키는 초기 박탈·열등감·분노·무력감을 함께 견디며 의미화하는 것이다. 대상관계 관점에서 말하는 담아내기(containment)는 바로 이 지점에서 필요해진다. 내담자의 독하고 파괴적인 정서가 치료관계 안으로 투사될 때, 치료자는 그것을 '그대로 되돌려 공격'하거나 '즉시 교정'하기보다, 열린 마음으로 받아서 소화 가능한 형태로 변형시켜 주어야 한다. 이는 부모가 제공하지 못했던 심리적 기능

(좋음을 견디게 하고, 결핍을 말로 바꾸게 하며, 관계를 파괴하지 않고도 욕구를 표현하게 하는 기능)을 치료관계에서 제공하는 과정이며, 결국 내담자 내부에 좋은 내적 대상이 조금씩 형성될 때 시기심은 "파괴해야 덜 괴롭다"에서 "나도 갖고 싶다/나도 누리고 싶다"로 이동할 여지가 생긴다.

클라인은 이 시기심에 대비되는 정서가 바로 감사(gratitude)라고 보았다. 클라인에게 감사는 도덕적 미덕이 아니라, 좋은 대상을 충분히 경험하고 내면화했을 때 자연스럽게 형성되는 심리적 능력이다. 유아가 반복적으로 충분한 만족을 경험하고, 대상이 일관되게 살아남는 경험을 할 때, 아이는 "좋은 것은 파괴하지 않아도 지속된다"는 믿음을 형성하게 된다. 이때 좋은 대상은 내면에 안정적으로 자리 잡고, 아이는 그 대상이 주는 좋음을 '받을 수 있고 간직할 수 있다'는 능력을 획득한다. 감사란 바로 이러한 내적 상태, 즉 좋음을 받아들이고 유지할 수 있는 자아 능력을 의미한다. 시기심이 강할수록 좋은 대상은 파괴되거나 비워지고, 그 결과 감사할 수 있는 내적 여지는 더욱 줄어든다. 반대로 감사가 형성될수록 시기심은 완화되는데, 이는 타인의 좋음이 더 이상 나의 결핍을 드러내는 위협이 아니라, 나와 공유될 수 있는 것으로 지각되기 때문이다. 즉 감사는 시기심을 '억제'하는 것이 아니라, 시기심이 작동할 필요 자체를 약화시키는 구조적 변화를 의미한다.

클라인의 envy-gratitude 개념은 시기심이 강한 내담자를 이해하는 데 중요한 함의를 제공한다. 시기심은 교정하거나 설득해서 사라지는 감정이 아니라, 내면에 '받아둘 수 있는 좋은 대상'이 충분히 형성되지 못했음을 알리는 신호로 이해되어야 한다. 따라서 치료의 목표는 시기심을 직접적으로 제거하는 것이 아니라, 치료관계 안에서 내담자가 좋음을 파괴하지 않고도 견딜 수 있는 경험을 반복적으로 제공하는 데 있다. 치료자는 내담자의 시기심, 분노, 파괴적 환상이 치료관계 안으로 투사될 때 이를 도덕적으로 판단하거나 즉각적으로 해석하기보다, 그것을 담아내고 의미화함으로써 "이 독한 감정도 관계를 파괴하지 않는다"는 새로운 경험을 가능하게 해야 한다. 이러한 담아내기(containment)가 누적될수록, 내담자 내부에는 조금씩 좋은 대상이 자리 잡게 되고, 그때 비로소 감사는 가르쳐야 할 태도가 아니라 자연스럽게 발생하는 정서적 결과로 나타난다. 치료란 시기심을 없애는 기술이 아니라, 감사가 자랄 수 있는 내적 토양을 다시 만드는 과정이라 할 수 있다.

3. 분노

　분노는 인간이 경험하는 기본 정서 가운데 하나로, 기쁨·슬픔·공포와 함께 생존과 적응을 위해 필수적인 정서 체계에 속한다. 분노는 개인이 중요하게 여기는 가치, 권리, 신체적·심리적 경계, 그리고 소중한 대상이 위협받거나 침해되었을 때 이를 보호하기 위해 활성화되는 정서이며, 인간 정서 중 가장 강력한 에너지 동원을 수반하는 감정으로 알려져 있다. 이러한 점에서 분노는 단순히 파괴적인 감정이 아니라, 자기 보존과 자기 주장(self-assertion)을 가능하게 하는 기능적 정서이다.

　정신분석적 관점에서 분노는 공격성과 밀접하게 연관된 정서로 이해되어 왔다. 고전적 정신분석에 따르면 공격성은 인간의 본능적 에너지에 뿌리를 두고 있으며, 성욕과 마찬가지로 심리성적 발달 단계 전반에 걸쳐 작동한다. 욕구가 좌절되거나 충족되지 못할 때 공격적 에너지가 활성화되고, 이는 분노의 형태로 표출될 수 있다. 이 관점에서 분노는 외부 자극에 의해 촉발되지만, 그 에너지는 신체와 정신 내부에 축적되는 실체적 힘으로 간주되며, 적절한 경로로 방출되지 않을 경우 폭발하거나 자기 파괴적인 방식으로 전환될 위험을 지닌다. 분노의 폭발은 죽음 본능과 연결된 공격적 행동과 관련되며, 이러한 공격 본능은 적대적인 환경에서 생존을 가능하게 하는 선천적 기능이기에 완전히 제거되기보다는 조절과 변형의 대상이 된다.

　분노는 생존과 적응이라는 진화적 목적을 수행한다. 적대적이거나 위협적인 환경에서 유기체는 분노를 통해 에너지를 동원하고, 위협에 맞서거나 경계를 설정하며, 부당한 침해에 저항할 수 있다. 그러나 분노가 반복적으로 억압되거나 적절히 표현되지 못할 경우, 이는 마치 저수지에 물이 계속 쌓이는 것처럼 심리적 긴장을 누적시키고, 결국 사소한 자극에도 과도한 분노 반응이나 격분으로 폭발할 가능성을 높인다. 이때 분노는 외부 사건의 크기와 비례하지 않으며, 이미 내부에 축적된 미해결 정서의 양에 따라 증폭된다.

　중요한 점은 분노가 종종 불안, 두려움, 슬픔, 죄책감과 같은 다른 정서를 가리는 '대체 정서'로 사용된다는 것이다. 인간은 불안하거나 두려울 때 취약함을 드러내기보다 분노로 반응하는 경우가 많으며, 미안함이나 수치심 역시 분노로 위장되어 표현되기도 한다. 이러한 이유로 분노는 모든 부정적 감정의 출구처럼 기능하며, 그 결과 가장 오해받고 부정적으로 평가되는 정서가 되기 쉽다.

분노는 자기 정당성의 표현이라는 측면을 지닌다. 누군가에게 부당한 대우를 받았다고 느끼거나 자신의 권리와 경계가 침해되었을 때 분노는 "이것은 옳지 않다"는 신호로 작동한다. 이 점에서 분노는 자기(self)가 존재하고, 자신의 가치를 인식할 수 있을 때 비로소 나타나는 정서이다. 자존감이 극도로 취약하거나 자기 감각이 약한 사람은 분노를 느끼거나 표현하기 어렵고, 오히려 분노를 억압하거나 자기 내부로 돌려 우울이나 자기비난의 형태로 경험하는 경향이 있다. 따라서 건강한 분노는 자기 존중과 밀접하게 연결되어 있으며, 자신의 가치와 권리를 지키기 위해 필요한 정서로 이해될 수 있다.

분노는 대체적으로 외부 사건 그 자체보다 관계 안에서의 기대와 주고받음의 불일치에서 발생한다. 개인은 관계 속에서 일정한 양의 사랑, 관심, 인정, 존중을 기대하며, 그 기대가 충족되지 않을 때 섭섭함과 좌절이 발생하고, 이것이 충분히 인식되고 표현되지 못하면 분노로 전환된다. 즉 분노는 "받고자 했던 것을 받지 못했다"는 일방적인 내적 경험에서 비롯되는 경우가 많다. 이때 사람들은 분노의 원인을 상대나 상황에 귀속시키지만, 과도한 분노 반응은 현재의 사건만으로 설명되기보다는 개인 내부에 축적된 과거의 미해결 정서와 연결되어 있다.

이러한 맥락에서 분노는 '상대가 나를 화나게 했다'기보다, 현재의 사건이 과거에 축적된 감정의 저장고를 건드렸을 때 활성화되는 정서라고 이해할 수 있다. 어린 시절 기대한 만큼의 사랑과 반응을 받지 못했던 경험, 실망시킨 주양육자의 내적 이미지, 표현되지 못한 분노와 슬픔이 심리적 저수지에 쌓여 있다가, 유사한 상황에서 장작에 불이 붙듯 격렬한 분노로 표출되는 것이다. 따라서 분노의 근원은 언제나 외부 자극 그 자체라기보다, 화를 내는 사람의 내면에 축적된 결핍감과 자격지심, 즉 '받지 못한 것'에 있다.

결국 분노는 잘 다루지 않으면 타인뿐 아니라 자기 자신을 가장 먼저 괴롭히는 정서가 된다. 그렇기에 분노를 무조건 참거나 억압하기보다는, 일상에서 발생하는 불편한 감정을 그때그때 인식하고 표현하며 소화해 나가는 과정이 중요하다. 분노가 올라올 때에는 자신이 무엇을 기대했는지, 어떤 욕구가 좌절되었는지를 성찰하고, 가능하다면 관계 안에서 말로 표현하거나, 그렇지 못한 경우 자기 자신에게 적절한 위로와 보상을 제공함으로써 정서가 축적되지 않도록 해야 한다. 분노는 제거해야 할 적이 아니라, 자신을 이해하고 보호하기 위해 귀 기울여야 할 신호이며, 건강하게 다뤄질 때 오히려 자기 존중과 성숙한 관계 형성에 기여하는 정서라고 할 수 있다.

4. 공허감

공허감(emptiness)이란 마음이 채워져 있지 않은 상태에서 경험되는 강렬한 허무와 무의미감으로, 개인이 자신의 내적 세계를 지탱할 수 있는 안정감과 지속감을 상실했을 때 나타나는 정서적 체험이다. 이는 단순한 외로움이나 일시적 허탈감과 달리, 마음 전체가 텅 빈 것처럼 느껴지며 자아정체감의 혼미, 정동 불안정, 분노, 충동성, 심한 경우 자살 사고로까지 이어질 수 있는 심각한 정서 상태를 포함한다(Kreisman & Straus, 2004). 공허감은 특히 경계선 성격장애에서 핵심 증상으로 기술되어 왔으며, 내담자들은 이를 "텅 빈 것 같은 느낌", "마음이 허전해서 견딜 수 없다"는 주관적 언어로 표현한다.

고전적 정신분석 이론에서는 공허감의 기원을 심리성적 발달의 초기 단계, 특히 구강기 경험과 연결지어 설명하였다. 프로이트와 초기 정신분석가들은 구강기 동안 일차적 욕구가 반복적으로 좌절될 경우, 성인기에 이르러 우울, 관계적 굶주림, 그리고 지속적인 공허감을 경험할 수 있다고 보았다. 후기 정신분석 이론가들은 이러한 관점을 대상관계이론으로 확장하여, 공허감을 단순한 욕구 결핍이 아니라 자기와 대상 사이의 관계 구조가 붕괴된 상태로 이해하였다. 컨버그(Kernberg, 1975)는 주관적 공허감 체험을 통합된 자기표상과 통합된 대상표상 간의 정상적 관계가 일시적 혹은 영구적으로 상실된 결과로 보았다. 즉, 안정적인 자기 지속감, 관계 속 소속감, 삶의 의미를 유지해 주는 내적 구조가 손상될 때 개인은 삶이 텅 비고 무의미하게 느껴지는 병리적 경험을 하게 된다는 것이다. 이러한 상태에서는 만성적인 지루함, 안절부절못함, 외로움을 견디고 극복하는 능력의 상실이 동반된다.

페어베언(Fairbairn)은 공허감을 리비도 결핍의 상태로 개념화하였다. 그의 이론에서 유아에게 '입'은 욕구를 받아들이는 핵심 기관으로, 만족과 좌절, 사랑과 증오, 신뢰와 불신이 최초로 경험되는 통로이다. 젖을 빨고 포만을 경험하는 과정에서 유아는 심리적 충만과 안정감을 형성하지만, 이 구강기적 함입 욕구가 반복적으로 박탈될 경우 유아는 공허감을 경험하게 된다. 이때 유아는 자신이 텅 비어 있다고 느낄 뿐 아니라, 어머니를 비워 버렸다는 환상까지 형성하게 되며, 이러한 경험은 구강기적 고착으로 이어질 수 있다. 고착의 정도에 따라 성격 구조와 증상의 심각성이 달라지며, 성인기에 만성적인 공허감과 관계적 결핍으로 재현된다.

컨버그는 특히 공허감을 관계적 상실에 대한 병리적 반응으로 강조하였다. 주양육자로부터 반복적인 거절이나 정서적 부재를 경험한 유아는 자신이 버림받았다는 주관적 체험을 하게 되고, 이는 삶이 쓸모없고 공허하게 느껴지는 감각으로 내면화된다. 이러한 공허감은 단일한 감정이라기보다, 불안, 상실감, 두려움, 분노, 무기력감이 혼합된 복합적 정동 상태이며, 자기 정체성의 통합 실패와 깊이 연관된다. 통합된 자기와 통합된 내적 대상이 모두 결여된 경우, 공허감은 일상 전반에 걸쳐 만성적으로 지속되며 실존적 무의미감으로까지 확장된다.

진단 체계에서도 공허감은 중요한 병리 지표로 다루어진다. DSM-5에서는 공허감을 경계선 성격장애의 핵심 정서로 기술하며, 만성적 지루함, 외로움, 절망감, 고립감, 우울 정동, 자살 관념화 등과 밀접하게 연결된 상태로 본다. 그러나 Kreisman과 Straus(2004)는 공허감을 병리적 범주로만 제한하지 않고, 정상 범주에 속한 사람들 역시 삶의 어느 시점에서 소외감과 실존적 공허를 경험할 수 있음을 강조하였다. 이들은 공허감을 "세상의 어떤 것도 침투되지 않는 상태"로 표현하며, 공허감이 반드시 병리의 증거라기보다 인간 존재의 취약성을 드러내는 체험일 수 있음을 시사한다.

위니컷(Winnicott)의 이론은 공허감을 이해하는 데 중요한 보완점을 제공한다. 그는 어머니를 '대상으로서의 엄마'와 '환경으로서의 엄마'로 구분하며, 후자는 유아가 스스로 자아를 돌보고 살아갈 수 있도록 지탱해 주는 심리적 환경을 의미한다고 보았다. 일차적 사랑의 실패가 발생하면, 즉 유아가 어머니로부터 충분한 반응과 정서적 지지를 받지 못하면, 유아는 감각 경험의 빈곤과 함께 공허감, 죽은 것 같은 느낌을 경험하게 된다. 이는 단순히 사랑을 덜 받았다는 감정이 아니라, 마음의 구조 자체가 형성되지 못한 상태를 의미한다.

이러한 맥락에서 공허감은 대상 상실에서 비롯된 정서이자, 자율성의 박탈과도 깊이 연결된다. 유아에게 자율성을 허용한다는 것은 곧 사랑을 제공하는 것이며, 자율성을 과도하게 제한하는 것은 유아가 스스로 자아를 돌보고 내적 충만을 형성할 기회를 박탈하는 것이다. 성인이 되어 물질적 조건이나 관계가 충분함에도 불구하고 공허함을 느끼는 사람들은 대개 '자기를 좋아해 주고 존중해 준 대상'의 사랑이 충분히 들어오지 않았다는 것이다. 사랑하는 사람과의 사랑의 경험이 충분히 내면화되지 못한 경우가 많다. 결국 공허감은 "자기 뜻이 많이 꺾였다"는 내면의 신호이며, 자신의 욕구와 흥미, 자율적 삶이 지속적으로 억압되어 왔음을 알리는 정서적 표식이라 할 수 있다. 내 삶을 내 맘대로 살지 못하고 타인의 삶으로 살았을 때 내 것이 없는, 내 삶이 텅 빈 것 같은 공허감을 경험한다.

종합하면, 공허감은 단순히 무엇인가가 부족해서 생기는 감정이 아니라, 자기와 대상, 사랑과 자율성, 충만과 상실 사이의 발달적·관계적 실패가 축적되어 나타나는 심층 정서이다. 치료적 관점에서 공허감을 다룬다는 것은 공허함을 즉각 채우려는 시도가 아니라, 내담자가 자신의 자율성과 욕구를 회복하고, 좋은 대상 경험을 내면화하며, 자기감을 재구조화할 수 있도록 도와야 한다. 공허감의 치료는 스스로를 돌볼 수 있는 자아 기능을 다시 세우도록 돕는 과정이라고 할 수 있다.

5. 열등감

열등감은 개인심리학을 창시한 아들러(Adler)가 체계적으로 개념화한 핵심 정서로, 객관적 능력의 부족이라기보다 자신을 타인과 비교하여 주관적으로 열등하다고 지각하는 심리 상태를 의미한다. 국립국어연구원(2019)은 열등감을 '자기를 남보다 못하거나 무가치한 인간으로 낮추어 평가하는 감정'으로 정의하였으며, Gilbert 등(2007)은 또래 및 타인과의 비교 과정에서 발생하는 주관적 정서로 설명하였다. 즉, 열등감은 신체적 조건, 능력, 성취, 사회적 지위 등이 타인보다 부족하다고 느끼면서 자신을 무능하고 가치 없는 존재로 평가하는 부족감·무능감·자기비하의 정서라 할 수 있다. 이 점에서 열등감은 객관적 사실이 아니라 상대적·주관적 판단에 의해 형성되는 감정이다.

아들러는 열등감을 인간이라면 누구나 경험하는 보편적 정서로 보았으며, 이를 세 가지로 구분하였다. 첫째, 일반적 열등감(inferiority feeling)은 유아기에 나타나는 부적절함과 무능력의 느낌으로, 개인이 성장과 발달을 향해 나아가도록 동기를 부여하는 기능을 한다. 둘째, 병적 열등감(inferiority complex)은 열등감이 과장되고 고착되어 개인의 성격 전반과 삶의 태도를 지배하는 상태로, 회피, 과잉보상, 공격성, 무기력 등의 문제 행동으로 이어질 수 있다. 셋째, 유기체적 열등감(organ inferiority)은 선천적 또는 후천적 신체 기관의 약화나 기능적 결함에서 비롯되는 열등감으로, 이는 개인의 주관적 해석에 따라 성장의 동력이 되기도 하고 심리적 장애의 원인이 되기도 한다. 아들러는 헬렌 켈러나 베토벤과 같이 신체적 결함이 오히려 탁월한 성취로 보상되는 사례가 있는 반면, 동일한 조건이 신경증이나 정신병리로 이어질 수도 있음을 강조하였다.

열등감의 형성에는 초기 양육 환경과 가족 관계가 결정적인 영향을 미친다. 아들러는 열등감의 시작이 대체로 가정에서 비롯되며, 부모의 양육 태도와 중요한 타인의 기대가 아동의 자기 평가에 깊이 관여한다고 보았다. 에릭 에릭슨(Erik Erikson) 역시 초등학교 시기(7~11세)를 근면성 대 열등감의 단계로 설정하고, 반복적인 실패와 좌절 경험이 자기 의심과 무능감, 낮은 자존감으로 이어질 수 있다고 설명하였다. Dixon과 Strano(1989)는 아들러 이론을 바탕으로 열등감이 ① 초기 아동기에 시작되며, ② 형제자매나 또래와 같은 중요한 비교 집단과의 관계 속에서, ③ 신체적 조건, 사회성, 목표와 기준에 대한 비교를 통해 형성된다고 보았다.

부모와의 대상관계는 열등감 형성에 특히 중요한 변수이다. 과잉보호적 양육은 아동의 독립성과 자발성을 박탈하여 스스로 능력을 시험하고 실패를 극복할 기회를 제한한다. 이로 인해 아동은 타인이 자신에게 생존과 문제 해결을 제공해야 한다는 의존적 태도를 형성하고, 좌절 상황에서 적응력을 잃어 열등감을 경험하기 쉽다. 반대로 무시와 무관심 속에서 자란 아동 역시 사랑받지 못했다는 감각과 가치 없음의 경험을 내면화하여 열등감에 취약해진다. 이러한 아동들은 자신이 원치 않는 존재라는 신념을 고착시키거나, 분노와 왜곡된 대인관계 인식을 발달시킬 위험이 크다. 특히 형제간의 비교나 다른 집 자녀들과의 비교 혹은 부모 자신과 자식을 비교하는 경우 열등감을 불러일으키고 이는 열등감 콤플렉스가 되어 사는 동안 자신을 힘들게 만든다.

아들러는 또한 출생 순위가 열등감 경험에 영향을 미칠 수 있다고 보았다. 형제자매 간 경쟁은 부모의 사랑과 관심을 둘러싼 비교를 촉발하며, 가정 내에서의 서열과 역할 기대는 각기 다른 열등감의 형태를 낳을 수 있다. 이때 중요한 것은 유전이나 단일한 상처가 아니라, 아동이 자신을 형제자매와 비교하며 형성한 주관적 해석이다. 아동이나 청소년은 대개 자신의 열등감을 명확히 자각하지 못한 채, 반복적인 비교와 비난, 과도한 기대 속에서 자신을 과소평가하고 무능한 존재로 인식하게 된다. 특히 능력이 있음에도 불구하고 지속적인 비판과 성취 압박을 받는 경우, 불안과 함께 열등감이 강화될 수 있다.

사회·문화적 맥락 또한 열등감 형성에 중요한 역할을 한다. 학벌과 성취를 중시하는 사회 구조, 유교적 가치관과 위계 질서가 강한 문화에서는 비교와 평가가 일상화되며, 이는 개인의 주관적 열등감을 증폭시키는 환경적 요인이 된다. 아들러는 신체적 열등감 그 자체는 결정적 의미를 갖지 않으며, 그것이 개인의 주관적 평가와 비교 체계 안에서 어떻게 해석되느냐가 핵심이라고 보았다. 즉 열등감은 실제 약함이나 부족함이 아니라, 그것을 어떻게 의미화하느냐의 문제이다.

아들러 이론의 핵심은 열등감 자체가 병리적이지 않다는 점에 있다. 인간은 누구나 우월성을 추구하려는 기본적 동기를 지니며, 열등감은 그 동기를 촉발하는 출발점이 될 수 있다. 열등감을 건설적으로 수용하고 보상하려는 노력이 이루어질 때, 그것은 자기 성장과 발전의 원동력이 된다. 반대로 열등감을 회피하거나 왜곡된 방식으로 보상하려 할 때, 열등감 콤플렉스로 고착되어 삶 전반을 제약하게 된다.

　열등감을 극복하기 위해서는 첫째, 자신이 어떤 영역에서 열등감을 느끼는지 구체적으로 인식할 필요가 있다. 둘째, 그 열등감이 형성된 발달적·관계적 맥락을 이해해야 한다. 셋째, 현재의 자신이 누구인지, 자신의 한계와 강점을 통합적으로 인식하는 작업이 필요하다. 인간은 못하는 부분과 잘하는 부분을 동시에 지닌 존재이며, 열등감은 비교와 비난 속에서 형성된 왜곡된 자기상이 자신의 전부라고 믿을 때 강화된다. 따라서 열등감은 제거해야 할 감정이 아니라, 자기 이해와 성숙을 향한 출발점으로 재구성될 수 있는 정서라고 할 수 있다.

대상관계이론의
대표적인 학자

대상관계이론은 인간의 심리 발달과 정신병리를 본능 충족의 문제가 아니라 타인과의 관계 경험이 내면화되는 과정으로 이해하려는 정신분석 이론의 중요한 전환점에서 출발하였다. 고전적 정신분석에서 Freud는 인간 행동의 동력을 성욕과 공격성 같은 본능적 추동(drive)의 충족과 좌절에서 찾았으며, 대상은 본능 충족의 수단으로 간주되었다. 그러나 임상 경험이 축적되면서, 인간이 쾌락 그 자체보다 관계 그 자체를 추구한다는 관점이 점차 부각되었고, 이 흐름 속에서 대상관계이론이 형성되었다.

대상관계이론의 본격적인 출발점은 영국학파로, 이들은 흔히 초기 또는 순수 대상관계이론으로 불린다. 그 시작에는 멜라니 클라인(Melanie Klein)이 있다. 클라인은 프로이트의 이론을 계승하면서도, 무의식적 환상과 초기 어머니-유아 관계를 정신 발달의 핵심으로 보았다. 그녀는 유아가 생애 초기에 이미 대상과 관계 맺고 있으며, 이 관계는 사랑과 증오, 만족과 좌절이 혼재된 정서적 경험으로 내면화된다고 보았다. 클라인은 편집-분열적 자리와 우울적 자리라는 개념을 통해, 대상이 좋은 대상과 나쁜 대상으로 분열되었다가 점차 통합되는 과정을 설명하였고, 죄책감·시기심·감사와 같은 정서를 대상관계 발달의 핵심 지표로 제시하였다. 이로써 대상은 단순한 외부 인물이 아니라, 내면에 저장된 관계 표상으로 이해되기 시작했다.

클라인의 이론을 한 단계 더 구조적으로 발전시킨 인물은 로널드 페어베언(Ronald Fairbairn)이다. 페어베언은 프로이트의 추동 이론을 근본적으로 비판하며, 리비도는 쾌락을 추구하는 에너지가 아니라 처음부터 대상을 추구하는 관계 지향적 에너지라고 주장하였다. 그는 정신병리의 핵심을 본능의 억압이 아니라 나쁜 대상관계의 내면화와 자아의 분열에서 찾았다. 페어베언에 따르면, 아동은 나쁜 대상과의 관계를 유지하기 위해 대상의 나쁨을 자기 안으로 끌어들여 자기를 나쁘게 만들고, 이 과정에서 리비도적 자아, 반리비도적 자아, 중심 자아로 분열된다. 이러한 관점은 대상관계이론을 '관계의 이론'으로 확고히 자리매김하게 만든 결정적 기여였다.

이후 도널드 위니컷(Donald Winnicott)은 클라인과 페어베언의 이론을 임상적으로 확장하며, 대상관계이론에 발달심리학적·환경적 관점을 도입하였다. 위니컷은 추동이나 내적 환상보다 환경의 역할, 특히 '충분히 좋은 어머니(good enough mother)'와 '안아주는 환경(holding environment)'을 강조하였다. 그는 인간 발달을 절대적 의존기, 상대적 의존기, 독립으로 나아가는 시기로 구분하며, 초기 환경 실패가 참자기(true self)의 발달을 방해하고 거짓자기(false self)를 형성한다고 보았다. 위니컷의 이론은 대상관계이론을 병리 설명에 그치지 않고, 정상 발달과 치료적 관계로 확장시키는 데 중요한 역할을 하였다.

영국학파 내부에서도 이론은 계속 확장되었다. Wilfred Bion은 클라인의 영향을 받아, 유아의 원초적 정서 경험을 담아내고 사고로 변환하는 기능을 설명하는 '담아내기(containment)'와 '알파 기능(alpha function)' 개념을 제시하였다. 또한 페어베언과 위니컷의 영향을 받은 헨리 건트립(Harry Guntrip)은 분열적 성격과 철회 현상을 심층적으로 분석하며, 대상관계이론을 성격 구조 이해로 확장하였다.

한편 대상관계이론은 영국을 넘어 미국 정신분석계로 확산되면서 새로운 형태로 변주되었다. 미국학파는 영국학파의 개념을 수용하면서도, 자아심리학 및 임상적 진단 체계와 결합하여 보다 구조적이고 통합적인 이론을 발전시켰다. 오토 컨버그(Otto Kernberg)는 클라인의 대상관계 개념을 바탕으로 성격 조직 이론을 정립하고, 경계선 성격 조직을 자기와 대상표상의 통합 실패로 설명하였다. 그는 대상관계이론을 성격장애 진단과 치료에 체계적으로 적용한 대표적 인물이다.

같은 미국 정신분석계에서 하인즈 코헛(Heinz Kohut)은 대상관계이론에서 분화되어 나온 자기심리학을 발전시켰다. 코헛은 대상보다는 자기(self)의 발달과 자기대상(selfobject) 경험을 강조하며, 공감 실패와 자기애적 상처가 병리의 핵심이라고 보았다. 비록 그를 대상관계이론가로 분류하지 않는 학자들도 있지만 초기 관계 경험의 중요성을 강조했다는 점에서 대상관계 전통을 계승·확장한 인물로 평가된다. 이 외에도 마가렛 말러(Margaret Mahler), 에디스 제이콥슨(Edith Jacobson), 존 볼비(John Bowlby) 등은 대상관계적 관점을 발달 이론과 애착 연구로 확장시키며 이론의 외연을 넓혔다.

요약하면, 대상관계이론의 역사는 본능 중심의 정신분석에서 관계 중심의 정신분석으로 이동해 온 역사라고 할 수 있다. 클라인은 대상관계의 존재를 최초르 이론화하였고, 페어베언은 이를 추동 이론을 대체하는 근본 원리로 재구성하였으며, 위니컷은 환경과 발달의 맥락에서 임상적으로 확장하였다. 이후 비온, 건트립, 보울비, 컨버그, 코헛 등은 각자의 위치에서 대상관계이론을 사고·애착·성격 조직·자기 발달 이론으로 발전시켰다. 이러한 역사적 전개 속에서 대상관계이론은 오늘날 인간의 심리를 "무엇을 얼마나 충족했는가"가 아니라 "누구와 어떻게 관계 맺었는가"의 문제로 이해하는 현대 정신역동 이론의 핵심 축으로 자리 잡게 되었다. 이들 중 순수대상관계이론가로 불리는 페어베언, 위니컷과 상담자의 태도에 대해 분명하게 주장한 비온의 이론을 중심으로 살펴보고자 한다.

제1장

로널드 페어베언

W. R. D. Fairbairn, 1889-1964
© Wellcome Collection, London. CC BY 4.0

1. 페어베언의 생애와 가치관

로널드 페어베언(Ronald D. Fairbairn, 1889-1964)은 영국 스코틀랜드 에든버러(Edinburgh)에서 태어나, 스코틀랜드 특유의 엄격한 개신교적 윤리와 중산층 학문 전통속에서 성장하였다. 그는 외동아들로 태어났으며, 자신의 가족 배경을 매우 비판적으로 회고한 것으로 알려져 있다. 페어베언은 어머니를 "자식을 소유하려는 냉담하고 완벽주의적인 어머니"로 묘사했으며, 아버지는 외부에서는 체면과 사회적 시선을 과도하게 의식하지만, 그 억압된 감정을 가정 안에서 분출하는 신경과민적 인물로 기술하였다. 이러한 부모상은 이후 페어베언 이론의 핵심이 되는 '나쁜 대상과의 관계를 유지하기 위해 자기를 희생하는 아이'라는 개념적 토대를 제공한 것으로 평가된다(Guntrip, 1975).

페어베언의 초기 학문적 관심은 의학이 아니라 철학과 신학에 있었다. 그는 1911년 에든버러대학교에서 철학 학사 학위를 취득하였고, 이후 목회자가 되기 위해 런던대학교에서 신학을 공부하였다. 이 시기의 교육은 그에게 인간 존재, 도덕성, 선과 악, 책임이라는 문제에 대한 깊은 사유의 틀을 제공하였다. 그러나 25세가 되었을 때 제1차 세계대전이라는 역사적 격변을 경험하면서, 그는 종교적 구원보다 현실에서 고통받는 인간을 돕는 실천적 학문으로서 의학과 심리치료에 관심을 돌리게 된다. 전쟁 이후 의학 수련을 계속하면서 그는 점차 정신의학과 심리치료, 특히 정신분석에 깊이 몰두하게 되었다.

페어베언은 정통적인 정신분석 훈련 과정을 거치지 않았음에도 불구하고, 1920년대 중반부터 임상적 통찰을 바탕으로 독자적인 이론 작업을 시작하였다. 그는 1925년경부터 정신분석적 임상 작업을 수행하였고, 1927년에 석사 학위를 취득하였다. 같은 시기 그는 결혼을 하였고, 이후 임상 경험을 바탕으로 한 논문과 강연을 본격적으로 발표하기 시작하였다. 1927년부터 1935년까지 에든버러대학교에서 심리학을 가르쳤으며, 이 시기에 아동 및 청소년 클리닉(clinic of children and juveniles)을 설립하여 비행 청소년과 성적 학대 피해 아동·청소년을 치료하였다. 이 임상 경험은 그로 하여금 인간의 병리가 본능의 좌절이 아니라 관계 속에서 반복적으로 상처 입은 자아의 적응 방식이라는 확신을 갖게 하였다(Fairbairn, 1952).

1931년 그는 영국 정신분석학회 준회원이 되었고, 1939년 정회원으로 승인되었다. 그러나 페어베언은 런던 중심의 영국 정신분석계와 일정한 거리를 유지하며, 에든버러를 기반으로 한 독자적 학문 노선을 고수하였다. 그는 프로이트의 추동 이론을 근본적으로 비판하며, 리비도는 쾌락을 추구하는 에너지가 아니라 처음부터 타자와의 관계를 추구하는 에너지라고 주장하였다. 이러한 관점은 그의 개인적 생애 경험—즉, 나쁜 부모 대상과의 관계를 끊지 못하고 오히려 그 관계를 유지하기 위해 자신을 희생해야 했던 어린 시절의 정서적 현실—과 깊이 맞닿아 있다. 그는 인간이 "나쁜 대상과 함께 살아남기 위해 차라리 자신을 나쁘게 만드는 선택을 한다"고 보았으며, 여기서 죄책감·자기비난·자기혐오가 발생한다고 설명하였다.

제2차 세계대전 중 페어베언은 응급의료서비스(emergency medical service)에 참여하여 정신과적 지원과 의료 봉사를 수행하였다. 이 시기 그는 전쟁 트라우마, 중독, 대인관계 파탄을 겪는 환자들을 다수 접하면서, 인간이 아무리 파괴적인 관계 속에 있더라도 대상과의 관계를 완전히 포기하지는 않는다는 자신의 신념을 더욱 공고히 하게 되었다. 그의 첫 번째 부인은 알코올 중독과 심각한 관계 문제를 겪었고, 이러한 사생활의 고통은 페어베언의 인간 이해에 더욱 깊은 비극성과 현실성을 부여하였다. 그는 1952년 첫 부인을 사별한 뒤, 1959년 자신의 비서였던 매킨토시(M. Mackintosh)와 재혼하였다.

페어베언은 생애 말기까지 임상과 이론 작업을 지속하였으며, 1930~1940년대에 발표한 일련의 논문들은 이후 대상관계이론의 핵심 고전으로 평가받는다. 그는 1964년 사망하였으나, 그의 사상은 해리 건트립, 도널드 위니컷, 윌프레드 비온 등에게 깊은 영향을 주었고, 오늘날에도 "병리는 사랑의 실패가 아니라 사랑을 지키기 위한 처절한 노력의 결과"라는 그의 관점은 정신역동 치료의 윤리적 토대로 남아 있다. 페어베언의 가치관은 인간을 쾌락 추구적 존재가 아니라, 상처를 입으면서도 관계를 포기하지 않는 존재로 이해하려는 깊은 인간학적 신념에 기초하고 있으며, 이는 그의 개인사와 임상 경험, 그리고 철학·신학적 훈련이 결합된 결과라고 할 수 있다.

2. 페어베언의 심리발달 단계

페어베언의 심리 발달 이론은 인간을 본능 충족을 추구하는 존재가 아니라, 태어날 때부터 대상을 향해 나아가는 관계적 존재로 이해하는 데서 출발한다. 그는 생물학적 모델을 바탕으로 인간은 출생 시부터 이미 전체자아(whole ego)를 가지고 태어나며, 이 자아는 유전적으로 대상관계를 추구하도록 조직되어 있다고 보았다(Fairbairn, 1952). 이러한 관점에서 리비도는 쾌락을 추구하는 에너지가 아니라, 대상과의 관계를 유지하고 회복하려는 에너지로 재정의된다. 이로써 페어베언은 프로이트의 성욕 중심 발달 모델을 비판하고, 순수대상관계이론의 기초를 확립하였다.

프로이트가 심리성적 발달을 구강기-항문기-남근기-잠복기-성기기라는 쾌락 중심의 단계로 설명한 것과 달리, 페어베언은 인간 발달을 의존의 질이 변화해 가는 과정으로 이해하였다. 그는 인간의 심리 발달을 절대적 의존기, 과도기적(이행기적) 의존기, 성숙한 의존기의 세 단계로 구분하였다. 이 발달 모델의 핵심은 인간이 결코 '의존을 벗어나는 존재'가 아니라, 의존의 방식이 점차 성숙해지는 존재라는 점에 있다.

가. 절대적 의존기

페어베언(1952)은 인간 발달의 출발점을 쾌락 추구나 자기 몰입의 상태가 아니라, 대상에 대한 전적인 의존과 관계 지향성에서 찾았다. 그는 초기 유아가 어머니(또는 주양육자)와 전적으로 융합된 심리 상태에 놓여 있다고 보았으며, 이 시기를 유아적 의존기(infantile dependence)로 개념화하였다(Fairbairn, 1952).

이 단계에서 유아는 아직 자기와 대상이 분리된 존재라는 경험을 하지 못한다. 다시 말해, 유아에게 대상은 '외부의 타자'가 아니라 자기 경험의 일부로 존재하며, 자기와 대상은 미분화된 상태에 있다. 이러한 관계 양식을 페어베언은 일차적 동일시(primary identification)라고 불렀다. 이는 대상이 아직 주체로부터 분리되지 않은 상태에서, 그 대상에게 리비도가 부착(cathexed)되어 있는 관계 양식을 의미한다(Fairbairn, 1952).

페어베언에 따르면 유아적 의존기의 의존은 무조건적이고 절대적이다. 이 시기의 의존 욕구는 선택 가능한 욕구가 아니라, 생존 그 자체와 직결된 욕구이다. 유아에게 어머니의 돌봄은 심리적 안정 이전에 생물학적 생존의 조건이며, 따라서 의존은 필연적이다. 이 시기는 의존 대상의 대체 가능성이 존재하지 않는다. 유아는 '다른 대상'을 선택할 수 있는 능력을 갖고 있지 않기 때문에, 관계의 실패는 단순한 좌절이 아니라 죽음과 동일한 위협으로 경험된다. 즉, 이 시기에는 대체 의존관계가 불가능하다(Fairbairn, 1952). 그러므로 관계 실패는 자기 붕괴의 위기로 경험된다. 유아는 대상이 나쁘거나 위협적이라는 인식을 견딜 수 없다. 대상이 사라지거나 파괴된다는 것은 곧 자기 자신의 소멸을 의미하기 때문이다. 따라서 유아는 관계를 유지하기 위해, 현실 인식보다는 심리적 생존을 택하는 방향으로 적응하게 된다.

이러한 페어베언의 관점은 프로이트의 일차적 자기애(primary narcissism) 개념과 뚜렷하게 대비된다. 프로이트는 초기 유아를 모든 리비도가 자기 자신에게만 투자된 상태, 즉대상 없는(objectless) 상태로 가정하였다(Freud, 1914). 이 관점에 따르면 유아는 본질적으로 자기 몰입적이며, 대상관계는 이후 발달 과정에서 점차 형성되는 것으로 이해된다. 그러나 페어베언은 유아가 결코 대상 없는 상태로 존재하지 않으며, 오히려 태어나는 순간부터 타인에게 강하게 관여하는 존재라고 보았다. 페어베언이 말하는 일차적 동일시는 '자기에게 리비도가 붙어 있는 상태'가 아니라, 아직 분리되지 않은 대상에게 리비도가 부착된 상태이다(Fairbairn, 1952). 즉, 초기 유아의 리비도는 처음부터 대상 추구이다.

페어베언은 유아적 의존기를 대략 초기 구강기와 후기 구강기에 해당하는 시기로 보았다. 초기 구강기에서 자연스러운 대상은 젖가슴(breast)이다. 이 시기 대상관계는 빨기(sucking), 받기(taking-in), 합일화(incorporation)와 같은 방식으로 이루어지며, 리비도가 중심이 된다. 이 단계에서는 아직 공격성이 분화되지 않았기 때문에, 관계는 본질적으로 비양가적(non-ambivalent)이다. 후기 구강기로 이행하면서 자연스러운 대상은 젖가슴이라는 부분 대상에서 어머니라는 전체 대상으로 확장된다. 그러나 이때의 어머니는 아직 완전한 의미의 전체 대상이라기보다는, 기능적으로는 여전히 부분 대상처럼 경험된다(Fairbairn, 1952).

이 시기의 중요한 변화는 깨물기(biting)의 출현이다. 깨물기는 파괴적 목적을 내포하며, 이후 분화되는 모든 공격성의 원형으로 간주된다. 이로써 후기 구강기에는 리비도와 공격성이 함께 작동하게 되고, 비로소 양가적 감정(ambivalence)이 나타나기 시작한다. 유아적 의존기에서 대상이 충분히 반응적이고 정서적으로 살아 있을 경우, 유아는 안정과 만족을 경험한다. 그러나 대상이 반복적으로 냉담하거나 위협적이거나 좌절을 유발할 경우, 유아는 현실을 그대로 인식할 수 없다. 이때 유아는 다음과 같은 무의식적 선택을 하게 된다.

"대상이 나쁘다"는 인식 대신, "내가 나쁘다"는 결론을 선택한다. 이는 대상과의 관계를 유지하기 위한 자기 희생적 적응(self-sacrificing adaptation)이다. 대상의 나쁜 측면은 외부에 두기보다 자기 내부로 끌어들여 내면화되며, 이로써 이후의 병리적 성격 구조—내적 나쁜 대상, 반리비도적 자아, 자기 비난—의 씨앗이 뿌려진다(Fairbairn, 1952; Greenberg & Mitchell, 1983).

나. 과도기적 의존기

페어베언(Fairbairn, 1952)의 발달 이론에서 과도기적 의존기(transitional dependence)는 가장 역동적이며, 동시에 병리가 가장 빈번하게 발생하는 핵심 단계로 간주된다. 이 시기의 본질은 분리를 향한 발달적 충동과 동일시를 유지하려는 퇴행적 충동 사이의 극심한 내적 갈등에 있다.

유아는 한편으로는 대상으로부터 벗어나 분리된 자아(individuated self)가 되려는 욕구를 느끼지만, 다른 한편으로는 대상과의 분리가 곧 대상 상실과 생존 위협으로 이어질 수 있다는 공포 때문에 동일시를 포기하지 못한다. 이 양가적 긴장은 과도기적 의존기를 인간 발달에서 가장 불안정하면서도 결정적인 시기로 만든다(Fairbairn, 1952).

이 시기 분리에 수반되는 불안은 고립에 대한 공포로 나타난다. 이는 대상 없이 혼자 남겨질 것이라는 두려움, 즉 대상 상실에 대한 공포이다. 유아에게 분리는 단순한 거리감이 아니라, 존재 자체의 위협으로 경험된다. 또한 동일시에 수반되는 불안은 갇힘 또는 삼켜짐에 대한 공포로 나타난다. 이는 대상과 너무 밀착되어 자기 자신이 소멸될 것이라는 두려움이다. 대상과의 지나친 융합은 보호가 아니라 침식으로 경험된다. 페어베언은 이 두 공포—고립에 대한 공포와 삼켜짐에 대한 공포—가 이후 성인기의 모든 대인관계 불안의 핵심 원형이라고 보았다(Fairbairn, 1952; Greenberg & Mitchell, 1983).

과도기적 의존기에서 유아는 서로 모순되는 두 가지 행동 즉 대상으로부터 벗어나려는 필사적인 시도 혹은 대상과 다시 결합하려는 필사적인 시도를 동시에 수행한다. 이러한 양가적 요구를 대상(부모 또는 주양육자)이 충분히 견뎌 주고 조율해 줄 경우, 유아는 점진적으로 분리를 감내할 수 있는 자아를 형성하게 된다. 그러나 대상이 지나치게 통제적이거나, 혹은 반대로 지나치게 방임적일 경우, 유아는 이 갈등을 통합하지 못한 채 특정 관계 양식에 고착될 위험이 커진다(Fairbairn, 1952). 이러한 고착은 이후 성인기의 대인관계에서 집착, 회피, 분열적 관계 패턴으로 반복 재현된다. 즉, 과도기적 의존기의 실패는 관계의 방식 그 자체를 병리적으로 조직화한다.

페어베언에 따르면 과도기적 의존기는 프로이트의 리비도 발달 단계 중 초기 항문기 → 후기 항문기 → 초기 남근기에 걸쳐 나타난다. 그러나 그는 항문기와 남근기를 프로이트처럼 독립된 성심리적 조직 단계로 보지 않았다. 페어베언에게 이 단계들은, 과도기적 의존기에서 유아가 내적 대상들과의 관계를 다루기 위해 사용하는 상징적 수단이다(Fairbairn, 1952). 이 시기는 후기 구강기의 양가감정(ambivalence)이 더 이상 유지되지 못하고, 대상에 대한 태도가 이분법적으로 분열되면서 시작된다. 즉, 사랑과 미움이 동시에 향하던 하나의 대상이 두 개의 대상으로 분리된다. 자신을 수용해 주는 대상(accepting object)은 사랑이 향하는 대상으로, 자신을 거절하는 대상(rejecting object)은 미움이 향하는 대상으로 분리된다. 이러한 대상의 분열은 과도기적 의존기의 핵심 방어이자, 이후 내적 대상 세계의 구조를 결정짓는 중요한 기제가 된다.

과도기적 의존기를 성공적으로 통과하기 위해서는, 유아가 부모에 대한 유아적 의존과 더불어 보상적인 내적 대상들에 대한 강렬한 애착을 포기해야 한다. 페어베언은 이를 내적 대상의 축출(expulsion of internal objects)이라고 표현하였다(Fairbairn, 1952).

이 맥락에서 항문기는 특별한 의미를 갖는다. 배설은 단순한 생리적 기능이 아니라, 정서적·심리적 대상 축출의 상징이다. 페어베언은 배변뿐 아니라 배뇨 기능 역시 동일한 축출의 의미를 지닌다고 보았으며, 이 점이 기존 이론에서 과소평가되었다고 지적하였다. 페어베언은 남근기 역시 독립된 성적 단계로 보지 않았다. 그는 남근기적 환상 또한 구강기적 역동을 표현하기 위한 상징 체계라고 이해하였다. 그에 따르면 성교는 본질적으로 구강기적 상호작용으로 간주된다. 대상의 성기는 젖가슴과 동일시되고 주체의 성기는 입과 동일시된다. 이러한 해석은 성적 관계마저도 결국은 대상과의 결합과 분리에 대한 초기 구강기적 갈등의 변형된 표현임을 시사한다(Fairbairn, 1952).

즉, 과도기적 의존기는 페어베언 이론에서 분리-개별화의 관문이자 병리의 분기점이다. 이 단계에서 유아는 고립과 삼켜짐이라는 두 극단의 공포 사이에서 진동하며, 대상이 이 양가성을 견뎌 주지 못할 경우 관계 방식은 병리적으로 고착된다. 항문기와 남근기는 이 갈등을 처리하기 위한 상징적 언어이며, 인간의 성격 구조와 대인관계 양식은 이 시기의 성패에 깊이 뿌리내리고 있다.

다. 성숙한 의존기

성숙한 의존기(mature dependence)는 흔히 오해되듯 '완전한 독립'이나 '의존의 종결'을 의미하지 않는다. 로널드 페어베언(Fairbairn, 1952)에 따르면 인간은 결코 의존을 벗어나는 존재가 아니며, 심리적 성숙이란 의존을 부정하거나 제거하는 상태가 아니라 의존을 인정하고 조절할 수 있는 능력을 획득하는 과정이다. 성숙한 의존이란 대상과 관계를 맺되 대상에게 삼켜지지 않고, 분리되어 있으되 고립되지 않는 상태로 정의된다. 이 단계에서 개인은 대상과 심리적으로 분화된 자아를 유지하면서도, 필요할 때 도움을 요청하고 관계 속에서 지지를 받는 것을 수치나 실패로 경험하지 않는다. 이는 유아기와 아동기에 충분히 의존해 보고, 그 의존이 반복적으로 견뎌지고 살아남았다는 경험이 내면화되었기에 가능한 상태이다(Fairbairn, 1952; Greenberg & Mitchell, 1983). 페어베언은 이를 자전거에 비유하여 설명하였다. 자전거는 혼자 탈 수 있으나, 자전거를 타는 궁극적 목적은 고립이 아니라 누군가와 만나고 관계 맺기 위함이며, 그 활동이 의미를 갖기 위해서는 자신이 잘 타고 있다는 것을 알아봐 주는 대상이 존재해야 한다. 이 비유는 인간의 활동과 성취, 자율성조차도 본질적으로 관계적 맥락 속에서만 의미를 획득한다는 점을 상징적으로 보여 준다. 따라서 페어베언의 심리 발달 단계 이론은 인간 발달을 독립을 향한 직선적 과정으로 이해하지 않고, 의존의 질이 변화하고 성숙해 가는 관계적 과정으로 재정의한다. 그의 관점에서 병리는 의존 그 자체에서 비롯되는 것이 아니라, 의존이 좌절되거나 왜곡된 방식으로 조직될 때 발생한다. 이 때문에 치료의 목표 역시 내담자를 '의존하지 않는 사람'으로 만드는 데 있지 않으며, 오히려 의존해도 안전한 관계 경험을 다시 제공함으로써 성숙한 의존으로 나아가도록 돕는 것에 있다. 이러한 이해는 대상관계적 상담과 치료에서 치료자-내담자 관계를 단순한 기술적 도구가 아니라, 새로운 대상경험을 제공하는 핵심 장면으로 자리매김하게 한다. 성숙한 의존 상태에서 관계는 더 이상 일방적인 유아적 의존이 아니라 상호 의존적 관계가 되며, 무조건적이고 배타적인 의존이 아니라 언제든 다른 대상과도 관계를 맺을 수 있는 조건적 의존으로 전환된다. 이때 관계의 강조점은 '받기(receiving)'에서 '주기(giving)'와 '교환(exchange)'으로 이동하며, 분화된 개인이 분화된 대상들과 협력적 관계를 맺게 된다. 이러한 상태를 Muller(1994)는 "가장 친밀하고 상호 의존적인 관계를 맺으면서도, 서로가 개별적으로 분리된 존재임을 동시에 인식할 수 있는 능력"이라고 설명하였다. 여기서 분리됨이란 고립이나 단절을 의미하지 않으며, 오히려 타인을 자신과 동일시된 존재가 아닌 고유한 주체로 인식하는 능력을 뜻한다. 즉 타인이 자기 나름의 의도, 감정, 사고, 욕구, 책임을 지닌 존재임을 인정하는 것이며, 서로가 관계 속에서도 약화되지 않는 개별성을 유지할 수 있음을 수용하는 것이다. Muller는 이러한 상호 책임감의 인정과 수용 여부가, 개인이 성숙하게 분리된 상태에 도달했는지를 가늠하는 중요한 시금석이 된다고 보았다. 이처럼 페어베언에게 심리적 성숙이란 혼자 서는 상태가 아니라, 관계 속에서 자신으로 존재할 수 있게 되는 능력이며, 인간은 평생에 걸쳐 대상을 추구하며 살아가는 존재라는 그의 인간관이 가장 완성된 형태로 드러나는 단계가 바로 성숙한 의존기라 할 수 있다.

페어베언의 심리적 발달을 요약하면 표 2와 같다.

표 2. 페어베언의 심리 발달 단계

구분	유아적 의존	과도기적 의존	성숙한 의존
발달적 위치	발달의 출발점	발달의 핵심 위기 단계	발달의 도달점
주요 발달 과제	생존을 위한 전적인 의존	분리-개별화의 성취	관계 속 자율성 확립
자기-대상 관계	자기와 대상 미분화	분리 욕구 ↔ 동일시 욕구의 갈등	분화된 자기-분화된 대상
관계 양식	일방적·무조건적 의존	집착과 회피의 진동	상호적·조건적 의존
리비도의 방향	아직 분리되지 않은 대상	대상의 이분화(수용/거절)	전체 대상과의 상호 교환
지배적 불안	대상 상실 = 죽음 공포	고립 공포 ↔ 삼켜질 공포	관계 속에서도 안정

핵심 방어	동일시, 부정	분열, 투사, 통제	현실 검증, 조절
대상 경험	부분 대상(젖가슴)	분열된 대상(좋은/나쁜 대상)	통합된 전체 대상
의존의 성격	절대적·대체 불가능	갈등적·불안정	조절 가능한 의존
행동의 초점	받기(receiving)	붙잡기 ↔ 밀어내기	주기·교환(giving/exchange)
발달 실패 시	자기 비난 구조 형성	집착·회피·분열적 관계 고착	-
성인기 병리와의 연결	자기희생적 성격, 우울	경계선적 관계, 불안정 애착	병리적 고착 감소
치료적 과제	안전한 의존 경험 제공	분리-재결합 갈등 견디기	상호적 관계 강화
치료자 역할	생존을 지지하는 대상	갈등을 담아내는 대상	협력적·상호 주체
핵심 문장	"나는 너 없이는 존재할 수 없다"	"너 없이는 불안하고, 너와 있으면 사라질 것 같다"	"나는 너와 함께 있으면서도 나일 수 있다"

3. 내적 심리 구조

페어베언에 따르면 자아는 대상관계를 추구하며 대상뿐 아니라 대상과의 관계도 내면화한다고 하였다. 최초의 원시적 자아는 분열되지 않은 하나의 전체로서 존재하게 되는데 대상 접촉을 통해 나쁜 대상관계를 체험함으로써 자아의 분열이 시작되고, 이때 나쁜 대상관계를 내면화함으로써 분열자리(schizoid position)를 조장하고 심하면 정신병리에 이르게 된다고 주장하였다(Fairbairn, 1990).

로널드 페어베언에 따르면 인간은 태어나는 순간부터 전체적인 심리적 자기(psychological self)의 잠재력을 지닌 존재로 출발한다. 이는 자기가 이미 완성된 상태라는 의미가 아니라, 타인과의 관계 속에서 자기를 표현하고 형성해 갈 수 있는 최소한의 씨눈으로서 존재한다는 뜻이다. 초기의 자기는 아직 미분화되고 취약한 상태이며, 이후 일생에 걸쳐 성장과 분화를 이루어 가야 한다(Fairbairn, 1952). 이러한 성장 과정에서 페어베언은 다른 대상관계이론가들과 마찬가지로 '어머니-유아 쌍(mother-infant dyad)'의 관계를 결정적으로 중요하게 보았다. 특히 그는 추상적인 환상 속 대상이 아니라, 구체적인 외부 현실 속의 어머니(또는 아버지)와의 실제 관계 경험이 심리적 자기 형성의 핵심이라고 강조하였다.

유아가 경험하는 대상관계가 충분히 좋을 경우, 즉 어머니가 비교적 안정적이고 반응적이며 정서적으로 살아 있는 대상으로 경험될 때, 그 어머니는 좋은 대상(good object)으로 내면화된다. 이 과정에서 유아는 안정감, 신뢰, 희망과 같은 기본 정서를 함께 내재화하며, 이후 대상이 부재한 상황에서도 그 대상에 대한 안정적 심리 표상을 유지할 수 있는 대상항상성(object constancy)을 점차 확립하게 된다(Fairbairn, 1952; Greenberg & Mitchell, 1983). 반면, 어머니와의 관계가 반복적으로 고통스럽고 좌절을 유발하며 위협적으로 경험될 경우, 유아는 그 대상을 나쁜 대상(bad object)으로 경험하게 된다. 문제는 유아가 현재 지니고 있는 미성숙한 자아 구조로는 이러한 자극적이고 고통스러운 대상을 통합하여 인식할 수 없다는 점이다. 유아는 "대상이 나쁘다"는 현실 인식을 견딜 수 없기 때문에, 관계를 유지하기 위한 생존 전략으로 그 대상을 억압하여 무의식에 내적 대상(internal object)으로 끌어들여 내면화할 수밖에 없다.

페어베언은 이 점에서 자아는 대상을 추구할 뿐 아니라, 대상과의 관계 자체를 내면화한다고 보았다. 최초의 원시적 자아는 분열되지 않은 하나의 전체로 존재하지만, 대상 접촉 과정에서 나쁜 대상관계를 반복적으로 경험하게 되면 자아는 이를 감당하기 위해 분열(splitting)을 시작한다. 즉, 자아는 나쁜 대상관계를 통합하는 대신, 그것을 특정 부분에 격리하여 보존함으로써 전체 자아를 보호하려 한다(Fairbairn, 1952).

이러한 자아 분열은 단순한 방어가 아니라, 이후 성격 구조의 토대가 되는 내적 심리 구조의 조직화 과정이다. 나쁜 대상은 내면화되면서 특정한 자아 부분과 결합되고, 이로 인해 자아는 점차 여러 부분으로 분화된다. 페어베언은 이러한 상태를 분열적 위치(schizoid position)로 설명하였으며, 나쁜 대상관계가 지속적으로 내면화될 경우 자아의 분열이 고착되어 심각한 병리, 심지어 정신병적 수준의 병리로까지 발전할 수 있다고 보았다(Fairbairn, 1990).

중요한 점은, 이러한 나쁜 대상관계가 특별히 병리적인 가정에서만 발생하는 것이 아니라는 사실이다. 페어베언 역시 지적하였듯이, 유아가 필요로 하는 모든 욕구에 대해 어머니가 완벽하게 반응해 주는 것은 현실적으로 불가능하다. 따라서 일정 수준의 좌절과 나쁜 대상경험은 정상 발달 과정에서도 불가피하다. 다만, 문제는 그 좌절의 강도와 반복성, 그리고 그것을 완충해 줄 수 있는 좋은 대상경험이 충분히 존재하는가에 달려 있다.

페어베언은 특히 유아를 심각하게 좌절시키는 두 가지 유형의 어머니 관계를 지적하였다. 하나는 유아가 감당하기에 지나치게 자극적이고 흥분시키는 어머니, 다른 하나는 정서적으로 냉담하고 철수된 어머니이다. 전자의 경우 유아는 과도한 자극에 압도당하며, 후자의 경우 유아는 정서적 접촉의 결핍 속에서 방치된다. 이 두 경우 모두에서 유아는 대상과의 현실적 관계를 유지하기 어렵게 되고, 결과적으로 나쁜 대상과의 관계를 내면화함으로써 자아의 분열을 심화시키게 된다.

결론적으로 페어베언의 관점에서 자아의 분열은 병리 이전에 관계를 유지하기 위한 생존 전략이다. 유아는 대상 없이는 살 수 없기 때문에, 대상이 나쁘더라도 그 관계를 포기하는 대신 자기를 분열시키는 길을 택한다. 이때 형성된 내적 심리 구조는 이후 성격 조직과 대인관계 양식의 핵심 틀이 되며, 대상관계 치료의 주요 목표는 이러한 분열된 자아 부분들이 다시 관계 속에서 통합될 수 있도록 돕는 데 있다.

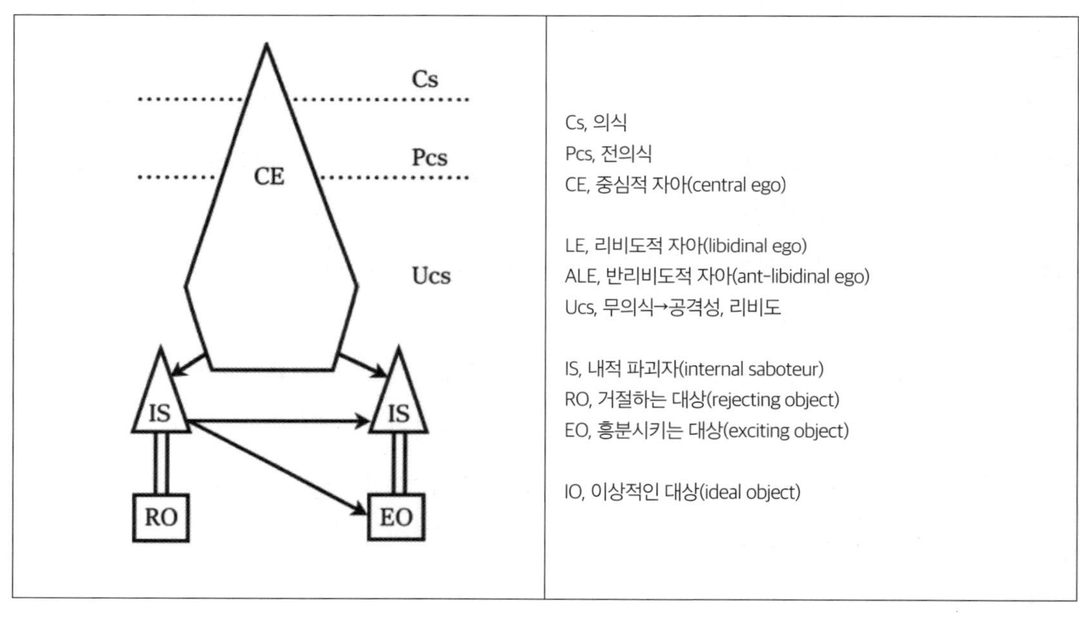

그림 4. Fairbairn(2003)의 심리 내적 구조

유아는 어머니와 만족스럽거나 불만족스러운 관계를 맺는다. 즉 유아와 어머니의 관계는 만족이냐 불만족이냐이다. 유아에게는 어머니가 단순히 거절하는 것보다 어머니가 어떤 희망이나 기대를 준 뒤에 거절하면 더 심각하게 분열되고 어머니와의 관계는 더 불만족스러운 것이 된다(Cashdan, 1988). 유아는 어머니와의 관계에서 만족을 주는(gratifying) 어머니, 흥분시키는

(exciting) 어머니, 거절하는(rejecting) 어머니라는 서로 다른 대상들을 경험한다(Greenberg & Stephen R. Mitchell, 1999). 아동은 현실에서 어머니와의 관계가 만족스럽지 못할 때, 그는 자신의 사랑이 받아들여질 수 없는 것이라고 느끼게 되는데 그때 정신 안에는 거절하는 대상(RO)이 자리 잡게 된다. 그때 유아는 자신이 거절되었다는 강렬한 고통과 불안을 줄이기 위한 노력으로 불만족스런 대상을 '홍분시키는 대상(EO)'과 '거절하는 대상(RO)'으로 나누고 그것들을 억압한다. 즉 고통을 방어하기 위하여 자아가 그 대상을 내사(introjection)하게 되는데 '내사란 외부 대상을 표상하는 정신 구조(mental structure)가 자신의 정신 안에 자리 잡게 되는 것'이다. 이 과정에서 유아는 내적 대상을 분리하여, 대상 가운데 만족스러운 부분은 의식 속에 남겨 두고, 불만족스러운 부분을 무의식 영역으로 추방하여 버린다(Hamilton, 2007). 무의식 영역으로 추방될 때 그 대상과 관계하던 자아도 분열시켜서 함께 무의식 속으로 분리한다. 페어베언은 '홍분시키는 대상(exciting object)'과 동일시된 자아의 일부는 그 대상이 약속하는 만족을 계속하여서 갈망하는 것이 특징이며 이러한 자아를 '리비도적 자아(libidinal ego)'라고 불렀다. '거절하는 대상(rejection object)'과 동일시된 자아의 일부는 어떤 접촉이나 만족에 대해서도 적대적이고 냉소적인 특징을 가지고 있으며 이를 '반리비도적 자아(anti-libidinal ego)'라고 불렀다. 리비도적 자아와 반리비도적 자아는 중심자아와 대비되는 부차적 자아라고 불리고 각기 다른 특성을 가진 대상들과의 관계로써 형성되지만 둘 다 만족스럽지 못한 나쁜 대상관계로 빚어진 분열된 자아의 일부분이며 정신건강에 부정적인 역할을 하게 되는 자아들이다. 반면 만족스러운 대상은 분열되지 않은 채 '중심자아'로 남는다. '중심적 자아(central ego)'는 '이상적 대상(ideal object)' 즉 어머니의 편안하고 만족스러운 부분으로 인해 생성되는 건강하고 긍정적인 자아이며 페어베언이 추구하는 이상적인 자아이다(Greenberg & Mitchell, 1999). 이상적 자아, 리비도적 자아, 반리비도적 자아는 1차적인 억압과 2차적인 억압의 형태를 가지고 있다. 먼저 1차적 억압은 무의식 내에서 이루어지며 냉소적이고 공격적인 파괴적 성격의 반리비도자아가 지켜지지 않을 약속을 믿고 홍분 상태로 끊임없이 희망을 가지고 갈망하는 리비도적 자아를 억압하는 것이다. '거절하는 대상'은 '내적 파괴자' 즉 '반리비도적 자아'로 구조화되어 불만족스런 대상으로 인한 좌절에 의해 활성화된 공격성을 사용하여 '홍분시키는 대상'과 동일시된 '리비도적 자아'를 억압한다. 2차적 억압은 의식세계를 관장하는 중심자아가 무의식 속에 잠재되어 있는 부차적 자아(리비도적 자아, 반리비도적 자아)의 비현실적인 갈망과 파괴적인 공격성을 억압하는 것이다. 결국 리비도적 자아는 무의식에서 반리비도적 자아에

의해 1차적으로 억압되고 의식에서 중심자아의 억압을 통해 2차적으로 두 번 억압되게 된다. 페어베언의 내적 자아구조는 중심자아에 의해 2차적 억압을 당하는 부차적 자아들은 일방적으로 억압을 당하기만 하는 것이 아니라 이와 똑같은 힘으로 의식 밖으로 뚫고 나오려는 용수철 같은 역동을 이루고 있다. 페어베언은 '중심자아-이상적인 대상'이 '반리비도적 자아(내적 파괴자)-거절하는 대상'과 '리비도적 자아-흥분시키는 대상'을 억압한다는 이런 상황을 '기본적인 심리 내적 구조'라고 불렀다.

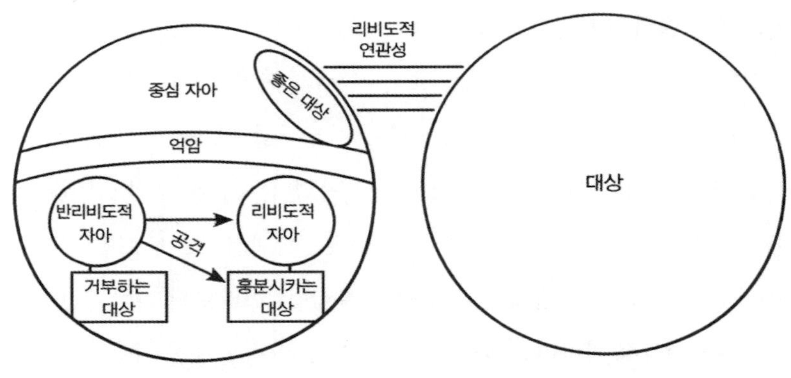

그림 5. 심리 내적 상황
출처: Michael St. Clair(2010), 대상관계이론과 자기심리학, 안석모 옮김, Cengage Learning

　　페어베언에게 있어 공격성은 타고난 본능이 아니라 전적으로 좌절의 결과로 간주된다. 공격성은 리비도가 불만족스런 대상에 의해 좌절된 결과, 양가감정이 생길 때만 발생한다. 좋은 대상에 대한 위험을 제거하기 위해 공격성을 사용하여 대상을 분열시킴으로써, 좌절에 따른 고통을 처리한다는 것이다. 페어베언에 있어서 치료의 목표는 중심자아가 부차적인 자아들을 조절하는 것이며 상담이나 치료를 통해 중심자아는 더 확대되고 부차적 자아들은 축소시켜 중심자아가 제 기능을 할 수 있도록 돕는 것이다.

4. 주요 개념

가. 대상 추구

로널드 페어베언(Ronald Fairbairn)은 고전 정신분석의 핵심 전제였던 지그문트 프로이트의 리비도 이론에 대해 근본적인 비판을 제기하며, 인간을 이해하는 새로운 관점을 제시하였다. 프로이트에게 인간은 본질적으로 쾌락을 추구하고 긴장을 해소하려는 존재이며, 리비도는 성적 에너지로서 쾌락 원칙(pleasure principle)에 따라 작동한다고 가정되었다. 그러나 페어베언은 이러한 관점이 인간의 심리적 동기를 충분히 설명하지 못한다고 보았으며, 인간 행동의 근원적 동력은 쾌락이 아니라 관계에 대한 욕구, 즉 대상 추구(object seeking)에 있다고 주장하였다(Fairbairn, 1952).

페어베언에 따르면 인간은 태생적으로 고립된 존재가 아니라, 처음부터 의미 있는 타인과의 관계를 지향하는 존재이다. 그는 인간을 "쾌락 추구적 존재(pleasure-seeking being)"가 아니라 "대상 추구적 존재(object-seeking being)"로 규정하였다. 이는 인간 행동의 궁극적인 목적이 단순한 신체적 쾌감의 충족이 아니라, 안정적이고 만족스러운 대상관계를 확립하려는 데 있다는 관점이다. 이러한 맥락에서 리비도는 더 이상 쾌락을 향한 에너지가 아니라, 대상을 향해 나아가는 관계적 에너지로 재정의된다(Cashdan, 1988).

페어베언은 영아의 손가락 빠는 행동을 설명하면서, 이를 프로이트적 의미의 구강기(oral stage)적 쾌락 추구로 해석하는 관점에 반대하였다. 그는 영아가 손가락을 빠는 행위의 일차적 목적은 쾌락 그 자체가 아니라, 어머니와의 관계를 유지하고자 하는 시도라고 보았다. 즉 손가락은 어머니 혹은 어머니 젖가슴의 대리 대상(substitute object)이며, 심리·성적 쾌락조차도 만족스러운 대상관계를 유지하기 위한 이차적 동기에 불과하다는 것이다(Fairbairn, 1952). 대상관계이론가들에 따르면 성적 욕동 역시 독립된 쾌락 추구가 아니라, 친밀한 대상과의 관계를 형성하고 유지하기 위한 통로로 이해된다.

이러한 관점은 프로이트의 일차적 자기애(primary narcissism) 개념에 대한 비판으로 이어진다. 프로이트는 생후 초기 유아가 외부 대상에 거의 관심을 보이지 않고 자기 자신에게 리비도를 집중시키는 시기가 존재한다고 보았으며, 이를 일차적 자기애의 시기로 설명하였다. 이 전제에 따르면 인간은 출생 초기부터 본질적으로 고립된 존재이며, 대상과의 관계는 이후에 부차적으로 형성되는 것으로 이해된다.

그러나 페어베언은 이러한 관점이 뉴튼적·원자론적 세계관에 기초한 낡은 인간관이라고 비판하였다. 뉴튼적 세계관은 세계를 서로 분리된 단자(單子)들의 집합으로 이해하며, 개인 역시 "너는 너, 나는 나"라는 고립된 존재로 전제한다. 페어베언은 이러한 세계관이 인간을 본질적으로 관계 이전의 존재로 가정하게 만들었다고 보았다. 반면, 현대 물리학—특히 양자물리학—은 세계를 상호 의존적이고 연계된 체계로 이해하며, 독립적이고 완전히 분리된 존재는 허구에 가깝다는 인식을 제공한다.

이러한 새로운 세계관의 영향을 받은 페어베언은, 유아에게 일차적 자기애라는 상태는 존재하지 않는다고 단언하였다. 그는 유아가 처음부터 자기를 돌보는 대상을 향해 나아가는 대상지향적 본능(object-directed tendency)을 지니고 태어난다고 보았다. 유아에게 특정한 행동 유형이 선천적으로 완성된 형태로 주어지는 것은 아니지만, 접촉과 애착을 향한 기본적 욕구는 인간 존재의 출발점이라는 것이다. 유아가 어머니와 관계 맺는 법을 배우는 데에는 시간이 필요하지만, 그 방향성 자체는 처음부터 관계를 향해 있다(Fairbairn, 1952). 리비도 자체가 대상을 추구하기에 대상과 관계가 되느냐 안되느냐는 죽느냐 사느냐의 의미이다. 단순히 관계 단절이 힘들다는 것이 아니라 관계의 단절은 곧 죽음의 공포와 맞닿아 있는 것이다. 그러기에 아이들은 자기를 학대하는 부모에게 더 집착하고 매달리는 양상을 보인다.

결론적으로 페어베언의 대상 추구 이론은 인간을 고립된 본능적 존재가 아니라, 관계 속에서 형성되고 관계를 통해 살아가는 존재로 재개념화한다. 그의 이론에서 리비도는 쾌락의 에너지가 아니라, 대상을 향해 흐르는 관계의 에너지이며, 인간의 심리 발달과 병리는 모두 초기 대상관계의 질과 구조 속에서 이해되어야 한다. 이러한 전환은 이후 대상관계이론, 자기심리학, 애착이론 등 현대 정신역동 이론 전반에 지대한 영향을 미치며, 인간 이해의 중심축을 욕동에서 관계로 이동시키는 중요한 이론적 전환점이 되었다.

나. 반복강박

반복강박(repetition compulsion)은 억압된 나쁜 대상관계를 반복적 강박적으로 현재의 관계 속에서 지속적으로 재현한다는 것이다. 반복강박은 고통스러운 경험을 단순히 되풀이하려는 충동이 아니라, 내면화된 초기 대상관계를 유지함으로써 자신의 존재를 정의하고자 하는 자아의 구조적 노력으로 이해된다.

페어베언에 따르면 억압된 나쁜 대상은 견딜 수 없을 정도로 고통스러운 대상이면서도, 동시에 생존을 위해 절대적으로 필요한 존재로 경험된다. 특히 아동에게 있어 양육자는 고통을 주는 대상일지라도 생존의 조건이기 때문에, 그 관계를 부정하거나 포기하는 것은 심리적으로 불가능하다. 이로 인해 아동은 대상 자체를 나쁜 것으로 인식하기보다는, 자기 자신을 나쁜 존재로 규정함으로써 관계를 유지하려는 선택을 하게 된다. 이러한 선택은 이후 내적 심리 구조를 형성하는 핵심 원리가 된다(Fairbairn, 1952).

페어베언이 제시한 내적 심리 구조의 존재 이유는 바로 이러한 '나쁜 관계'를 견뎌내기 위한 데 있다. 자아는 나쁜 대상관계를 그대로 유지한 채 살아가기 의해 분열되며, 그 결과 반복되는 나쁜 대상관계에 의거하여 자신의 정체성과 존재 의미를 정의하게 된다. 다시 말해, 나쁜 대상관계는 개인의 내적 심리 구조에서 '기본 경험(basic experience)'으로 자리 잡게 된다. 이러한 구조를 가진 개인은 심리적으로 친숙한 경험, 즉 고통스럽지만 익숙한 병리적 관계 양식을 무의식적으로 추구하게 된다.

제임스 그롯스타인은 이러한 현상을 "나쁜 대상에 대한 중독적인 충성(addictive loyalty to the bad object)"이라고 표현하였다(Grotstein, 1993). 이는 개인이 고통을 주는 대상임을 알면서도 그 대상과의 관계를 포기하지 못하고, 오히려 그 관계에 더욱 강하게 집착하는 심리 상태를 의미한다.

예를 들어, 부모가 지속적으로 고통과 학대를 제공하는 경우에도 아이는 쾌락이나 보호를 얻기 위해 다른 대상을 적극적으로 찾지 않는다. 오히려 아이는 자신을 학대하는 부모에게 더욱 매달리며, 그 관계를 유지하려 한다. 페어베언은 이러한 현상을 각인(imprinting) 개념에 비유하여 설명하였다. 새끼 오리가 처음 본 대상을 어미로 각인하듯, 인간 역시 어린 시절 경험한 초기 상호작용에 강하게 집착하며, 그 관계 패턴을 이후 삶 전반에서 반복하려는 경향을 보인다는 것이다.

앞서 살펴보았듯이, 아동은 발달 초기 단계에서 경험한 기본적인 대상관계의 패러다임을 내면화하며, 이후 현실 세계의 인간관계 속에서 이 패러다임을 반복한다. 이러한 반복은 의식적인 선택이 아니라, 내적 대상관계가 외부 관계를 조직하는 방식으로 작동한 결과이다. 이 점에서 페어베언의 반복강박 개념은 프로이트의 설명과 분명한 차이를 보인다.

프로이트는 반복강박을 경험을 숙달하려는 욕구, 자학적 경향, 나아가 죽음 본능의 표현으로 이해하려 하였다(Freud, 1920). 그러나 그린버그와 미첼(Greenberg & Mitchell, 1983), 그리고 Rubens (1994), Mitchell과 Black(1995)은 반복강박에 대한 페어베언의 설명이 프로이트의 설명보다 이론적으로 명쾌할 뿐 아니라, 실제 임상 관찰과도 더 잘 부합된다고 평가하였다. 페어베언에게 반복강박은 죽음 충동의 표현이 아니라, 관계 상실을 피하기 위한 생존 전략이다.

페어베언은 인간이 어린 시절 내면화한 초기 대상관계에 따라 대인관계를 형성하며, 현실 세계의 타인들과 과거의 고통스러운 관계 유형을 반복하는 것이 정신병리의 핵심이라고 보았다. 이러한 환자는 치료 장면에서도 예외 없이, 치료자를 향해 병리적인 대상관계를 반복하려는 경향을 보인다. 치료자는 흥분시키는 대상이나 거절하는 대상으로 경험되며, 내담자는 익숙한 관계 양식을 재현함으로써 내적 구조의 안정성을 유지하려 한다.

현대정신분석으로 오면서 반복강박은 미해결된 인생의 과제를 풀기 위한 것으로 본다. '나쁜 대상이라도 내가 이렇게 충성하면 언젠가 사랑을 줄 거야. 내가 이렇게 하면 나를 사랑해 줄 거야. 내가 이렇게 하는 걸 봐. 난 살아갈 가치가 있어.'

대상과 관계를 맺고 아직 받지 못한 사랑을 받으려는 처절한 몸부림이 반복강박이다.

중요한 점은 대상관계가 태어날 때부터 이미 존재하는 것이 아니라, 어머니와 아이의 관계와 같은 상호관계 속에서 형성된다는 사실이다. 따라서 부모와의 관계에서 병리적인 대상관계를 형성한 사람이 그 관계를 단절한다고 해서, 저절로 건강한 대상관계가 형성되는 것은 아니다. 건강한 대상관계는 새로운 관계 경험 속에서 다시 만들어져야 한다.

이러한 관점에서 대상관계이론에서 전이 해석의 초점은 억압된 욕동이 아니라, 내면화된 나쁜 대상관계의 반복에 있다. 환자로 하여금 불안과 죄책감을 유발하는 것은 받아들일 수 없는 충동이 아니라, 내적 세계에 살아 있는 나쁜 대상들이다. 그러나 해석과 통찰만으로는 분석적 변화, 즉 좋은 대상관계의 형성이 자동적으로 이루어지지 않는다.

치료에서 결정적으로 필요한 것은, 과거 대상과 맺었던 관계와는 질적으로 다른 이전과 다른 새로운 관계 경험'이다. 내담자는 지금-여기에서 치료자와 함께, 이해받고 수용되며 새롭게 교류할 수 있다는 경험을 실제로 해야만 한다. 이러한 경험을 통해서만, 과거의 나쁜 대상들과 맺어 온 강렬하고 중독적인 관계 양식을 점진적으로 포기할 수 있게 된다. 그리고 그 자리에 치료자와의 새로운 관계 경험이 자리 잡으면서, 내면화된 대상관계 역시 변화의 가능성을 얻게 된다.

다. 도덕 방어

페어베언의 도덕적 방어 개념은 그의 대상관계이론에서 인간의 심리 구조와 병리 형성을 이해하는 데 핵심적인 위치를 차지한다. 도덕 방어란 개인이 경험한 고통스러운 초기 대상관계, 특히 양육자로부터의 거절·냉담·학대와 같은 경험을 외부 대상의 문제로 인식하기보다는, 자기 자신의 결함이나 죄책감으로 내면화함으로써 관계를 유지하려는 방어적 심리 기제를 의미한다(Fairbairn, 1952). 도덕 방어를 사용하는 아이들은 부모의 학대에도 부모의 나쁨을 인정하지 않는다. 나쁜 대상, 나한테 차갑게 하고 힘들게 하고 거절하는 나쁜 대상과 관계를 하고 살아야 하기에 무의식적으로 만들어 낸 심리적 기제가 도덕 방어이다. 나쁜 대상이 나에게는 꼭 필요하기에 나쁜 대상과 관계를 하기 위해 만들어 낸 것이 도덕 방어이다. '전부 악마가 있는 세상에 천사로 사는 것보다 천사들만 사는 곳에 내가 악마로 사는 것이 낫다. 나는 천사처럼 착한데 세상 사람들이 다 나쁘면 다들 나를 못살게 굴 것이고 나를 잡아먹으려고 할 것이니 자신이 살아가기에는 세상이 너무 고통스럽게 되는 것이다. 그런데 내가 악마이고 세상이 다 천사이면 사람들은 나를 도와줄 것이고, 내가 나쁜 짓을 해도 다 받아 줄 것이다. 그리고 내가 나쁘면 나만 잘하면 사람들이 받아 줄 것이니 차라리 무의식에서 내가 나쁘다고 만들어 버리는 것이 이 세상을 살아가는 데 도움이 되기에 도덕 방어를 만들어 낼 수밖에 없다. 부모가 악마이고 내가 천사이면 살기 너무 힘드니까 부모는 천사이고 내가 악마가 되어 살아가는 게 더 나아서 그걸 선택한다. 무의식적으로 내가 나쁘고 부모가 좋은 대상이 되는 것이 견디기 쉽다고 여긴다' 그러므로 도덕 방어를 쓰는 사람들은 세상은 다 괜찮고 내가 다 잘못했다고 생각한다.

전통적인 프로이트 이론에서 방어는 주로 욕동과 초자아 간의 갈등을 조절하기 위한 자아의 기능으로 이해되었다. 그러나 페어베언은 인간의 근본 동기를 쾌락 추구가 아니라 대상과의 관계 유지로 보았으며, 방어 역시 욕동을 다루기 위한 장치가 아니라 관계를 보존하기 위한 구조적 선택이라고 보았다. 이러한 관점에서 도덕적 방어는 단순한 죄책감이나 도덕적 엄격함의 문제가 아니라, 대상관계가 붕괴되는 것을 막기 위한 생존 전략이다.

페어베언에 따르면 아동은 생존을 위해 양육자와의 관계를 유지해야 하며, 이 관계가 위협받을 경우 현실을 왜곡해서라도 관계를 지속하려는 방향으로 심리 구조를 조직한다. 이때 가장 견디기 어려운 인식은 "나를 돌보는 대상이 나에게 해롭다"는 사실이다. 이러한 인식은 대상 상실의 공포를 유발하기 때문에, 아동은 대신 "문제는 대상이 아니라 나 자신에게 있다"는 결론에 도달하게 된다. 이것이 도덕적 방어의 핵심 논리이다(Fairbairn, 1952).

도덕적 방어는 주로 초기 양육 환경에서 대상이 반복적으로 흥분시키면서도 거절하는 양가적 태도를 보일 때 형성된다. 아동은 사랑과 인정에 대한 기대를 갖게 만드는 흥분시키는 대상과, 실제로는 정서적 반응을 제공하지 않는 거절하는 대상을 동시에 경험하게 된다. 이러한 모순된 경험 속에서 아동은 대상의 신뢰성을 의심하기보다는, 자기 자신이 충분히 선하지 못하기 때문에 대상이 반응하지 않는다고 해석하게 된다.

이 과정에서 아동은 죄책감, 수치심, 자기비난을 강화시키며, 이를 통해 대상에 대한 분노와 공격성을 억제한다. 즉, 도덕적 방어는 공격성을 외부로 향하게 하지 않고 자기 내부로 돌림으로써 관계 파괴를 방지하는 기능을 수행한다. 페어베언은 이러한 방어가 단순히 초자아의 과잉 작동이 아니라, 대상 상실에 대한 공포를 피하기 위한 관계 중심적 방어임을 강조하였다(Greenberg & Mitchell, 1983).

페어베언의 구조 이론에서 도덕적 방어는 자아의 분열과 밀접하게 연결되어 있다. 그는 자아가 중심자아, 리비도적 자아, 반리비도적 자아로 분열되며, 각각이 특정 내적 대상과 결합된다고 보았다. 이때 반리비도적 자아는 거절하는 대상과 결합하여 자기비난, 자기혐오, 엄격한 도덕적 판단을 수행하는 기능을 담당한다.

도덕적 방어는 특히 반리비도적 자아의 핵심 작동 방식으로 나타난다. 개인은 "나는 나쁘다", "나는 벌받아 마땅하다", "내가 더 잘했어야 했다"는 신념을 유지함으로써, 대상에 대한 이상화를 지속할 수 있다. 이는 대상이 '나쁜 대상'으로 인식되는 것을 방지하며, 대상과의 심리적 연결을 유지하는 역할을 한다. 따라서 도덕적 방어는 자아 통합을 방해하는 동시에, 관계 단절을 막는 역설적인 기능을 수행한다(Fairbairn, 1952). 나쁜 대상이라도 관계를 끊을 수 없기에 그 나쁜 대상과 살기 위해 만들어 낸 방어기제이다. 페어베언은 정신병리를 과거의 대상관계를 지속하려는 자아의 노력으로 이해하였다. 이러한 관점에서 도덕적 방어는 신경증적·성격 병리적 증상의 핵심 기제로 작동한다. 만성적인 자기비난, 과도한 죄책감, 도덕적 완벽주의, 자기희생적 관계 패턴 등은 모두 도덕적 방어의 표현으로 해석될 수 있다.

특히 도덕적 방어가 강한 개인은 학대적이거나 냉담한 관계에서도 쉽게 벗어나지 못하며, 관계에서의 고통을 자신의 결함으로 합리화한다. 이는 성인기 친밀한 관계에서 반복적으로 거절하는 대상이나 통제적인 대상에게 끌리는 패턴으로 재현된다. 페어베언의 이론은 이러한 반복 강박을 욕동의 반복이 아니라, 내적 대상관계의 지속으로 설명한다는 점에서 임상적으로 중요한 통찰을 제공한다(Grotstein, 1993).

이러한 도덕 방어의 형성 단계는 세 단계로 정리할 수 있다. 첫째, 나쁜 대상이 내면화될 때 자아는 '억압'이라는 방어기제를 사용한다. 둘째, 자아가 억압된 대상을 적절히 다루지 못할 때, 그 대상은 무조건적인 나쁨이 된다(김도애, 이은화, 2003). 그리고 이 대상과 동일시된 자아도 무조건적으로 나쁘다. 셋째, 아동이 환경을 조정하는 방식으로 나쁜 대상은 조건적으로 좋음의 위치에 두고, 자신은 조건적으로 나쁨의 위치에 둔다(김도애, 이은화, 2003). 도덕 방어가 형성된 이후 아동은 부모의 학대를 정당화시킴으로써 자신의 방어가 규칙대로 잘 지켜질 것이라는 환상을 갖게 되고 그 보상으로 위로를 얻게 된다. 이렇게 형성되고 훈습된 도덕 방어는 성인이 되어도 타인에게 거절당하는 경험을 통해서 반복적으로 사용하고 그것을 강화한다. 가해자로부터 벗어나지 못하고 불안정한 애착관계를 지속하게 되는 것이 도덕 방어 때문이다. 한번 형성된 도덕 방어는 비슷한 대상 혹은 경험이 나타날 때마다 작동되며 그 방식은 다양하게 재현된다.

페어베언이 보기에 정신분석 치료의 핵심 과제는 도덕적 방어를 제거하는 것이 아니라, 그 방어가 형성될 수밖에 없었던 관계적 맥락을 이해하고 재구조화하는 것이다. 치료자는 내담자가 지니고 있는 과도한 죄책감이나 자기비난을 즉각적으로 해소하려 하기보다, 그것이 대상과의 관계를 유지하기 위해 얼마나 필수적인 기능을 수행해 왔는지를 인식해야 한다. 치료 과정에서 도덕적 방어가 점진적으로 완화될 때, 내담자는 처음으로 대상에 대한 분노, 실망, 슬픔을 경험할 수 있게 된다. 이는 자아 통합의 위기처럼 느껴질 수 있으나, 실제로는 중심자아가 리비도적 자아와 반리비도적 자아로 분열되어 있던 구조를 회수하는 과정이다. 이러한 의미에서 도덕적 방어의 해체는 치료의 목표라기보다, 안전한 관계 속에서 자연스럽게 일어나는 변화 과정으로 이해되어야 한다(Scharff & Scharff, 1987).

| 도덕 방어 사례: "엄마가 그런 건, 내가 말을 안 들어서예요"

초등학교 4학년 남아 B는 학교에서 매우 순응적이고 규칙을 잘 지키는 아동으로 평가받았다. 교사는 B가 또래 갈등을 거의 일으키지 않으며, 교사의 지시에 지나치게 민감하게 반응한다고 보고하였다. 그러나 가정 방문 및 상담 과정에서 B는 어머니로부터 반복적인 언어적 폭력과 체벌을 경험하고 있음이 드러났다. 어머니는 감정 기복이 심했고, 사소한 실수에도 "넌 왜 이렇게 쓸모없니", "너 때문에 내가 화가 난다"는 표현을 자주 사용하였다. 그럼에도 불구하고 B는 상담 초기에 어머니의 행동을 문제 삼지 않았으며, 오히려 다음과 같이 진술하였다.

"엄마가 화내는 건 제가 말을 안 들어서예요."

"제가 착하면 엄마도 안 때려요."

| 사례에 대한 이해

페어베언의 관점에서 볼 때, B의 이러한 진술은 현실 왜곡이나 단순한 합리화가 아니라 도덕적 방어의 전형적인 표현이다. B에게 어머니는 고통을 주는 대상이었지만, 동시에 생존과 보호를 위해 절대적으로 필요한 존재였다. 따라서 "어머니는 나에게 해로운 사람이다"라는 인식은 관계 단절과 생존 위협을 의미했으며, 이는 아동이 감당할 수 없는 불안이었다. 이러한 상황에서 B는 다음과 같은 무의식적 선택을 하였다. 대상이 나쁘다는 인식을 포기하고 대신 자기 자신을 나쁜 존재로 규정함으로써 어머니를 '좋은 대상'으로 유지하려는 선택을 한 것이다. 즉, "엄마가 나를 때린다"는 현실 대신 "내가 잘못했기 때문에 벌을 받는다"는 해석을 채택함으로써 관계의 의미와 연속성을 유지하였다.

이것이 바로 도덕적 방어의 핵심 구조이다(Fairbairn, 1952).

B의 내적 심리 구조에서는 거절하고 학대하는 어머니의 이미지가 '나쁜 대상'으로 억압되어 있었고, 그 대신 자기비난과 수치심을 담당하는 자아 부분이 강화되어 있었다. 이 자아는 다음과 같은 신념을 지속적으로 반복하였다.

"나는 문제아이다"

"나는 벌받아 마땅하다"

"내가 더 착하면 엄마는 달라질 것이다"

이러한 자기비난적 신념은 고통스럽지만, 동시에 어머니를 잃지 않기 위한 심리적 대가였다. 즉, 도덕적 방어는 B에게 병리이면서도 관계를 유지하기 위한 생존 전략이었다. 도덕적 방어는 가정 안에서만 작동하지 않았다. 학교에서 B는 교사의 실망을 과도하게 두려워하며, 사소한 실수에도 심각한 불안을 보였다. 또래 관계에서도 자신의 의견을 거의 주장하지 않았고, 친구가 무리한 요구를 해도 거절하지 못했다. 이는 B가 "관계를 잃지 않기 위해서는 내가 나빠져야 한다"는 내적 규칙을 전반적인 대인관계에 일반화했음을 보여 준다. 상담 초반, 상담자가 어머니의 행동을 "아이에게 너무 가혹할 수 있다"고 조심스럽게 언급하자, B는 즉각 불안해하며 다음과 같이 반응하였다.

"아니에요. 엄마는 좋은 사람이에요. 제가 문제예요."

이 반응은 치료자가 어머니를 '나쁜 대상'으로 규정할 가능성 자체를 위협으로 경험했기 때문이다. 즉, 도덕적 방어는 치료 장면에서도 강력하게 작동하며, 대상 비판은 곧 관계 붕괴로 느껴진다. 상담의 목표는 B에게 "엄마는 나쁜 사람이다"라고 설득하는 것이 아니라 비난 없이 감정을 받아 주는 관계, 실수해도 관계가 유지되는 경험 "잘못해도 괜찮다"는 정서적 메시지 이러한 새로운 관계 경험 속에서 B는 점차 "내가 나빠서 맞은 것이 아닐 수도 있다"는 가능성을 탐색할 수 있게 해 주는 것이다.

라. 도덕 방어로 인한 죄책감

도덕 방어가 죄책감의 뿌리가 된다. 프로이트는 인간의 죄책감이 오이디푸스의 성적 갈망에서 발생한다고 보았고, 클라인은 애정 대상을 향한 파괴적 충등에서 발생한다고 보았다. 페어베언은 도덕 방어에서 생긴다고 보았다. 나쁜 경험으로 인해 자아가 심하게 분열될 때, 자아는 나쁨의 요소를 방어해야 하고 아이가 나쁜 부모에 의해 심한 학대를 받을 경우, 아이는 자기가 나쁘기 때문에 부모에게 그런 취급을 받는 것이라고 하면서 부모의 나쁨을 스스로 떠맡게 되는데 그렇게 함으로써 대상을 보호하기 위한 것이다. 아동은 자신의 조건적 나쁨을 스스로 통제함으로 외부의 안전을 얻는 대신 대상이 가져야 할 죄책감을 갖게 된다(김도애, 이은화, 2003). 결국 죄책감은 나쁜 대상에게 사랑받기 위해서 처절하게 노력하는 너무 슬픈 감정이다.

죄책감은 심리치료에서 때로 저항으로 작용한다. 치료사가 만약 환자에게 나쁜 대상이 된다면 환자의 증상은 더 심해질 것이다. 무의식에 내재화된 나쁜 대상들이 무의식에서 풀려나올 때만 나쁜 대상들에게 집중된 리비도도 용해될 수 있다. 그런데 나쁜 대상이 풀려나면 내담자의 세계는 그가 직면하기에 너무 무서운 사탄의 세계가 되는 것이기에 무의식에서 나쁜 대상이 풀려나기를 저항한다. 그러므로 내담자의 죄책감을 어떻게 해소하느냐가 아니라 내재화된 나쁜 대상에 대한 애착과 충성심을 어떻게 해소하고 그러한 나쁜 대상을 어떻게 몰아낼 것인가에 있다. 나쁜 내적 대상을 몰아낼 수 있는 힘은 대상의 인격 안에 자리 잡고 있는 좋음의 요소이다. 그러므로 사람이 살면서 좋은 대상을 만나야 도덕 방어를 해제할 수 있다. 상담에 오는 내담자가 상담자와의 관계에서 정말로 좋은 대상을 경험할 때에만 비로소 나쁜 내적 대상에 대한 애착과 충성심을 풀고 그 대상을 포기할 수 있다는 것이다. 치료자의 인격적인 좋음의 요소, 그것만이 자신과 대상을 거부하고 나쁜 대상들에게 사로잡혀 있는 분열성 개인들을 해방시키고 자신과 대상을 용서하고 용납하는 길로 인도할 수 있다.

5. 정신병리

가. 유아적 의존 단계의 정신병리-분열성

페어베언은 인간 발달의 핵심을 성적·공격적 욕동의 충족이 아니라 유아가 경험하는 의존 관계의 질에서 찾았으며, 자아는 태어날 때부터 독립적으로 완성된 실체가 아니라 대상과의 관계 속에서 점차 조직되는 관계적 구조라고 보았다(Fairbairn, 1952). 따라서 발달 초기의 병리는 자아 내부의 충동 갈등에서 비롯되는 것이 아니라, 돌봄 대상과의 관계에서 반복적으로 경험된 결핍과 좌절, 즉 의존 관계의 실패에서 기원한다. 이러한 맥락에서 분열성 상태는 유아적 의존 결핍에 대한 가장 직접적인 반응으로 이해되는데, 사랑과 정서적 신호를 보냈음에도 충분히 반응받지 못하거나 거절당하는 경험이 누적될 경우, 유아는 의존 자체를 위험하고 파괴적인 것으로 인식하게 되고, 의존 욕구를 완전히 제거할 수는 없지만 그 고통을 최소화하기 위해 관계로부터 철수하는 전략을 택하게 된다. 이로 인해 분열성 개인은 대상에 대한 강한 욕구와 관계 회피를 동시에 지니며, 정서적 친밀성을 갈망하면서도 실제 관계에서는 거리두기와 격리를 보이고, 외적으로는 순응적이지만 내적으로는 공허감과 단절감을 지속적으로 경험한다. 페어베언은 이러한 분열성을 성적 또는 공격적 욕동의 억압 결과로 보지 않고, 의존의 고통을 견디기 위한 관계적 방어로 이해하였다(Greenberg & Mitchell, 1983). 또한 그는 분열성 상태와 우울 상태를 서로 배타적인 범주가 아니라 동일한 유아적 의존 결핍에서 비롯된 구조적 연속선상에 놓인 상태로 보았는데, 의존 욕구가 극도로 위협적으로 느껴질 때에는 분열적 철수가 나타나고, 의존을 포기할 수 없을 때에는 "대상이 나쁜 것이 아니라 내가 나쁘다"는 신념을 통해 관계를 유지하려는 우울적 자기비난이 강화된다고 설명하였다(Fairbairn, 1952). 이러한 과정의 핵심에는 자아의 분열이 있으며, 페어베언은 자아가 처음부터 분열된 것이 아니라 관계 속 상호성, 즉 'give and take'의 실패가 반복되면서 점차 분열된다고 보았다(Fairbairn, 1940). 아이가 웃음과 눈빛, 애정 표현을 통해 사랑을 보냈음에도 그것이 충분히 수용되지 않을 때, 아이의 마음에는 균열이 생기고 사랑하는 나와 철수하는 나, 기대하는 나와 단념하는 나로 자아가 쪼개지기 시작하며, 이러한 분열은 이후 삶 전반에서 관계 회피, 정서적 거리두기, 공허감이라는 형태로 지속된다. 결국 페어베언 관점에서 분열성 인간이란 사랑을 원하지만 사랑이 위험해진 경험 때문에 관계로부터 철수함으로써 자신을 보호해 온 존재이며, 상담은 이러한 분열된 자아 조각들이 다시 연결될 수 있도록 돕는 새로운 대상 경험을 제공하는 과정이라고 할 수 있다(Fairbairn, 1952; Grotstein, 1993). 이러한 분열성 개인의 특징은 다음과 같다.

1) 자기 사랑에 대한 수치와 공포

분열성 개인은 자신의 사랑을 수치스럽고 위험한 것으로 경험한다. 이는 유아기에 사랑을 보냈으나 그 사랑이 충분히 수용되지 못한 경험에서 비롯된다. 'give and take'가 좌절될 때, 아이는 *내 사랑이 나쁘기 때문에 거절당한다*고 해석하며 자기 자신을 무가치하게 느끼게 된다. 그 결과, 사랑하고 싶은 욕구는 유지되지만 사랑이 파괴적일 것이라는 공포가 함께 형성된다.

2) 급격한 감정 변화와 정서 불안정

자아가 분열되면 감정의 지속성과 통합이 어려워져 감정이 널뛰듯 급변한다. 좋음과 나쁨 사이를 빠르게 오가며 변덕스럽고 예측 불가능한 정서 반응을 보이고, 분노와 흥분이 쉽게 폭발한다. 이는 감정을 '유지'할 수 있는 통합된 자아가 약화되었기 때문이다.

3) 인간관계에서의 철수와 거리두기

분열성 개인은 인간관계를 원하면서도 정서적으로 철수한다. 신뢰 가능한 대상이 형성되지 않았기 때문에 마음을 주는 것이 두렵고, 친밀해질수록 상처받을 것이라는 공포가 커진다. 그 결과 말수가 적고, 자기 이야기를 하지 않으며, 관계에서 안전거리를 유지한다. 이는 초기 대상(주로 어머니)과의 관계에서 철수한 경험이 이후 모든 관계로 일반화된 것이다.

4) 현실에서의 철수와 환상화

관계에서의 실패는 곧 현실 적응의 어려움으로 이어진다. 분열성 개인은 경제적·사회적 책임에서 벗어나거나, 현재의 삶을 살기보다 미래의 환상에 머무르는 경향을 보인다. 이는 현실에서 살아갈 자아 에너지가 부족해진 결과이며, 현실 대신 공상과 환상 속에서 자기 위안을 찾으려는 시도이다.

5) 과도한 분노와 비난

분열성 개인은 정서적으로 예민하고 분노와 비난이 많다. 이는 내면에 '나쁜 대상'과 '나쁜 자기'가 강하게 자리 잡고 있기 때문이다. 자신을 무가치하게 느낄수록 타인도 무가치하게 인식하며, 비난은 내면의 자기혐오가 외부로 투사된 결과이다.

6) 부분대상관계의 우세

자아가 분열된 상태에서는 대상을 전체로 인식하지 못하고 부분대상으로 관계한다. 사람을 하나의 통합된 인격이 아니라, 특정 기능이나 욕구를 충족시키는 부분으로 대하며, 이로 인해 타인을 도구화하거나 소유하려는 관계 양상이 나타난다. 이러한 부분대상관계는 소유적·무관심·과잉보호적 양육 태도로도 이어질 수 있다.

7) 정서적 친밀감의 어려움과 집착-회피의 반복

분열성 개인은 정서적 접촉을 통한 친밀한 관계를 어려워한다. 사랑하면 파괴될 것이라는 두려움 때문에 회피하다가, 관계가 시작되면 오히려 집착적으로 매달리는 양극적 패턴을 보인다. 이는 대상에 대한 근본적인 불신과 결핍이 동시에 작동하기 때문이다.

8) 주는 것의 어려움

분열성 개인은 타인에게 기꺼이 주는 경험이 어렵고, 주면서도 분노와 잔소리를 동반한다. 이는 주는 행위가 기쁨이 아니라 손실과 착취로 느껴지기 때문이며, 사랑의 순환이 긍정적으로 내면화되지 못한 결과이다.

9) 감정 표현의 억제와 정서적 냉담

정서적 친밀감에 대한 두려움으로 인해 감정 표현이 억제되고, 무뚝뚝하고 냉정한 인상을 준다. 기쁨과 즐거움의 경험이 제한적이며, 삶이 무미건조하게 느껴진다.

10) 놀이 능력의 결핍

놀이는 안전한 관계 속에서 자발적으로 이루어지는데, 분열성 개인은 긍정적 관계 경험이 부족해 놀이와 즐거움의 능력이 제한된다. 이는 삶의 활력 저하, 무기력, 나아가 삶의 의미 상실로까지 이어질 수 있다.

분열성 상태란, 사랑을 주고받는 관계에서 반복적으로 좌절된 결과로 자기 사랑을 수치스럽고 위험한 것으로 경험하며, 관계와 현실로부터 철수함으로써 자신을 보호해 온 자아의 구조적 적응 상태이다.

나. 과도기적 의존 단계의 정신병리

페어베언에 따르면 인간 발달은 독립을 향한 직선적 과정이 아니라 의존 양식이 성숙해 가는 과정이며, 그는 이를 유아적 의존 단계, 과도기적(준독립) 의존 단계, 성숙한 의존 단계로 구분하였다(Fairbairn, 1952). 유아적 의존 단계의 핵심은 대상과의 동일시로, 이는 자아와 대상의 분화가 아직 이루어지지 않은 상태를 의미한다. 이 시기 유아는 대상을 외부의 독립된 존재로 경험하기보다 자기 안에 합일된 대상으로 내사하며, 사랑과 보호는 곧 대상과 하나가 되는 경험으로 조직된다. 반면 성숙한 의존 단계에서는 자아와 대상이 분명히 분화된 두 주체로 존재하면서도 상호 의존적 관계를 유지할 수 있게 된다. 따라서 발달적으로 중요한 과제는 유아적 동일시에 머무르지 않고, 분화에 근거한 대상관계로 이행하는 것이다(Fairbairn, 1952; Greenberg & Mitchell, 1983).

이러한 이행이 이루어지는 과도기적 의존 단계는 본질적으로 갈등적이다. 개인은 한편으로는 대상과 분화하여 독립된 자기로 서려는 발전적 충동을 경험하는 동시에, 다른 한편으로는 동일시적 의존을 유지하려는 퇴행적 유혹을 강하게 느낀다. 이 과정은 상당한 불안을 동반하며, 임상적으로는 갈라진 해협이나 벼랑을 건너려는 꿈, 떨어질 것 같은 감각, 고소공포증이나 광장공포증과 같은 공포 반응으로 나타날 수 있다. 반대로 분화 시도가 좌절될 경우에는 감옥에 갇히거나 땅속에 묻히는 꿈, 물에 잠기는 악몽, 폐쇄공포증과 같은 증상으로 표현되기도 한다(Fairbairn, 1952).

페어베언은 이러한 분화 과정이 단순한 거리두기가 아니라는 점을 강조하였다. 유아적 동일시는 구강기적 합일을 통해 형성되기 때문에, 대상과의 분화는 곧 내적으로 합일화된 대상을 '축출' 하는 경험을 동반한다. 이 점에서 그는 항문기의 임상적 중요성을 재해석하였는데, 항문기는 단순한 발달 단계라기보다 내적 내용을 배출하거나 보유하려는 갈등이 두드러지는 국면으로 이해된다. 즉, 항문기이기 때문에 배출에 집착하는 것이 아니라, 배출과 보유의 문제가 핵심이기 때문에 항문기로 명명되었다는 것이다(Fairbairn, 1940). 이러한 관점에서 과도기적 단계의 갈등은 대상과의 분리와 재결합이라는 관계적 차원뿐 아니라, 내적 대상의 축출과 보유라는 구조적 차원을 동시에 지닌다.

페어베언은 과도기적 의존 단계에서 이 갈등을 처리하는 대표적인 방식으로 공포증, 강박증, 히스테리, 편집증이라는 네 가지 정신병리적 양상을 제시하였다. 공포증 상태는 대상으로부터 도망치려는 충동과 다시 다가가려는 충동 사이의 갈등을 반영하며, 대상은 주로 외적 대상으로 경험된다. 여기서 불안은 분리의 공포와 재합일의 공포 사이를 오가며, 개인은 회피를 통해 불안을 조절하려 한다(Fairbairn, 1952). 반면 강박증 상태에서는 내적 대상으로 내사된 대상을 축출하려는 충동과 보유하려는 충동이 충돌한다. 이때 불안은 텅 빔과 빠져나감에 대한 공포 혹은 과도한 충만과 터질 것 같은 공포로 경험되며, 강박적 사고와 의식은 이러한 내적 대상을 통제하려는 시도로 이해된다. 페어베언은 이 점에서 강박증을 공포증보다 능동적이며, 대상에 대한 공격성이 더 많이 포함된 상태로 보았다(Fairbairn, 1952; Grotstein, 1993).

히스테리 상태는 과도기적 갈등을 또 다른 방식으로 처리하는데, 외적 대상은 과대평가하고 적극적으로 수용하는 반면, 내적 대상은 해리를 통해 거절하는 것이 특징이다. 히스테리에서 나타나는 과장된 감정 표현과 강렬한 대인관계는 실제로는 거절과 상실을 과보상한 결과이며, 해리는 합일화된 내적 대상을 축출하려는 시도로 이해된다. 반대로 편집증 상태에서는 외적 대상이 박해자로 경험되며 거절되는 반면, 내적 대상은 과대평가되고 전능적으로 수용된다. 이로 인해 편집증적 개인은 외부 세계에 대해서는 극심한 불신과 공격성을 보이지만, 내부적으로는 과장된 자기 확신을 유지하게 된다(Fairbairn, 1952; Greenberg & Mitchell, 1983).

종합하면, 페어베언은 과도기적 의존 단계의 정신병리를 특정 증상군의 문제가 아니라, 유아적 동일시를 포기하고 성숙한 의존으로 이행하려는 과정에서 발생하는 구조적 갈등의 다양한 표현으로 이해하였다. 공포증, 강박증, 히스테리, 편집증은 모두 동일한 발달적 갈등을 다루는 서로 다른 방식이며, 한 개인 안에서도 상황과 관계 맥락에 따라 교차적으로 나타날 수 있다. 이러한 이해는 신경증을 고정된 진단 범주가 아니라, 대상관계 발달 과정에서의 역동적 적응 양식으로 바라보게 한다는 점에서 중요한 임상적 함의를 지닌다(Fairbairn, 1952; Grotstein, 1993). 과도기적 의존 단계의 병리를 요약하면 표 3과 같다.

구분	공포증 (phobic state)	강박증 (obsessional state)	히스테리 (hysterical state)	편집증 (paranoid state)
핵심 갈등	대상에게서 도망침 ↔ 다시 다가감	내적 대상의 축출 ↔ 보유	외적 대상 수용 ↔ 내적 대상 거절(해리)	외적 대상 거절 ↔ 내적 대상 수용(과대평가)
대상 처리 방식	외적 대상을 중심으로 회피·접근 반복	내적 대상을 '배설/보유'처럼 다룸	의적 대상 과대평가, 내적 대상 거절	외적 대상 박해자화, 내적 대상 전능화
주요 불안	분리 공포 vs 재합일(삼켜짐) 공포	텅 빔/빠져나감 vs 터질 것 같은 과충만	거절 불안을 고장된 수용으로 덮음	박해 불안, 외부 세계에 대한 위협감
불안 조절 방식	회피(피하기), 안전거리 확보	통제, 확인, 반복적 사고·행동	감정 과장, 관계 몰입, 해리	투사, 의심, 외부 적대화
자아의 태도	수동적·방어적	능동적·조절적	관계적으로 과잉 참여	공격적·방어적 확신
공격성의 방향	거의 없음(피학적 경향)	내적 대상에 대한 공격성 큼	외적 대상에 의존적, 내적 대상 거절	외적 대상에 강한 공격성
관계 양상	피하고 싶지만 완전히 끊지 못함	관계를 '관리'하려 함	강렬하지만 불안정한 관계	불신과 적대가 지배
대표적 임상 이미지	도망, 회피, 특정 장소·상황 공포	확인, 정리, 반복 의식	과장된 감정, 해리, 극적인 관계	피해망상, 과대자기
발달적 의미	분화를 시도하나 두려움에 묶임	분화를 능동적으로 통제하려 함	외부와 붙고 내부를 밀어냄	외부를 밀어내고 내부에 매달림
페어베언의 요약	"대상을 중심으로 내가 움직인다"	"내가 중심이 되어 대상을 조절한다"	"외적 수용 + 내적 거절"	"외적 거절 + 내적 수용"

즉 공포증은 대상에서 도망치고 다시 다가가는 사이에서 불안을 회피로 조절한다. 강박증은 내적 대상을 축출하거나 보유하며 통제로 불안을 다룬다. 히스테리는 외적 대상에 과잉 몰입하고 내적 대상을 해리로 거절한다. 편집증은 외적 대상을 박해자로 만들고 내적 대상을 전능화한다.

제2장

도날드 위니컷

Donald W. Winnicott, 1896-1971
© Wellcome Collection, London. CC BY 4.0

1. 위니컷의 생애와 가치관

위니컷은 1896년 영국의 Plymouth, Devon에서 출생하였고, 그곳에서 아동기를 보냈다. 그는 영국에서 영국 국교를 믿지 않는 전통이 강한 플리머스에서 두 번이나 시장을 지낸 상인의 막내아들로 태어났다. 위니컷은 세계 1차대전(1914-1918) 이전의 분기점에서 태어나 계몽주의의 영향을 받았고, 또한 부유한 환경에서 성장하였기에 모든 것이 잘된다는 믿음을 소유하였다. 위니컷의 가장 중요한 인간관, 세계관은 삶은 살만한 가치가 있다는 단순한 믿음이었다. 삶은 본래부터 어렵고 힘든 것이나 창조적이며 가치 있는 것이라는 신념을 가졌다. 그의 믿음은 모든 인간은 촉진적 환경이 주어지면 본래적으로 신체적 성숙뿐 아니라 정서적 성숙을 향해 나간다고 믿었다. 그리고 사회에 긍정적으로 공헌하는 방향으로 성장하려는 움직임을 내포하고 있다는 것이다. 그는 인간은 파괴성의 씨앗을 가지고 태어난다는 프로이트의 이론에 반하여 인간의 본능과 충동은 자발성과 창조성의 근원이며 이것을 통해서만 개인의 삶은 살만한 가치가 있는 것이 되고 사회를 위해 생산적인 기여를 할 수 있게 된다고 말했다.

위니컷은 어머니-유아 간의 관계를 재조명하였고 인간은 완벽한 독립이 불가능하며, 유아는 절대적 의존에서 독립으로 향해 나아갈 뿐이라고 보았다. 인간은 자기 개념을 발전시키고자 하는 욕구를 가지고 태어나며, 이 욕구는 어머니-유아라는 하나의 단위로부터 발전해 나간다고 보았다. 어머니가 자녀의 생각을 공감해 주고 신속한 반응을 해 주는 것이 자녀의 건강한 발달에 필수적으로 보았다. 위니컷은 임상의로서뿐 아니라, 사회적으로도 활발하게 활동하였다. 점차 위니컷은 자신의 이론이 정신분석이나 클라인과도 매우 다르다는 것을 인식하게 되었다. 이후 위니컷은 프로이트의 기본 개념들을 거부하고 새로운 견해를 제시하였는데, 자기(self)는 어머니의 양육에 의해 형성된다고 주장하면서 인간을 양육 중심, 환경 중심으로 생각하였다.

위니컷이 18세이던 1914년에 그는 케임브리지에 있는 Jesus College의 의예과에 입학하였고, 1917년 군의관으로 해군에 지원하였다. 해군에 있으면서 구축함에서 외과 수련의로 일하다가 다시 1918년 의학 공부를 마치기 위해 병원으로 복귀하였다. 이후 대학을 졸업한 후에 런던의 St. Bartholomew Hospital에서 의학 수련을 받았다. 1919년 프로이트의 《꿈의 해석》과 피셔의 《정신분석의 기법》을 읽고 정신분석에 매료되었다. 1922년 왕립의사회 정회원이 되었고 소아과 의사가 되었다. 1923년 hackney에 있는 Paddington Green 아동병원과 Queens Elizabeth 병원의 의사가 된 후 40년 동안 그 자리에 있었다. 1923년 미모의 오페라 가수인 Alice Taylor와 결혼하였는데 우울증이 깊은 부인을 돌보는 데 청춘을 바치고 자신의 심장발작, 부모의 사망 등의 계기로 55세에 이혼하게 되었다. 56세에 비서 겸 사회복지사 협력자인 clare와 결혼하여 진짜 놀면서 소통하는 경험을 하게 되면서, 이론에 대한 디테일이 나오고 위니컷은 주목받기 시작하였다.

대상관계의 이론가 중 클라인과 설리반은 불우하고 학계에서 소외된 사람이었으나 위니컷은 인간관계도 잘했고 영국 정신분석학회에서 회장도 역임하는 등 활동을 많이 했던 사람이다. 런던의 패딩턴 그린 어린이 병원(paddington green children's hospital) 에서 소아과 의사요 정신분석가로서 40여 년간 약 6만여 명 이상의 아이와 엄마를 돌보았다. 1926년 런던정신분석학회 안에 수련위원회가 열렸고, 위니컷은 1927년에 첫 수련생이 되어 수련감독을 받았다. 그는 1930년대에 클라인에게 6년간 지도감독을 받으면서 초기 환상들, 불안, 원시적인 대상관계이론에 대한 해답을 얻었다. 그는 아동과 부모가 제공하는 환경 사이의 상호작용의 맥락에서 자기의 발달과 발달장애를 설명하는 관계구조 모델에 기초를 둔 인간 경험에 대한 새로운 이론을 확립했다.

광의의 프로이트학파 소속이었던 위니컷은 첫 분석을 프로이트학파에게 10년간 받았고, 두 번째는 클라인에게 1935-1941년까지 5-6년간 수퍼비전(임상지도)을 받았기에 영국에서 안나 프로이트와 멜라니 클라인의 이론이 대립되었을 때 어느 편도 들 수 없어 독립적으로 나름의 관점을 유지하면서 디테일한 연구와 업적을 남겼다. 1934년 성인정신분석가 자격을 취득하였고, 이후 영국 정신분석협회 최초 남자 아동분석가가 되었다(Abram, 2008). 현재까지 국제 정신분석학회에 가장 섬세한 학자로 남아 있다.

위니컷은 환자를 깊은 차원까지 퇴행하게끔 해서 내담자를 돕는 데 일인자였는데 non-formal being(비통합 상태) 즉 의미 분별이 안 되고 정신 구조화가 이루어지기 이전 상태까지 퇴행시켜 치료를 도모한 학자이다. 즉 정신이 구조화되기 이전 상태, 어떤 사람이 가깝고 안전하다고 생각하면 긴장하지 않고 현실 판단을 안 하고 마음을 내려놓을 수 있듯이 완전히 마음을 내려놓은 상태, 방어 작용 이전의 상태, 상징적 분별 이전 상태까지 퇴행시켰다. 그 퇴행 상태로 잘 가게 만들어서 그때 역동을 일으키고 탐색하여 치료하는 전문가였다. 소위 영, 유아기 상태. 절대 의존기 상태, 생후 6-12개월. 초기 엄마로부터 결핍이 있어서 현재 어려움을 겪는 내담자를 그 상태로 퇴행시켜서 방어를 완화하고 그 상태에서 같이 있어 주고 편안하게 버텨 주고 같이 자기도 하고 깨어나기도 하고 견뎌 주면서 치료를 하였던 학자이다. 즉 위니컷은 깊은 퇴행치료의 전문가였다. 절대의존기로의 퇴행이 위니컷에 의해 강조된 이유는 영유아기 박탈이 핵심 병인인 내담자들이 증가했기 때문이다. 모성적 상태로 그대로 있게 해 주는 학자가 있었다면 그가 바로 위니컷이었다.

아무리 어렵고 상처를 입은 과거와 현재를 지닌 아이라도 위니컷 박사와 관련되면 상황이 호전되었다. 이것은 그의 특출한 지성, 직관력, 아이들과 잘 지내는 것에 기인한 것인데 위니컷이 가지고 있는 아이들에 대한 놀라운 힘은 오히려 아이들이 그를 이해했고 그들은 하나가 되었다. 상담실에 들어간 지 몇 분이 지나면 그 아이와 위니컷 두 사람 모두 다른 사람들이 있다는 사실조차 까맣게 잊어버렸다. 그는 아이들에게 받아들여지며 그들과 의사소통했다. 심지어 다른 국적의 다른 언어를 소유한 아동이라도 아동은 전혀 그가 다른 언어의 소유자라는 것을 몰랐다고 동료 의사가 말했을 정도로 아이들과 의사소통하는 법을 알고 있었다. 그는 비록 자신의 자녀는 없었지만 탁월하고 실제적이며 풍부한 아이디어를 지닌 사람이었다.

1945년부터 위니컷이 죽을 때까지 사반세기는 대체로 놀라운 활동들을 하였고, 위니컷은 정신분석 학계 밖에서도 상당한 명성을 얻었으며, 여러 번 영국 심리학회의 의학분과 학회장과 왕립 의학학회의 소아과학회장을 역임하였다. 그리고 유네스코 회원이자 WHO(세계보건기구) 연구 모임의 일원이었다. 위니컷은 강연자로도 매우 인기가 좋았고, 비-정신분석적 집단을 방문하는 것을 즐겼다. 정신분석을 사회복지사, 산파, 성직자, 종교, 건강 의학 학생, 간호사, 간호학교 학회, 기독교 팀워크, 옥스퍼드대학교 과학학회와 같은 다른 전문적인 영역에 적용하는 일에 주로 참여했고, 다양한 주제에 관심을 돌렸다. 위니컷의 업적을 가장 잘 알린 것은 BBC 라디오 토크쇼 시리즈였다.

위니컷은 재미있는 걸 좋아해서 놀이를 많이 했다. 두 번째 부인 클레어(clare)의 회고록에 보면 위니컷은 임종이 가까워 옴에 따라 일련의 심장병으로 고통을 겪었다고 한다. 여섯 번의 심장발작에도 불구하고, 그는 자신이 아무것도 하지 않도록 두지 않고 계속해서 정진했다. 1971년 1월 25일. 사람들은 음악을 들으면서 그들의 런던의 집에 머무르고 있었고, 아내인 클레어는 텔레비전에 나오는 만화영화를 찾고 있었다. 위니컷과 클레어는 낡은 차에 대한 영화를 보았다. 그들이 마루 위에서 잠자리에 들었고 그녀가 잠에서 깨어났을 때, 그는 죽어 있었다고 하였다.

2. 위니컷의 발달 단계

"There is no such thing as a baby⋯. A baby cannot exist alone, but is essentially part of a relationship."(Winnicott, 1964)

아기와 같은 그런 것은 없다. 아기는 홀로 존재하지 않으며, 본질적으로 관계의 한 부분이다. 위니컷의 말처럼 유아는 홀로 존재할 수 없으며, 본질적으로 어머니-유아는 관계의 한 부분으로 유아가 신체적, 정서적으로 성장하기 위해서는 전적으로 모성적 돌봄에 의존한다. 그러므로 위니컷은 발달 단계를 의존의 관점에서 절대적 의존기(0-6개월), 상대적 의존기(6-24개월), 독립으로 나가는 시기(24개월 이후)로 구분하였다.

가. 절대적 의존기

절대적 의존기는 출생 직후부터 대략 생후 6개월까지의 시기를 의미하며, 일부 연구자들은 이 시기를 생후 9개월까지 확장하여 이해하기도 한다. 이 시기는 아기가 외부 세계를 인지하지 못하고 융합되어 있는 상태이다. 이때 어머니는 일차적 모성몰두를 가지게 되며(Winnicott, 1975), 모성몰두를 받으면 유아는 존재의 연속성을 획득해 나간다. 이때 유아는 모성적 돌봄에 대해 전혀 의식하지 못하고 아무런 여과 없이 환경의 영향을 직접적으로 받는다. 이때 적절하게 공급되지 못하는 환경의 결핍을 '절대적 박탈'이라고 하였다. 절대적 의존기에서 발달의 주체는 영아가 아니라 환경이다. 영아는 스스로를 보호하거나 조절할 수 있는 능력이 없으며, 생리적·정서적 안정은 전적으로 어머니가 제공하는 환경적 돌봄에 의존한다. 이 시기에 어머니는 단순한 보호자가 아니라, 영아의 미성숙한 자아를 대신하여 기능하는 심리적 환경으로서 작동한다. 위니컷은 이를 설명하기 위해 어머니의 세 가지 핵심 기능, 즉 홀딩(holding), 핸들링(handling), 대상제시(object presenting) 개념을 제시하였다.

절대적 의존기의 환경이 충분히 안정적이고 지속적으로 제공될 경우, 영아는 '존재해도 되는 나', '살아남을 수 있는 나'라는 가장 기초적인 자기감을 형성하게 된다. 반대로 이 시기에 환경적 실패가 반복되거나 심각하게 발생할 경우, 영아는 위니컷이 말한 원초적 붕괴 공포(unthinkable anxiety)를 경험하게 된다. 이는 분리 불안이나 대상 상실 불안 이전의 단계로, 언어화되거나 상징화될 수 없는 수준의 존재 불안을 의미한다. 이러한 초기 실패는 이후 발달 과정에서 심각한 정서적 취약성, 자기감의 불안정, 관계에서의 만성적 불안이나 공허감으로 이어질 수 있다.

따라서 절대적 의존기의 발달 과제는 자율성이나 분리가 아니라, 오직 '살아남는 것'이다. 이 시기에는 영아에게 무엇을 가르치거나 훈육하는 것이 아니라, 충분히 좋은 환경을 제공함으로써 존재의 연속성을 보장하는 것이 핵심 과제이다. 위니컷의 이 관점은 발달을 개인 내부의 성숙 과정으로만 이해하던 기존 이론에서 벗어나, 환경의 질과 관계적 맥락이 인간 발달의 출발점임을 강조한다는 점에서 대상관계이론의 중요한 전환점을 이룬다.

나. 상대적 의존기

상대적 의존기는 대략 생후 6개월경부터 만 2세, 혹은 일부 경우 만 3세 초반까지의 시기를 의미한다. 이 시기는 영아가 여전히 환경에 크게 의존하고 있으나, 절대적 의존기와 달리 점차 자기와 대상이 분리된 존재임을 인식하기 시작하는 전환기의 성격을 지닌다. 즉, 영아는 더 이상 어머니와 자신을 완전히 동일시하지 않으며, 어머니가 자신의 욕구에 즉각적으로 반응하지 않을 수 있다는 사실을 부분적으로 경험하게 된다.

이 시기에 유아는 외부에 세계가 있음을 인식하고 외부 세계를 탐험하기를 즐긴다. 이 시기의 유아는 내부와 외부가 있다는 것을 알 수 있다(Winnicott, 1974). 즉 '나'와 '대상'을 구별할 수 있으며, 전능환상이 무너지고 현실감각을 익혀 가는 단계이다.

이 시기의 핵심 발달 과제는 좌절을 경험하면서도 관계의 지속성을 신뢰하는 능력을 형성하는 데 있다. 영아는 어머니의 작은 실패, 즉 욕구 충족의 지연기나 일시적 부재를 경험하지만, 이러한 실패가 반복적으로 견딜 수 있는 수준에서 제공될 경우, 영아는 좌절을 파괴로 경험하지 않고 하나의 관계적 경험으로 내면화할 수 있게 된다. 위니컷은 이를 '충분히 좋은 어머니(good enough mother)'의 역할로 설명하였다. 충분히 좋은 어머니란 완벽하게 욕구를 충족시키는 어머니가 아니라, 영아의 발달 수준에 맞추어 점진적으로 실패할 수 있는 어머니를 의미한다.

상대적 의존기에는 전이공간(transitional space)이 형성되기 시작하며, 이 공간 안에서 놀이와 상징화가 가능해진다. 전이대상은 이 시기의 대표적인 현상으로, 이는 영아가 자기와 대상의 분리를 견디기 위해 사용하는 중간적 대상이다. 이러한 경험을 통해 영아는 외부 대상이 부재하더라도 내적으로 대상을 유지할 수 있는 능력, 즉 대상항상성(object constancy)의 기초를 형성하게 된다. 이 과정은 단순한 인지적 성취가 아니라, 정서적으로 '대상은 사라지지 않는다'는 경험의 반복을 통해 이루어진다.

상대적 의존기에서 환경이 지나치게 불안정하거나 실패가 과도할 경우, 영아는 분리를 파괴나 버림으로 경험할 위험이 있다. 이러한 경우 이후 발달 과정에서 분리 불안, 과도한 매달림, 혹은 관계 회피와 같은 대인관계 양상이 나타날 수 있다. 따라서 이 시기 발달의 핵심은 의존을 줄이는 것이 아니라, 의존이 안전하게 변형되는 경험을 제공하는 데 있다.

다. 독립으로 나아가는 시기

독립으로 나아가는 시기는 대략 만 2세 이후부터 유아기 전반, 즉 약 만 5세 무렵까지를 포함하며, 이후 아동기 전반으로 확장하여 이해할 수 있다. 이 시기의 '독립'은 위니컷이 강조했듯이 의존의 종결을 의미하지 않는다. 오히려 이는 필요할 때 의존할 수 있는 능력을 전제로 한 심리적 자율성의 형성을 의미한다. 독립으로 나아가는 시기는 환경에 대한 신뢰가 쌓이고 엄마와의 분리가 가능해지며 모-자 2자 관계에서 자기와 어머니 그리고 아버지의 삼자관계를 인식하게 된다. 이 시기에 아동은 혼자 있을 수 있는 능력(capacity to be alone)을 발달시키게 된다. 이는 실제로 타인이 없는 상태를 의미하는 것이 아니라, 신뢰할 수 있는 내적 대상이 형성된 상태에서 혼자 있을 수 있는 능력을 뜻한다. 즉, 외부 대상의 지속적인 개입 없이도 정서적 안정과 자기조절이 가능해지는 것이다. 이러한 능력은 놀이를 통해 더욱 공고해지며, 놀이는 아동이 현실과 환상을 연결하고 감정을 조절하며 자기 경험을 통합하는 핵심적 매개가 된다.

독립으로 나아가는 시기에는 자기조절 능력과 현실 검증 능력이 점차 강화되며, 아동은 외부 세계와의 관계 속에서 자신의 욕구와 한계를 인식하게 된다. 이 과정에서 부모의 역할은 통제나 과도한 보호가 아니라, 아동이 실패하고 회복하는 경험을 안전하게 반복할 수 있도록 환경을 유지하는 데 있다. 이러한 환경 속에서 형성된 독립성은 고립이나 방어적 자립이 아니라, 관계 안에서 유지되는 자율성의 형태를 띤다.

반대로 이 시기에 환경이 지나치게 침입적이거나, 혹은 정서적으로 방임적인 경우, 아동은 독립을 성취하기보다 거짓자기(false self)를 강화하거나 과도한 자립을 방어적으로 선택할 가능성이 있다. 이는 이후 성인기 관계에서 친밀감에 대한 두려움이나, 타인에 대한 만성적 불신으로 이어질 수 있다.

위니컷의 의존 발달 이론은 연령 구분 자체보다, 인간이 환경에 의존하는 방식이 어떻게 변화하고 내면화되는가에 초점을 둔다. 절대적 의존기에서 환경은 존재를 가능하게 하는 조건이며, 상대적 의존기에서는 좌절을 견디게 하는 관계적 토대가 된다. 이후 독립으로 나아가는 시기에는 이러한 경험이 내면화되어, 개인이 외부 환경에 과도하게 의존하지 않으면서도 관계를 유지할 수 있는 심리적 역량으로 전환된다. 이러한 관점에서 위니컷의 발달 이론은 아동기 발달에 국한되지 않으며, 성인기에도 스트레스나 위기 상황에서 특정 의존 단계로의 퇴행이 가능함을 전제한다. 위니컷의 발달 이론에서 인간은 독립으로 '이행'하는 존재가 아니라, 의존을 내면화함으로써 관계 속에서 자율성을 획득해 가는 존재이다.

3. 주요 개념

가. 촉진적 환경

위니컷은 초기 유아 발달을 개인 내부의 본능이나 욕동의 성숙 과정으로 보기보다, 유아와 어머니의 상호작용이 이루어지는 하나의 모체(matrix) 안에서 자기가 생성된다고 보았다(Winnicott, 1963). 그에게서 자기는 태어날 때 이미 완성된 구조가 아니라, 유아가 처한 환경, 특히 어머니가 제공하는 돌봄의 질 속에서 점진적으로 형성되는 과정적 실재이다. 위니컷은 이러한 발달의 토대가 되는 환경을 '촉진적 환경(facilitating environment)'이라 명명하였으며, 이 환경의 핵심은 어머니의 몰입(maternal preoccupation)과 적절한 적응(adaptation)에 있다고 보았다(Winnicott, 1965).

위니컷에 따르면 촉진적 환경의 가장 중요한 구성 요소는 어머니 자신이며, 그는 "최초의 촉진적 환경을 이루는 것은 어머니 자신이다"라고 명시하였다(Winnicott, 1963). 초기 유아는 신체적·심리적으로 극도로 미성숙한 상태에 있으며, 자신의 욕구를 통합된 방식으로 인식하거나 조절할 수 없다. 이 시기에 어머니가 유아의 신체적 요구(배고픔, 온도, 접촉)와 심리적 요구(안정, 보호, 반응성)에 민감하게 적응해 줄 때, 유아는 자신의 내부에서 일어나는 감각과 정서를 '현실적인 것', 즉 심리적 실재(psychic reality)로 경험할 수 있게 된다. 이는 자신의 욕구, 감정, 충동, 신체 감각이 외부 세계에서 파괴되지 않고 수용된다는 반복적 경험을 통해 형성된다(Winnicott, 1965).

이러한 촉진적 환경 속에서 유아는 점차 신체적 체계의 획득(psychosomatic integration)을 이루게 된다. 다시 말해, 신체 감각과 정서 경험이 분리되지 않고 하나의 통합된 자기 경험으로 조직되기 시작한다. 이 통합의 결과로 유아는 "내가 존재한다(I am)"는 감각을 획득하며, 이는 위니컷이 말하는 진짜 자기(true self)의 핵심 기반이 된다(Winnicott, 1960). 진짜 자기는 유아의 자발적 제스처(spontaneous gesture)와 욕구가 환경에 의해 적절히 받아들여질 때 자연스럽게 발현되며, 이는 유아가 살아 있음(aliveness)을 느끼는 근원이 된다.

촉진적 환경의 또 다른 중요한 기능은 유아에게 전능성의 환상(illusion of omnipotence)을 허용하는 것이다. 어머니가 유아의 요구에 거의 완벽하게 적응해 주는 초기 단계에서 유아는 자신의 욕구가 곧바로 충족된다고 느끼며, 마치 자신이 세상을 창조한 것처럼 경험한다. 위니컷은 이러한 전능성의 환상이 병리가 아니라, 오히려 건강한 자기 발달의 필수 조건이라고 보았다(Winnicott,

1965). 이후 어머니가 점진적으로 실패를 도입하며 적응을 줄여 나갈 때, 유아는 이행 대상과 이행 현상을 통해 주관적 세계에서 객관적 세계로 이동하게 되며, 현실을 견딜 수 있는 자아를 발달시킨다.

아이가 더 성장하여 독립을 추구하는 과정이 되면, 이러한 필요한 것을 제공해 주는 것 외에도 어머니가 필요하지 않을 때 물러나 주는 것이 중요하다. 이렇게 어머니는 아기가 의식하지 못한 채 보호받는 물리적, 심리적 공간, 즉 안아주는 환경(the holding environment)을 제공한다. 아기는 자신의 욕구가 실현되고, 독립을 추구하는 과정을 통해 주관성, 자아가 발달한다. 즉 비통합 상태에서 통합된 상태로 발달해 간다.

생후 수개월이 지나면서 어머니는 점차적으로 일차적 모성몰두 상태에서 점차적으로 빠져나온다(적응의 점진적 실패). 아기에 대한 비이성적인 몰입 상태에서 어머니 자신만의 관심과 관계를 회복해 나가는 과정이다. 이때, 아기는 발달적으로 어느 정도 성숙을 이룬 단계이기도 하지만, 심리적으로는 자신의 전능감이 좌절되고 환상이 깨어지는 고통스러운 경험을 한다. 이 과정은 나쁜 아니라 타인을 인식하는 과정이며, 자신이 그들과의 관계에 의존적인 존재임을 인식하는 과정이다. 어머니는 점진적으로 천천히 몰두에서 빠져나와야 하는데, 그렇지 못할 때에는 모성적 돌봄에 실패한 것이다.

이 점에서 위니컷의 관점은 프로이트나 클라인과 중요한 차이를 보인다. 클라인은 자기 발달과 대상관계의 본질을 본능적 충동과 공격성의 처리 방식에서 찾았던 반면, 위니컷은 발달의 질을 결정하는 핵심을 대상의 반응성, 즉 양육자가 제공하는 돌봄의 성격에 두었다(Winnicott, 1963). 이러한 관점을 확장하여 Bacal(1987)은 주 양육자의 양육 기능의 본질과 그 상징적 표상이 아동 발달의 질을 궁극적으로 결정한다고 설명하였다. 이는 위니컷 이론이 이후 자기심리학과 현대 대상관계이론에 깊은 영향을 미친 이유이기도 하다.

상담 장면에서 촉진적 환경 개념은 초기 발달에서 이러한 환경을 충분히 경험하지 못한 내담자를 이해하고 돕는 핵심 틀이 된다. 위니컷적 관점에서 치료자는 해석을 제공하는 전문가라기보다, 내담자의 자발적 정서와 욕구가 안전하게 드러날 수 있도록 돕는 새로운 촉진적 환경이 된다. 치료 관계 안에서 내담자는 자신의 심리적 실재가 존중받고 파괴되지 않는 경험을 반복하며, 과거에 획득하지 못했던 진짜 자기의 감각을 점진적으로 회복할 수 있다(Winnicott, 1960, 1965). 즉, 상담은 결핍된 발달 단계를 '가르치는' 과정이 아니라, 존재할 수 있었어야 할 환경을 다시 제공하는 과정으로 이해된다.

나. 충분히 좋은 어머니

위니컷이 말한 충분히 좋은 어머니(good enough mother)란 완벽한 양육자를 의미하는 것이 아니라, 유아의 발달 단계에 맞추어 적절하게 반응하고 점차 물러날 수 있는 환경을 제공하는 어머니를 의미한다. 위니컷에 따르면 견고하고 건강한 자기 발달을 위해서는 유아가 초기 절대적 의존기에 어머니로부터 충분히 좋은 돌봄을 경험해야 하며, 이 돌봄의 핵심은 유아의 욕구에 대한 민감한 적응과 몰입이다(Mitchell & Black, 1995). 그는 이를 일차 모성 몰입(primary maternal preoccupation)이라 불렀는데, 이는 어머니가 심리적으로 신생아의 자리에 들어가 유아의 욕구를 자신의 욕구처럼 느끼고 반응하는 상태를 의미한다(Winnicott, 1971). 일차 모성 몰입은 이러한 몰입을 통해 유아는 출생 이후에도 어머니와 하나로 연결되어 있다는 존재감을 유지하며, 이 연속적인 경험 속에서 자기는 생생하고 통합된 방식으로 성장하게 된다. 충분히 좋은 어머니는 유아의 자발적 몸짓과 욕구에 적절히 반응함으로써 유아가 전능성의 환상을 경험하도록 허용하고, 동시에 중간대상(transitional object)을 통해 유아가 점차 가혹한 현실로 이동할 수 있도록 돕는다. 이 과정에서 어머니는 항상 개입하는 대상이 아니라, 필요할 때는 물러나 환경으로서 존재함으로써 유아가 '어머니의 존재 안에서 홀로 있을 수 있는 능력(I am alone)'을 발달시키도록 돕는다(Winnicott, 1963, 1965).

이는 고립이나 외로움과는 구별되는 개념으로, 유아의 심리적 실제 세계 안에 좋은 대상이 내적으로 존재할 때만 가능한 정교한 발달 성취이다. 반대로 어머니가 심리적으로 미성숙하여 자기애적 욕구에 매몰될 경우, 유아의 잠재된 몸짓과 욕구는 반영되지 못하고 어머니의 기분과 필요에 종속되게 되며, 이로 인해 유아는 자신의 창조성과 자발성을 포기한 채 환경에 순응하는 거짓자기를 조직하게 된다(권오영, 2009). 따라서 충분히 좋은 어머니란 전능적이거나 완벽한 어머니가 아니라, 유아의 발달에 따라 점차 실패를 도입하고 물러날 수 있는 어머니이며, 유아가 대들고 거부하며 공격성을 표현하더라도 이를 보복하지 않고 견뎌 냄으로써 유아가 대상을 사용할 수 있게 하는 어머니이다(Winnicott, 1956, 1968). 위니컷은 이러한 모성적 돌봄이 본능적 욕구의 만족 여부와는 구별되는 관계적 경험이라고 보았으며, 대상에 대한 욕구가 어떻게 충족되거나 좌절되었는가는 아동의 자기 형성에 치명적인 영향을 미친다고 강조하였다(Winnicott, 1952, 1956). 결국 충분히 좋은 어머니는 유아의 욕동을 단순히 충족시키는 존재가 아니라, 유아를 안아주고(holding), 반영하고(mirroring), 공격성을 견뎌 주며, 놀이와 창조성이 가능하도록 환경을 제공하는 존재로서, 유아가 참자기로 살아갈 수 있는 토대를 마련해 주는 핵심적인 발달 조건이라 할 수 있다.

다. 일차적 모성몰두

위니컷은 초기 유아 발달을 이해하는 데 있어 어머니가 아기와 관계하는 특수한 심리 상태에 주목하였으며, 임신 말기부터 출산 직후까지 어머니에게 나타나는 독특한 상태를 일차적 모성몰두(primary maternal preoccupation)라고 명명하였다(Winnicott, 1956, 1971). 그는 이 상태가 대략 출산 직전 약 2주에서 출산 후 2~3주(혹은 수 주) 동안 지속된다고 보았으며, 이 시기를 유아 발달에 결정적으로 중요한 국면으로 이해하였다.

일차적 모성몰두란, 어머니가 유아와 강한 동일시(identification) 상태에 들어가 아기의 신체적·정서적 상태에 극도로 민감해지는 심리적 조직 상태를 의미한다. 이 시기의 어머니는 자신의 주관성을 일시적으로 유아의 주관성에 양보하며, 마치 아기의 경험 속으로 들어가 있는 것처럼 느끼고 반응한다. 위니컷은 이 상태가 외형적으로는 병리적 몰두나 광증과 유사해 보일 수 있으나, 실제로는 유아의 생존과 발달을 가능하게 하는 건설적이고 정상적인 심리 상태라고 보았다(Winnicott, 1956). 이때 어머니는 자신의 주관성을 완전히 상실하는 것이 아니라, 유아의 경험을 해석하고 반응하기 위해 필요한 최소한의 주관성은 유지하고 있으며, 다만 그 타자성(otherness)을 명확히 의식하지 않을 뿐이다.

일차적 모성몰두 상태에서 어머니의 정서적 삶과 관심은 거의 전적으로 신생아에게 집중되며, 일상적 활동과 외부 세계에 대한 관심은 현저히 제한된다(Summers, 2004). 이러한 몰두는 임신 기간 동안 점진적으로 형성되며, 특히 임신 말기에 고도로 민감한 상태로 발달하고 출산 이후 일정 기간 지속된다. 위니컷은 이 몰두 상태가 어머니로 하여금 "아기가 어떻게 느끼는지를 안다"고 말할 수 있을 만큼 유아의 욕구를 즉각적으로 파악하고 반응하게 만드는 능력을 제공한다고 설명하였다(Winnicott, 1971).

이러한 어머니의 전적인 몰두는 유아에게 중요한 발달적 경험을 제공한다. 유아는 출생 이후에도 어머니와 심리적으로 하나로 연결되어 있다는 느낌을 유지하며, 분리됨을 인식하기 이전에 관계를 시작하게 된다. 이러한 경험 속에서 유아는 자신의 욕구가 마치 곧바로 충족되는 것처럼 느끼는 전능성의 주관적 경험을 하게 되며, 이는 이후 건강한 자기 형성의 기초가 된다(유근준, 2014).

위니컷은 일차적 모성몰두를 어머니 자신의 주관성을 포기하는 병리적 상태로 보지 않았다. 오히려 이는 유아의 주관성을 발달시키기 위해 어머니가 일시적으로 자신을 유보하는 능력이며, 유아가 없다면 병리적으로 보일 수 있을 만큼 외부 세계에 무관심해지는 조직화된 상태라고 설명하였다. 그는 이 상태를 철회, 해리, 일시적 분열 상태와 비교할 수 있으나, 결정적으로발달을 위해 조직된 정상적 상태라는 점에서 구별하였다(Winnicott, 1956). 다시 말해, 일차적 모성몰두는 유아가 자궁 내 경험과 출생 이후의 세계 사이에서 존재의 연속성(continuity of being)을 유지하도록 돕는 핵심적 환경이다.

또한 위니컷은 이 시기가 영구적으로 지속되어서는 안 된다고 보았다. 어머니는 일정 시간이 지나면서 점차 일차적 모성몰두 상태에서 벗어나야 하며, 이 과정에서 중간대상(transitional object)이 중요한 역할을 한다. 중간대상은 어머니와 유아 사이의 심리적 거리를 완충하며, 유아가 전능성의 환상에서 점차 현실로 이동할 수 있도록 돕는다(Winnicott, 1971). 이는 어머니가 완벽하게 '알아주는' 상태에서 점진적으로 실패를 도입하는 과정이며, 충분히 좋은 어머니는 이 실패를 발달 수준에 맞게 제공할 수 있는 어머니이다.

일차적 모성몰두가 충분히 제공되지 못한 경우, 개인은 성인이 되어서도 무의식적으로 이 결핍을 보상받으려는 경향을 보일 수 있다. 즉, 중요한 타인에게 말하지 않아도 자신의 욕구를 알아서 충족해 주기를 기대하거나, 상대가 그렇게 해주지 않을 때 이를 사랑의 부재로 해석하는 양상이 나타날 수 있다. 그러나 위니컷적 관점에서 이러한 요구는 성격 결함이 아니라, 충분히 경험되지 못한 모성몰두에 대한 발달적 흔적으로 이해된다. 이점을 통찰하는 과정 자체가 치료적 의미를 갖는다.

요약하면, 위니컷이 말한 일차적 모성몰두란 어머니가 유아와 깊이 동일시함으로써 유아의 욕구와 경험에 극도로 민감해지는 일시적이고 정상적인 발달적 상태이며, 이를 통해 유아는 존재의 연속성, 전능성의 경험, 그리고 건강한 자기 형성의 기초를 획득하게 된다. 이후 어머니가 이 상태에서 점진적으로 물러나며 실패를 도입할 때, 유아는 중간대상을 매개로 현실을 받아들이고 분화된 자기로 성장하게 된다.

라. 존재의 연속성

존재의 연속성(continuity of being)이란 유아가 삶의 시작에서부터 존재 그 자체가 방해받지 않고 지속된다는 근본적 경험을 의미한다. 이는 유아가 외부 세계에 반응해야 하거나 적응해야 할 필요 없이, 단절되지 않은 채로 "그냥 존재할 수 있는 상태"를 유지하는 것을 가리킨다(Winnicott, 1960). 위니컷에 따르면 이러한 존재의 연속성은 생애 초기 절대적 의존(absolute dependence)단계에서 형성되며, 특히 출생 직후 수 주 내에 경험되는 일차적 모성몰두(primary maternal preoccupation)와 안아주는 환경(holding environment)속에서 획득된다(Winnicott, 1956, 1963).

존재의 연속성은 충분히 좋은 어머니(good-enough mother)와의 융합된 주관적 경험을 토대로 형성되는 상태이다. 이 시기의 유아는 아직 자아가 통합되지 않은 비통합(unintegration) 상태에 있으며, 이는 병리적 분열이 아니라 긴장 없이 이완하고 쉬며 즐길 수 있는 정상적인 발달 상태를 의미한다(Winnicott, 1965). 어머니가 유아의 욕구에 민감하게 반응하고 침범을 최소화할 때, 유아는 욕구가 충족된 후 다시 존재의 흐름으로 돌아가며, 위니컷이 말한 'going on being', 즉 존재의 연속적인 흐름을 유지하게 된다(Winnicott, 1960).

위니컷은 이러한 존재의 감각을 개인의 '중력의 중심(center of gravity)'에 비유하였다. 이는 참자기(true self)에 속하는 경험으로, 타고난 잠재력(inherited potential) 안에 자리 잡으며 이후 자아 기능의 핵심 토대가 된다(Winnicott, 1960). 존재의 연속성이 확보된 유아는 자신이 안전한 세계 안에 있으며, 삶이 끊어지지 않고 이어진다는 감각을 갖게 된다. 이 경험을 바탕으로 유아는 놀이(play)와 창조성(creativity)을 발달시키고, 점차 통합의 국면으로 나아가 '무언가를 할 수 있는 능력(doing)'을 갖추게 된다(Winnicott, 1971).

반대로 존재의 연속성은 침범(impingement)에 의해 쉽게 깨어질 수 있다. 침범이란 유아의 만족 욕구나 안전 욕구가 충족되지 않거나, 비통합 상태가 방해받는 모든 경험을 의미한다(Winnicott, 1963). 이 시기에 어머니가 신체적·정서적으로 부재하거나, 우울·불안 등으로 인해 유아의 욕구에 일관되게 반응하지 못할 경우, 유아는 반동적으로 반응하며 존재의 흐름이 단절된다. 이러한 단절은 위니컷이 말한 자기멸절 불안(annihilation anxiety)으로 이어질 수 있으며, 이는 이후 정신병적 특성의 핵심 기원이 된다(Winnicott, 1965).

존재의 연속성이 깨어질 경우, 신체와 정신의 통합이 원활히 이루어지지 않고, 해체 불안, 공허감, 현실감 상실, 기본적 신뢰의 결핍 등이 나타날 수 있다. 위니컷은 이러한 병리적 양상이 욕동의 과잉이나 갈등에서 비롯된 것이 아니라, 초기 환경 실패(environmental failure)의 결과라고 보았다(Winnicott, 1956). 따라서 그의 이론에서 정신병리는 개인 내부의 충동 문제라기보다, 존재를 지탱해 주지 못한 환경의 결핍으로 이해된다.

요약하면, 위니컷의 존재의 연속성이란 충분히 좋은 모성적 돌봄 속에서 유아가 방해받지 않고 존재할 수 있었던 경험의 축적이며, 이는 참자기 형성, 놀이와 창조성, 기본적 신뢰, 그리고 심리적 통합의 토대가 된다. 이 연속성이 확보될 때 인간은 삶을 견디는 것이 아니라 살아갈 수 있게 되며, 반대로 이 연속성이 깨어질 때 인간은 평생에 걸쳐 존재론적 불안을 안고 살아가게 된다.

마. 놀이와 환상

위니컷에게 놀이(playing)는 단순한 아동기의 활동이 아니라, 정신적 성숙이 가능해졌음을 보여주는 상태이다. 그는 놀이를 특정 행동이나 기법으로 보지 않고, 개인이 자기 자신으로 존재할 수 있는 심리적 상태로 이해하였다. 즉, 놀이란 무엇을 하느냐의 문제가 아니라, 어떤 마음 상태에서 존재하느냐의 문제이다(Winnicott, 1971). 놀이가 가능하기 위해서는 개인이 충분히 안전하다고 느껴야 하며, 이 안전감은 초기 양육자와의 관계에서 형성된다. 특히 유아가 자신의 충동과 환상을 표현하더라도 대상이 파괴되지 않고 견뎌준다는 반복적 경험을 통해, 아이는 점차 현실 세계 안에서 자유롭게 놀 수 있는 능력을 획득한다(Winnicott, 1965).

위니컷 이론의 핵심은 중간공간(potential space) 개념이다. 중간공간은 개인의 내적 현실(환상, 충동, 정서)과 외적 현실(객관적 세계)이 겹쳐지는 심리적 영역이다. 놀이는 바로 이 중간공간에서 발생하며, 이 공간이 유지될 때 개인은 현실에 압도되지 않으면서도 환상에 고립되지 않는다(Winnicott, 1971). 놀이가 가능하다는 것은, 환상이 현실을 침범하거나 현실이 환상을 억압하지 않고, 두 세계가 유연하게 공존하고 있다는 신호이다. 반대로 놀이가 불가능한 상태에서는 환상과 현실이 분리되어, 개인은 공허하거나 경직된 현실 순응, 혹은 비현실적인 환상 속으로 후퇴하게 된다.

위니컷에게 환상(fantasy)은 현실 도피적 공상이 아니다. 그는 환상을 심리적 현실(psychic reality)로 보았으며, 이는 개인의 충동, 욕망, 공격성, 사랑이 조직되는 내적 세계를 의미한다. 환상은 외부 세계와 무관하게 존재하는 것이 아니라, 대상과의 관계 속에서만 형성되고 변화한다(Winnicott, 1965). 아이가 환상을 가질 수 있다는 것은, 자신이 세계에 영향을 미칠 수 있다는 창조적 주체성을 경험하고 있다는 뜻이다. 환상은 놀이를 통해 표현될 때 현실과 접촉할 수 있으며, 이를 통해 아이는 자신의 내적 세계를 외부 세계와 연결시키는 능력을 발달시킨다.

위니컷은 놀이를 참자아(true self)가 나타나는 장으로 보았다. 참자아는 외부 요구에 순응하여 형성된 거짓자아(false self)와 달리, 개인의 자발성과 생동감을 담고 있다. 놀이는 개인이 외부의 기대에 맞추지 않고, 자신의 리듬과 욕구에 따라 움직일 수 있는 상태에서만 가능하다(Winnicott, 1971).

따라서 놀이할 수 없는 사람은 종종 지나치게 순응적이거나, 반대로 충동적으로 행동하지만, 그 어느 쪽에서도 진정한 창조성은 나타나기 어렵다. 참자아는 놀이 속에서만 점진적으로 강화되며, 이때 환상은 현실과 연결되면서도 보호받는다.

위니컷은 "심리치료는 두 사람이 함께 놀이하는 상황에 관한 것이다"라고 명확히 말했다(Winnicott, 1971). 치료의 목표는 해석을 제공하는 것이 아니라, 내담자가 다시 놀이할 수 있는 상태로 회복되도록 돕는 데 있다. 치료자는 해석 이전에 버텨 주는 대상, 즉 내담자의 환상과 공격성, 혼란을 파괴되지 않고 견디는 존재가 되어야 한다. 이 안전한 관계 안에서 내담자는 말, 침묵, 유머, 상상, 리듬을 통해 놀이를 시작하게 되며, 이 순간 환상은 현실과 접촉할 수 있는 형태로 재조직된다. 놀이가 회복되었다는 것은, 내담자가 더 이상 환상에 갇히거나 현실에 압도되지 않고, 창조적으로 삶에 참여할 수 있게 되었음을 의미한다.

바. 대상 사용과 대상 파괴

위니컷의 대상 사용(use of an object)과 대상 파괴(destruction of the object) 개념은 아동이 발달 과정에서 자기 자신과 타인을 어떻게 구별하고, 현실적인 관계를 형성해 가는지를 설명하는 핵심 이론이다. 위니컷에 따르면 초기 발달 단계에서 아동이 경험하는 대상은 독립적인 외부의 타자라기보다, 자신의 욕구와 전능적 환상에 의해 구성된 주관적 대상의 성격을 지닌다(Winnicott, 1969/1971). 이 시기 어머니는 아동에게 '젖가슴', '달래 주는 기능', '재워 주는 기능'과 같이 필요를 충족시키는 부분대상(part-object)으로 경험되며, 아동은 어머니를 자기 자신과 명확히 구별하지 못한다.

발달이 진행되면서 아동은 점차 어머니가 자신의 요구에 따라 자동적으로 존재하는 대상이 아니라, 자신과 분리된 독립적 존재임을 인식하기 시작한다. 아동이 배고플 때 밥을 요구하고, 불안할 때 달래 달라고 요청하며, 위로와 진정을 기대하는 과정은 어머니를 외부 대상으로 '사용'하는 초기 형태라 할 수 있다. 여기서 대상 사용이란 대상을 지배하거나 소비하는 것이 아니라, 대상이 나와 분리된 존재임을 전제한 상태에서 상호작용의 대상으로 활용할 수 있는 능력을 의미한다(Winnicott, 1969).

그러나 대상 사용으로의 이행은 단순한 인식의 변화만으로 이루어지지 않는다. 위니컷은 이 전환의 핵심적 계기로 '대상 파괴'를 제시하였다. 대상 파괴란 아동이 좌절과 분노를 경험하면서 대상에게 향하는 공격적 충동을 심리적으로 경험하는 과정으로, 이는 실제 대상을 없애려는 행동이 아니라 상징적·내적 차원에서 일어나는 사건이다(Winnicot, 1969). 예컨대 "이런 엄마는 없었으면 좋겠다"거나 "다른 사람이 엄마였으면 좋겠다"는 생각은 대상을 제거하려는 욕망이라기보다, 대상이 과연 나와 무관하게 존재하는지를 시험하려는 심리적 시도이다.

위니컷에게 이러한 아동의 공격성은 파괴 본능이나 반사회적 충동을 의미하는 것이 아니라, 생명 본능에 기원한 운동성·활동성·자기주장 에너지로서 인간 발달의 핵심적인 요소이다. 그는 공격성이 프로이트와 클라인이 말한 것처럼 타고난 것이라는 점에는 동의하면서도, 그것이 죽음본능에서 비롯된 것이 아니라 살아 있음 그 자체를 표현하는 생명 에너지라고 보았다. 이러한 공격성은 인격(personality)이 통합되기 이전부터 존재하며, 태내에서의 태동, 신생아기의 몸부림, 유아기의 탐색적 움직임과 같이 초기에는 운동성(motility)의 형태로 나타난다. 위니컷은 이 공격성이 유아의 자아 통합과 현실감 발달에 결정적인 역할을 한다고 보았는데, 특히 대상 파괴(destruction of the object)와 대상 사용(object usage)개념을 통해 공격성의 발달적 기능을 정교하게 설명하였다. 유아는 초기 주관적 전능감의 세계 안에서 대상을 자신의 욕구 충족을 위해 무자비하게 창조하고 사용하며 파괴하는데, 이때의 파괴는 실제로 대상을 제거하려는 의도가 아니라 사랑 충동이 좌절되면서 나타나는 반동적 공격성의 표현이다. 중요한 것은 이 파괴에 대해 대상, 즉 어머니가 보복하지 않고 심리적으로 살아남는 경험을 제공하는 것이다. 어머니가 유아의 공격성에도 불구하고 애정을 철회하지 않고 견뎌 줄 때, 유아는 대상을 자기 내부의 환상이 아닌 자기 바깥에 실재하는 타자로 인식하게 되며, 이로써 대상을 '사용할 수 있는 대상'으로 경험하게 된다. 대상 사용이 가능하려면 유아의 공격성에 접촉하고 견뎌 주고 버텨 주고 무엇보다 보복하지 않으면서 유아의 공격에 살아남아야 한다.

위니컷에 따르면 대상 사용 능력은 공유된 실재의 세계에 진입하는 관문이며, 이는 공격성이 적절히 허용되고 통합될 때에만 가능하다(Summers, 2004). 이 과정에서 유아는 사랑하는 대상을 공격했다는 사실을 인식하며 죄책감을 경험하게 되는데, 어머니가 유아의 화해 제스처를 받아들이고 용서해 줄 경우, 이 죄책감은 감당 가능한 형태로 전환되어 점차 관심의 능력(concern), 즉 도덕성의 기초로 발달한다(Winnicott, 1963). 반대로 공격성이 보복되거나 억압될 경우, 유아는 공격성을 인격 안에 통합하지 못하고 거짓자기 적응이나 반사회적 행동, 혹은 무의식적 죄책감으로 이어지는 병리적 경로를 밟게 된다. 따라서 위니컷에게 공격성이란 억제되어야 할 위험 요소가 아니라, 대상 인식, 현실감, 도덕성, 그리고 참자기의 형성을 가능하게 하는 발달적 에너지이며, 충분히 좋은 환경 속에서 수용되고 견뎌질 때 창조성과 자기주장으로 전환되는 인간 발달의 필수 조건이라고 할 수 있다(Winnicott, 1971).

이 과정에서 결정적으로 중요한 것은 대상의 반응이다. 아동의 공격성과 파괴적 충동에도 불구하고 대상이 붕괴되거나 사라지지 않고, 보복하지 않으며, 일관되고 안정적인 존재로 남아 있을 때, 아동은 대상을 실제 외부 세계의 독립된 존재로 경험하게 된다. 위니컷은 이를 '대상의 생존(survival of the object)'이라고 불렀다(Winnicott, 1971). 이러한 경험을 통해 아동은 자신의 공격성이 대상을 실제로 파괴하지 않는다는 현실 검증을 하게 되며, 이때 비로소 대상은 주관적 대상에서 객관적 대상으로 전환된다.

위니컷은 이러한 대상 파괴와 생존의 반복적 경험이 사랑의 무의식적 기초를 형성한다고 보았다. 아동은 대상을 파괴하려는 충동과 대상을 사랑하고 의존하려는 감정 사이에서 무의식적인 갈등을 경험하며, 대상이 파괴적 충동에도 불구하고 지속적으로 존재할 때 그 갈등을 통합할 수 있게 된다(Winnicott, 1969). 이 과정은 아동으로 하여금 타인의 결점과 좌절을 견디면서도 관계를 유지할 수 있는 능력을 발달시키며, 이는 성인기의 성숙한 사랑과 관계 형성의 토대가 된다.

이러한 이론은 상담 장면에서도 중요한 임상적 의미를 지닌다. 내담자는 상담자에게 분노, 실망, 침묵, 적대감 등을 통해 상징적 파괴를 시도하며, 상담자가 이러한 파괴 시도를 개인적으로 되받아치지 않고 관계의 연속성을 유지할 때, 내담자는 교정적 정서 경험을 하게 된다. 즉, "내가 대상을 파괴하는 것 같은데, 그 대상이 여전히 여기에 있다"는 경험을 통해 상담자는 내담자의 전능적 세계를 넘어서는 현실의 타자로 자리 잡게 된다(Ogden, 1986). 이때 내담자는 치료자를 사용할 수 있는 상태로 이동하며, 이는 현실 관계에서도 타인을 신뢰하고 갈등을 견디며 관계를 지속할 수 있는 능력의 회복을 의미한다.

또한 위니컷의 이론은 초기 양육자의 정서적 반응, 특히 어머니의 '거울 반응'과도 깊이 연결된다. 아동의 감정을 과장되게 표시하면서도 조율된 방식으로 반영하는 양육자의 반응은 아동이 자신의 감정을 자기 것으로 인식하고 조절하도록 돕는다(Gergely & Watson, 1996). 이러한 조율된 환경 속에서 아동은 참자아를 발달시키며, 비공감적 양육 환경에서는 거짓자아가 강화되어 자발성과 창조성이 위축될 수 있다(Winnicott, 1965). 즉 대상을 파괴하려는 충동과 그 대상이 파괴되지 않고 생존하는 경험은 아동이 이후 사랑하고 성숙한 관계를 형성하는데 중요한 역할을 하게 된다. 그래야 이후 대인 관계에서도 적절하게 자신의 주장을 하게 된다. 타인을 신뢰하기 때문이다.

| 사례: 자기 주장이 생기고 고집을 부리는 청소년 현수

현수(가명)는 중학생이 되면서 엄마가 잔소리하는 것이 지겹고 화가 나서 부모에게 반항하고 대들면서 부모와 갈등을 빚게 되었다.

| 대상 사용과 파괴 관점에서 현수 이해하기

현수는 그동안은 부모와 자신을 분리하지 못하였지만 청소년의 정체성 확립 시기가 되면서 서서히 자신의 욕구가 부모의 욕구와 다름을 인식하기 시작한다. 그리고 자신을 부모와는 분리된 독립된 존재로 인식하게 된다. 그런데 계속 자신을 부모의 마음대로 통제하려는 부모에게서 스스로 통제권과 자율성을 회복하고자 부모의 통제에 반항하게 된다. 이는 반항을 통해 부모를 파괴하려는 충동을 경험한다고 볼 수 있다. 이때 부모가 자녀의 이러한 반항을 버티고 견디면서 자녀에게 일관된 사랑을 보여 주면서 경계를 교육하고 일정한 규칙을 유지하는 것이 대상의 생존이다. 즉 자녀의 대상 파괴에서 멸절되지 않고 또 자녀에게 과도한 죄책감을 주지 않으면서 살아남아야 한다. 이때 현수는 자신의 공격성과 파괴성에도 불구하고 부모가 무너지지 않고 생존한다면 부모가 현수에게 안정적인 존재임을 인식하게 되고, 이후 부모를 신뢰할 만한 존재로 인식하기 시작할 것이다. 현수는 부모와 더 깊은 애착과 사랑을 이루어 갈 것이다.

사. 중간대상과 중간영역

지그문트 프로이트는 '대상(object)'이라는 개념을 정신분석에 본격적으로 도입하였으나, 인간을 근본적으로 본능과 욕동을 추구하는 존재로 보았다. 이에 비해 로널드 페어베언은 인간은 태생적으로 대상을 추구하는 존재라고 주장하며, 유혹하는(홍분시키는) 대상과 거절하는 대상이라는 개념을 제시하였다. 도널드 위니컷은 중간대상(transitional object)(혹은 이행 대상)과 중간현상(transitional phenomena)이라는 독자적인 개념을 통해 초기 발달에서 환경과 관계의 역할을 강조하였고, 하인즈 코헛은 자기대상(selfobject)이라는 개념으로 자기의 응집과 전능감의 반영을 설명하였다.

위니컷이 제시한 중간대상은 기본적으로 물질적이며 접촉 가능하고 질감을 지닌 대상으로, 유아의 전능감과 창조성과 깊이 연결되어 있다(Winnicott, 1971). 흔한 예로는 부드러운 이불, 곰인형, 헝겊 등이 있으며, 이는 유아가 불안하거나 외로울 때 위안을 제공하는 역할을 한다. 코헛의 자기대상이 타인의 반응을 통해 전능감을 '반영'해 주는 대상이라면, 위니컷의 중간대상은 유아가 전능하다는 환상 속에서 스스로 만들어 낸 창조물이라는 점에서 중요한 차이를 지닌다. 중간대상은 주관적 대상과 객관적 외부 대상 사이에 위치한 경험으로, 위니컷은 이를 "내가 아닌 최초의 소유물(not-me possession)"이라고 표현하였다(Winnicott, 1953).

중간대상은 아이의 분리불안을 완화해 줄 수 있는 엄마 대체 대상이다. 위니컷에 따르면 생의 초기에 유아는 어머니가 제공하는 환경 속에서 전능감을 경험한다. 그러다가 어느 순간부터 필연적으로 유아는 차츰 '나 자신'에 속한다고 인식되는 경험과 한편으로 '나 자신이 아닌' 것으로 인식되는 경험을 반복해서 얻게 된다. 이때부터 유아는 자신이 상상하는 모든 것이 현실에서 그대로 이루어지는 세계가 서서히 사라지기 시작한다. 유아는 자신이 원하는 것을 '옹알이' 등을 통하여 목소리로 표현하게 되고, 무엇인가를 먹고 싶다고 느낄 때에 곧바로 젖을 먹을 수 없게 되면 엄지손가락을 빠는 행동 등을 하게 된다. 이런 행동은 모두 자신이 전능하다고 느끼는 '주관적 전능감'과 전능감을 빼앗아 가는 '객관적 현실' 사이를 연결시키는 시도이다. 이 시도를 통하여 유아의 심리는 완전히 상상의 세계에만 머물 수 없지만, 그러나 현실 세계를 완전히 인식하게 될 수도 없으며, 상상과 현실 사이에서 머물게 되는 '중간현상(transitional phenomena)'을 겪는다(Summers, 2004). 한편 유아가 중간현상을 반복해서 경험하게 되면서 내면의 욕구를 충족할 때에 사용되는 외부 현실의 물건을 보거나 만질 때에, 그 물건을 사용하면서 충족되었던 욕구를 연상하게 된다. 이렇게 되면 실제 외부 현실 세계에 존재하는 물건이 내면의 어떤 욕구를 일깨우는 역할을 하게 된다. 다시 말해서 그 물건은 유아에게 단순히 외부 현실에 속하는 물건뿐만이 아니라, 내면의 어떤 욕구를 대신 느끼게 하는 현실과 상상을 연결시켜 주는 물건이다. 위니컷은 이 물건을 '중간대상(transitional object)'이라고 불렀다. 처음에 중간대상은 분명히 내면의 세계와 구별되는 외부 세계에 존재하는 대상, 다시 말해서 부드러운 이불, 천, 인형과 같은 물건의 인식에서 시작된다. 그러나 이 외부 대상은 내면의 어떤 욕구를 연상시키는 대상이라는 점에서 다른 외부 현실의 물건과 다르다. 중간대상은 현실과 상상을 어느 중간 지점에서 연결시켜 주는 대상이다(Summers, 2004). 아이가 어머니와의 분리에 따른 상실 경험에 대한 반응으로 인해 발생하는 분리불안과 우울불안을 완화시켜 주고 전능환상에서 현실 세계로 나아가도록 연결시켜 주는 매개물이다. 유아는 엄마에게서 조금씩 분리되면서 불안이 생기기 시작한다. 이때 생기는 불안이 분리불안이다. 분리불안은 버려지는 느낌인 것이고, 이 불안을 달래기 위해 중간대상을 만든다. 인형, 곰, 담요, 장난감, 수건, 엄마의 머리카락 등이 중간대상이 된다. 비록 중간대상이 인형이나 담요 등이지만 아이에겐 이 중간대상은 엄마의 대체물이기도 하다. 물건을 중간대상으로 만들어 가지고 엄마처럼 의존하기에 분리불안이 좀 줄어든다.

중간대상과 중간현상이란 개념은 위니컷의 이론 중에서드 가장 독특하고 중요한 개념이다. 아이는 태어나면서 환상을 쓴다. 환상 속에서 살다가 외부 세계를 서서히 인식하면서 불안을 경험하게 되고 불안을 완화하기 위해 중간대상을 가지고 놀이를 시작한다. 결국 놀이를 통하여 서서히 환상의 세계에서 현실의 세계로 나오게 된다. 중간현상이 일어나는 곳이 중간영역이며, 중간영역은 환각의 세계이며 놀이의 영역이다. 중간영역이 의미를 지닌 것은 그것이 문화와 놀이와 종교가 일어나는 곳이기 때문이다. 중간현상이 가지는 중요성은 그 대상 자체에 있는 것이 아니라, 자신이 전능하다는 환각으로부터 객관적인 현실 인식으로 발달해 가는 중간 지점이라는 중간적 성격에 있다. 중간현상은 발달적인 간주곡일 뿐만 아니라 건강한 성인의 삶에서도 매우 소중한 영역이다. 위니컷은 주관적인 환상의 세계도 아니고 객관적인 현실의 세계도 아닌 두 세계가 중첩된 이 공간에서 진정한 삶이 가능하다고 말한다. 중간대상을 가지그 환상을 쓰면서 놀이를 통해 점점 경험을 쌓고 현실로 잘 나온 아이는 현실적으로 잘 살게 되고 자기 일을 잘하게 된다. 그런데 이때 엄마가 아프든지, 사랑을 안 주든지 하면 현실로 나가지 못하고 환멸을 느끼며 무의식적으로 환멸의 세상으로 가게 된다. 현실로 잘 나오지 못하고 공상 속에 살게 되면 자기 일을 하는 것이 어렵다. 학생이 학교에 가고 성인이 직장에 다니는 것 등이 어렵게 된다. 2살, 3살, 5살… 10살이 되면서 현실로 나오면 사는 게 문제가 없다. 현실이 안전하지 않고 공포스럽게 생각되면 못 나오고 아이는 컴퓨터 중독, 담배 중독 등 환멸의 세상으로 가서 주물대상을 만든다. 중간대상은 불안을 감소시키지만 주물대상은 그 불안을 달랠 수 없어서 만든 것이다. 너무 두려워서 너무 불안해서 컴퓨터, 부적 등 주물대상을 만든다. 이단에 빠지는 것도 이와 같이 환멸의 세상으로 가는 것이다. '이 세상에 믿을 사람이 아무도 없다는 것이다' 아이들이 현실로 나오지 못하면 자기 할 일을 못 하고 자기 발달을 못 한다. 환멸의 세상에 들어가는 사람은 컴퓨터, 마약, 부적을 엄마처럼 의존하게 된다. 점점 환상에서 빠져나와 현실의 세계에 나와 보면 '아 내가 의존하는 대상이 진짜 엄마가 아니구나. 진짜 엄마가 있네' 알게 되는데 중간에 점점 나오다가 진짜 엄마가 의존의 대상이 되어 주지 않으면 환멸의 세상에 빠지면서 주물을 엄마처럼 의존하게 된다. 환멸의 세상에 있는 아이들은 무엇인가 현실로 나오기에는 두려움의 대상이 있는 것이다.

중간대상이 의미를 갖는 이유는 그것이 이행적(과도기적) 과정을 가능하게 하기 때문이다. 이행적 과정이란 환상과 현실, 자기와 외부 대상 사이를 연결하는 중의적 경험의 영역을 의미한다. 중간대상은 환상 세계에서 유아에게 안전을 제공하면서도, 어머니로부터 분리된 상태에서 외부 세계와 연결되고 소속될 수 있다는 가능성을 열어 준다. 이를 통해 유아는 실험하고, 놀이하며, 점차 외부 현실로 나아갈 수 있게 된다. 위니컷은 이러한 의미에서 "이행적(transitional)이라는 말은 대상 그 자체를 가리키는 것이 아니라 하나의 과정"이라고 강조하였다(Winnicott, 1971). 중간대상보다 더 포괄적인 개념인 중간현상은 내적 실재와 외적 현실이 동시에 참여하는 경험의 장으로, 놀이, 문화 경험, 예술, 종교적 체험까지 포함하는 확장된 영역이다.

위니컷에 따르면 이러한 중간대상과 중간현상이 건강하게 기능하기 위해서는 '충분히 좋은 엄마(good enough mother)'의 모성적 돌봄이 필수적이다(Winnicott, 1965; Mitchell & Black, 1995). 그는 "홀로 있는 아기란 존재하지 않는다"고 말하며, 유아는 항상 어머니-유아 관계의 모체(matrix) 속에서 존재한다고 보았다. 출생 초기 어머니는 유아의 욕구와 몸짓에 극도로 민감하게 반응하며 몰두하는데, 위니컷은 이를 일차적 모성 몰입(primary maternal preoccupation)이라 불렀다(Winnicott, 1971). 이는 어머니가 심리적으로 유아의 자리에 들어가 유아의 욕구를 자신의 욕구처럼 경험하는 상태를 의미한다.

이러한 모성적 돌봄 속에서 유아는 출생 이후에도 어머니와 하나로 일치된 존재감을 느끼며, 그 안에서 건강한 자기 발달이 가능해진다. 어머니가 유아의 욕구에 "적절하게 반응"할 때 유아는 생생한 창조성을 지닌 자기로 성장한다. 반대로 어머니가 심리적으로 미성숙하여 자신의 자기애적 욕구에 몰두하게 되면, 유아의 잠재된 몸짓에 반응하지 못하고 어머니 자신의 기분과 필요에 따라 반응하게 된다. 이러한 환경에서는 유아의 자발성과 창조성이 점차 상실되고, 환경에 순응하고 모방하는 거짓자기가 형성된다.

충분히 좋은 엄마는 안아주기(holding)를 통해 유아가 엄마와의 융합 상태에서 점차 벗어나 분화된 상태로 나아가도록 돕는다. 이때 중요한 개념이 '혼자 있을 수 있는 능력(capacity to be alone)'이다. 이는 실제로 고립된 상태를 의미하는 외로움(loneliness)이 아니라, 엄마의 존재가 내면에 유지된 상태에서 혼자 있을 수 있는 능력을 뜻한다(Winnicott, 1963, 1965). 이러한 능력은 유아의 심리적 현실 속에 좋은 대상이 존재하는지 여부에 달려 있다.

위니컷은 아동의 접촉 욕구를 멜라니 클라인처럼 선험적인 환상 이미지의 산물로 보지 않았다. 그는 아동의 욕구 속에는 대상 자체라기보다 기대와 준비됨이 담겨 있다고 보았으며, 아기는 놀이를 통해 어머니를 '발견'한다고 주장하였다(Winnicott, 1948). 그는 욕동이 대상을 추구한다는 점에서는 페어베언과 일정 부분 공명했지만, 욕동 충족보다 관계 경험 그 자체가 발달에 결정적이라고 보았다(Winnicott, 1956).

위니컷은 본능적 욕구와 대상을 추구하는 관계적 욕구를 명확히 구분하였다. 그는 "본능적 욕구는 충족되거나 좌절될 수 있지만, 대상을 추구하는 욕구의 좌절은 치명적일 수 있다"고 말하며, 초기 관계 경험이 유아 발달에 결정적인 영향을 미친다고 강조했다(Winnicott, 1956). 이러한 관점에서 그는 정신병을 '환경 결핍증(environmental deficiency disease)'으로 정의하였고, 아동의 병리는 부모의 병리적 성격과 돌봄 환경에서 비롯된다고 보았다(Winnicott, 1965).

퇴행에 대한 이해 역시 이러한 관계적 관점에서 이루어진다. 위니컷에게 퇴행은 리비도가 고착된 성감대로의 복귀가 아니라, 환경이 유아를 저버린 지점으로 되돌아가 상실된 돌봄을 회복하려는 시도이다(Winnicott, 1959). 따라서 정신분석 치료의 핵심은 해석 이전에, 부모가 제공하지 못했던 충분히 좋은 환경을 다시 제공하는 데 있다. 분석가의 신뢰성, 수용성, 인내심, 기억은 환자를 '안아주는 환경'으로 기능하며, 분석 과정은 환자와 분석가가 함께 놀이하는 상호적 경험으로 이해된다(Winnicott, 1971).

아. 홀로 있을 수 있는 능력

'비통합적 경험'의 가장 큰 결실이 홀로 있을 수 있는 능력이다. 홀로 있을 수 있는 능력은 고도로 정교화된 현상이며, 정서적 성숙과 밀접한 관련이 있다. 홀로 있을 수 있는 능력은 누군가가 곁에 있는 상태에서 홀로 있는 경험이 먼저 있어야 하며, 유아는 약한 자아조직을 가지고 있으면서도 믿을 수 있는 부모의 자아지원 때문에 홀로 있을 수 있다(Winnicott, 2000). 위니컷에 따르면 생의 초기에 어머니가 유아의 곁에 머물면서 유아가 안정감을 느끼며 놀이에 몰두할 수 있도록 돕다가, 서서히 어머니의 모습이 보이지 않게 되어도, 유아가 자신이 요청하면 언제든지 어머니가 달려와서 돌보아 주는 경험이 반복되면서, 홀로 있을 수 있는 능력이 생긴다는 것이다. 어머니가 '좋은 내적 대상'으로 내면화되어서, 점점 더 어머니가 부재한 가운데에도 안정감을 느끼며 홀로 있게 되는 능력이 향상된다.

홀로 있을 수 있는 능력은 아무도 없는 고립이 아닌, 관계 안에 있으면서 타자의 눈치를 보는 것이 아니라 나의 세계를 구축하는 것이다. 아이는 자신의 욕구들을 충족시켜 주는 한 사람에 대한 일관성 있는 감각을 형성하면서 관계를 경험하기 시작한다. 어머니가 없더라도 어머니에 대한 감각을 유지할 수 있게 되면, 아이와 어머니 사이에는 '자아관계(ego-relatedness)'가 생겨난다. 이러한 관계방식으로부터 대상이 내재화되고 관계가 형성된다. 유아와 어머니 사이의 '자아관계'는 독립된 인간으로서의 타자에 대한 개념을 발달시키는 데 있어서 핵심적인 요소이다. 자아관계의 또 다른 측면은 자아조직의 발달이다. 최초의 자아조직은 유아가 멸절의 위협을 겪지만 실제로 그 위협에 압도되지 않고, 그 상태로부터 반복해서 회복될 때 생겨난다. 그런 경험에서 생겨나는 회복의 확신은 좌절을 다룰 수 있는 자아의 능력으로 변형된다. 유아는 자신을 보호해 주는 모성적 환경과의 자아관계를 내재화함으로써 자아조직을 발달시킨다. 유아는 홀로 있는 능력을 습득함으로 자아관계의 능력을 발달시키게 된다. '자아관계성'이란 각자 현존하면서 상대와 관계를 맺는 것으로 자신의 자아를 가지고 관계를 맺는 것이다.

어머니가 곁에 있는 상태에서 홀로 있을 수 있을 때, 유아는 신체적 접촉이나 욕구의 만족 없이도 관계를 경험한다. 어머니는 아이에게 자아관계를 제공함으로써 자신을 내재화할 수 있도록 허용한다. 위니컷에 따르면 일단 어머니가 내재화되면 유아는 어머니 없이 홀로 있을 수 있다. 자아관계성과 내재화는 서로를 암시하고 촉진시킨다. 그리고 이러한 것들이 발달하면서 인격의 시간적 통합이 강화된다(Winnicott, 1963).

또한 홀로 있을 수 있는 능력이란, 아이가 자기 리듬대로 사는 것이다. '자유롭고 싶다'는 것이 비통합적 경험/탈구조화의 경험이다. 같이 있으면 좋지만, 혼자 있어도 좋은 상태가 홀로 있을 수 있는 것이다. 이것은 아이가 모든 것이 충족된 상태에서, 혼자 존재하는 것이다. 엄마가 옆에 있으면 엄마를 잊고 홀로 있는 상태에서 놀이에 열중하다가, 엄마가 필요하면 엄마를 찾는 아이가 홀로 있을 수 있는 아이이다. 이것은 엄마의 애착을 기반으로 세상을 탐색하는 것이다. 만약 돌봄이 적절하지 않아서 애착 기반이 불안하면 아이는 탐색을 포기하고 애착(엄마)에게 매달려서 애착 행위에 모든 것을 집중하게 된다. 혼자 존재할 수 없으면 아이는 자기 회피적으로 살게 되고 자기만의 고요한 견해, 인생관을 가질 수가 없다.

유아가 필요로 할 때 엄마가 만족시켜 주는 경험을 하면 사람들이 다 떠나도 홀로 있을 수 있는 능력을 키우게 된다. 그러면 고독도 즐기게 된다. 홀로 있을 수 있는 능력이 없으면 내 안에는 아무도 없는 느낌을 갖게 되며, 이런 사람은 옆에 누군가 있음에도 불구하고 늘 외롭다는 생각을 하게 된다. 항상 너무 허전해서 밖에 나가려고 하는 건 그만큼 돌봄을 받지 못했다는 것이다. 대상항상성이 확립되지 않은 사람은 늘 '남편이 없으면 어떡하지? 아이들이 없으면 어떡하지?' 걱정하면서 혼자된다는 것이 항상 두렵고 외롭고 공허함을 느낀다. 홀로 있을 수 있는 능력은 말러의 대상항상성이 생기는 것이고 이런 사람은 외롭지 않고 자기로서 잘 살아가게 된다.

자. 전능환상욕구

어머니는 임신을 하게 되면 자연스럽게 아기에게 몰두하면서 생물학으로, 진화론적으로 준비된 기능을 수행한다. 임신 말기에는 운동능력, 소화능력, 배설능력 등에 현저하게 어려움을 겪지만 자신이나 외부 환경보다는 아기에게 관심을 집중한다. 그리고 출산 후에는 아기가 배고플 무렵이면 가슴에 젖이 차올라 수유를 하고 아기의 배설을 받아내어 위생을 관리해 주며, 추우면 따뜻하게 품어 주고 더우면 옷을 벗겨 체온을 낮추는 등 성장을 촉진하는 환경(the facilitating environment)을 제공한다. 아기는 이렇게 자신이 원하는 대로 이루어지는 환경 속에서 주관적 전능감(omnipotence)을 경험하며, 자신의 욕망이 대상을 창조한다는 환상(illusion)을 갖게 된다. 자아지원이 주어지는 상황에서 아기의 욕구에 최대한으로 적응해 주는 것은 그에게 전능경험을 제공하는 것이다. 위니컷은 어느 정도라도 전능경험이 없다면 '유아가 외적 현실과의 관계성을 경험하는 능력을 발달시킬 수 없고 심지어 외적 현실에 대한 개념을 형성할 수조차 없다'고 기술하였다(Madeleine, Davis & David, Wallbridge, 1981).

유아에게 허용된 환상은 전능환상이다(Madeleine, Dvavis & David, Wallbridge, 1981). 아이는 생후 6개월 동안은 외부에 대상이 있음을 인지하지 못하고 환경과 하나가 되어 있는 상태이다. 아이가 배고프다고 느낄 때 우유가 들어오고 아이가 춥다고 느낄 때 이불이 들어오면 '내가 이런 걸 다 만들었구나' 하는 환상을 갖는다. 아이가 엄마에게 의존하는 시기 동안 아이가 울면 즉각적으로 젖을 물리면 스스로 대상(젖가슴)을 창조했다는 '전능환상'을 경험하게 된다. 아이가 욕구가 있고 채워지는 것은 아이의 환상을 충족시킨다. '내가 이런 것을 다 만들어 내잖아. 오 신비하다. 와 나 대단한데' 하면서 환상을 쓴다. 매일 반복적으로 경험하면서 나는 무엇이든 만들고 무엇이든 할 수 있다는 환상 속에 전능감을 발달시킨다. 아이의 욕구에 대해 아기와 가장 친밀한 관계인 엄마, 부모가 적절하게 즉각적인 반응을 해 줘야만 아기는 안심하게 된다. 따라서 자기의 욕구 표출에 대해 잘했다고 생각하면서 이 세상에 대한 신뢰가 생기게 된다. 엄마가 아이의 욕구에 대해 무반응하게 된다면 아이는 세상에 대한 신뢰를 잃고 불신하게 되며 정서적으로 불안해진다. 따라서 엄마는 아이의 표현과 말에 귀 기울이며 거기에 담긴 마음을 읽어 주어야 한다.

전능감은 창조성과 연결된다. 내가 이 세계에 무엇이든 만들 수 있다고 여기는 것이 창조성이다. 매우 중요한 자기에 대한 개념이 된다. 전능감이 충족되면 나는 뭐든지 할 수 있다는 자아존중감의 구성요소인 자기 효능감이 생기게 된다. 환상의 욕구가 채워져야 되는 것인데 안 채워지면 세상에 대해 환멸을 느낀다. 자기가 원하는 대로 이루어지지 않는 사람은 먹고 싶을 때 제대로 젖을 공급받지 못해 욕구가 채워지지 않았고 그래서 전능감이 깨어져 일이 잘 안 풀린다.

전능감이 없는 아이는 창조성이 없다. 창조성이 없는 아이는 동심이나 상상력도 다 잃는다. 이런 아이는 결국 거짓 아이로 살고, 조숙한 아이로 산다. 조숙한 아이는 불행한 아이다. 이렇게 환상이 깨어지고 부실한 환멸의 사람은 일평생 욕구가 채워질 때까지 평생토록 욕구를 찾아서 욕구를 채우려고 한다. 결국 환멸의 세상에서 환상의 세계로 바꾸려고 자신을 망치는 행동을 하는데도 아무런 불편을 느끼지 않는다.

이런 전능환상의 욕구가 해결되지 않으면 전능환상에 대한 '침범'을 경험하게 된다. '침범'을 당하게 되면 '멸절체험'을 하게 되는데 이 멸절체험은 마음의 상처를 주게 되고 이후 성장 과정에서 깊은 불안으로 자리 잡게 된다. 전능환상이 침범당함으로 생기는 멸절체험은 원초적 고통, 산산조각 나는 느낌, 영원히 떨어지는 느낌, 신체와 관계없는 느낌, 방향감각이 없는 느낌, 의사소통 수단이 없어 생기는 고립감 등이다. 원초적 고통은 존재의 멸절을 느끼는 극심한 불안 상태이다. 이때 받은 상처는 꿈으로 나타나기도 한다. 전능환상욕구는 이후 전능감과 연결이 된다.

차. 반영경험

유아의 정서 발달 초기 단계에서 환경이 담당하는 결정적 역할 가운데, 어머니의 반영(거울) 기능은 안아주기(holding) 및 다루기(handling)와 함께 유아의 통합(integration)을 가능하게 하는 핵심 요소로 이해된다. 위니컷은 유아가 처음부터 '자기'를 명확히 갖춘 존재로 태어나는 것이 아니라, 돌봄 환경 속에서 점차 응집된 자기감(feeling real / sense of self)을 형성해 간다고 보았고, 이 과정에서 어머니의 얼굴과 시선이 유아에게 자기경험의 거울로 기능한다고 설명하였다(Winnicott, 1965, 1971). 특히 위니컷은 "유아가 어머니의 얼굴을 볼 때 무엇을 보는가?"라는 질문을 통해, 유아가 어머니 얼굴에서 단지 '어머니'를 보는 것이 아니라 자기 자신과 자기의 현재 상태를 되돌려 받는다는 점을 강조하였다. 이 논의는 위니컷의 「Mirror-role of Mother and Family in Child Development」에서 집중적으로 전개되며, 여기서 어머니의 얼굴은 아이가 훗날 거울을 사용하기 이전에 이미 작동하는 '원초적 거울'로 제시된다(Winnicott, 1971).

이때 반영이란 단순히 아기의 행동을 흉내 내는 것이 아니라, 아기의 표정·몸짓·정서 상태를 어머니가 알아차리고, 담아내고, 아기에게 이해 가능한 방식으로 되돌려주는 과정이다. 어머니가 유아에게 정서적으로 몰입해(일차적 모성 몰입) 아기의 미세한 신호를 "마치 자신의 것처럼" 감지하고 적절히 반응할 때, 유아는 외부 자극에 압도되기 쉬운 초기 상태에서도 경험이 파편화되지 않고 연결되며, 점차 "나"로 느껴지는 연속성을 획득한다(Winnicott, 1965). 반영은 이 통합 과정에서 특별한 역할을 한다. 유아는 아직 자기와 비자기를 구분하기 어렵기 때문에, 어머니 얼굴이 자기의 상태를 담아 되돌려주면 유아는 "내가 지금 어떤 상태인지"를 외부에서 '알아볼 수 있게' 되고, 그것이 누적되면서 자기감이 굳어진다(Winnicott, 1971; Abram, 2007).

위니컷이 라캉의 「거울 단계」 논의를 알고 있었음은 여러 해설에서 언급되지만, 위니컷의 독창성은 거울을 '물리적 도구'로 보지 않고 어머니의 얼굴과 관계 장면 자체를 거울의 원형으로 제시했다는 점에 있다(Winnicott, 1971; Abram, 2007). 즉 라캉의 거울이 '형태적 자아'(이미지)의 조직 문제를 다루는 측면이 있다면, 위니컷의 거울은 유아의 정서 상태가 타자에 의해 알아차려지고 되비쳐지는 경험을 통해 "내가 존재한다/느껴진다"는 실존적 토대를 형성하는 과정에 더 초점을 둔다(Abram, 2007).

반영이 실패할 때의 발달적 결과에 대해 위니컷은 매우 임상적으로 묘사한다. 어머니가 아기를 보면서도 아기의 상태가 아니라 자신의 기분, 욕구, 불안, 방어를 비추면, 유아는 어머니 얼굴에서 자기 자신을 "보지 못하고" 단지 어머니의 상태만 보게 된다(Winnicott, 1971). 이때 유아의 창조성과 자발성은 시들기 시작하고, 유아는 자기의 내적 상태를 확인받기 위해 환경을 과도하게 살피거나, 반영을 끌어내기 위해 다른 감각 채널을 사용하려는 경향을 보일 수 있다(예: 울음, 공격성, 아픔을 통해서만 반응을 끌어내는 방식). 즉 '나를 봐 달라'는 욕구가 시각적 교류에서 충족되지 않을 때, 유아는 신체적·행동적 신호로 반영을 강요하게 되는 것이다(Winnicott, 1971; Winnicott, 1965). 또한 반영이 불안정한 환경에서는 유아가 마치 '기상 관측'처럼 어머니의 표정과 기분을 예측하려고 끊임없이 관찰하게 되고, 이 과정 자체가 과각성과 스트레스를 높여 유아의 자유로운 탐색 능력을 제한할 수 있다(Winnicott, 1971). 이런 경우 유아는 자발적 욕구와 몸짓을 잃고, 타자의 표정을 기준으로 자기 상태를 규정하는 방식—즉 거울을 '들여다보는(looked into)' 통로가 아니라 단지 '겉을 보는(looked at)' 표면으로만 경험하는 방식으로 굳어질 위험이 있다(Winnicott, 1971).

이 반영 경험은 단지 정서적 공감의 문제가 아니라, 이후 정서적 자기인식과 자기조절의 발달과도 연결된다. Gergely와 Watson(1996)은 부모의 정서 반영이 아이의 정서 범주화와 자기조절 발달을 돕는 과정을 '사회적 바이오피드백'으로 설명하며, 특히 부모의 반영이 단순 모방이 아니라 아이에게 "이건 네 감정이야"라고 알려주는 표지된(marked) 반영일 때 효과적이라고 주장했다(Gergely & Watson, 1996). 이 관점은 위니컷이 말한 "어머니 얼굴이 아기의 상태를 되돌려주는 거울"이라는 임상적 통찰을 발달 연구 언어로 확장해 주며, 반영의 질이 왜 자기감과 정서 조절에 직접적 영향을 미치는지 설명하는 데 유용하다(Gergely & Watson, 1996; Winnicott, 1971).

발달이 진행되고 동일시가 정교해지면, 아동은 어머니 한 사람의 반영에 덜 의존하게 되며, 가족 전체 및 사회적 환경 속에서 더 넓은 반영을 통해 자기상을 다층적으로 조직할 수 있다(Winnicott, 1971). 그러나 초기 반영은 일정 부분 내면화된 환경으로 남아 이후의 관계에서도 작동한다. 초기 반영이 빈약한 경우, 성인기에도 타인의 얼굴·기분·반응이 자신의 존재 가치를 결정하는 거울처럼 작동하여, 과도한 눈치 보기, 관계 불안, 인정 추구, 수치심 민감성이 강화될 수 있다. 반대로 충분히 좋은 반영을 경험한 경우, 타인의 반응이 변해도 자기감이 쉽게 붕괴되지 않고, 타인의 표정을 '평가'가 아니라 '정보'로 다룰 여지가 커진다(Winnicott, 1965; Winnicott, 1971).

카. 참자기와 거짓자기

위니컷은 인간의 심리 구조를 본능이나 자아 기능의 집합이 아니라 '자기(self)'라는 통합적 개념으로 이해하며, 참자기와 거짓자기라는 독창적인 구분을 제시하였다(Winnicott, 1960). 그는 자기 개념을 연역적으로 정의하기보다 임상 경험 속에서 기술하였지만, 이 이론은 병리적 상태의 내담자를 이해하는 데 있어 페어베언의 자기 이론, 코헛의 자기심리학과 함께 현대 정신분석의 중요한 축을 형성한다(Greenberg & Mitchell, 1999).

위니컷에 따르면 참자기는 발달 초기 유아가 경험하는 자발성(spontaneity)과 생물학적 생동감(aliveness)에서 출현한다. 참자기의 근원은 타고난 잠재력에 있으며, 이는 심장의 박동, 호흡, 움직임과 같은 신체 기능이 살아 움직이는 경험, 즉 '작동하는 몸(working body)'의 감각 속에서 형성된다(Winnicott, 1960). 참자기는 외부 자극에 대한 반응기 아니라, 원초적이고 주관적인 경험의 흐름에서 비롯되며, 유아가 자신의 욕구와 충동을 '자기 것'으로 느낄 수 있을 때 점차 통합된다.

이러한 참자기의 형성에는 충분히 좋은 양육 환경, 특히 어머니의 적절한 반응성이 결정적인 역할을 한다. 유아는 초기 절대적 의존기에서 자신의 욕구가 곧바로 충족된다고 느끼는 전능성의 환상을 반드시 경험해야 하며, 이 환상이 일시적으로라도 허용될 때 참자기의 기초가 마련된다(Winnicott, 1965). 어머니가 유아의 자발적 몸짓과 욕구에 민감하게 반응하고 이를 의미 있는 경험으로 되돌려줄 때, 유아는 자신의 내적 세계가 현실과 연결될 수 있다는 감각을 획득한다. 위니컷은 참자기 발달의 핵심 조건으로 부모의 반영(mirroring)을 강조하였다. 어머니의 반영적인 눈빛은 유아에게 자신이 '진짜(real)'로 존재한다는 경험의 토대가 되며, 이는 자기감의 통합을 촉진한다(Winnicott, 1960). 반대로 부모가 유아의 욕구와 환상을 거절하거나 무시할 경우, 아이는 자신의 일부를 매장하고 순응을 통해서만 관계가 유지된다고 느끼게 된다. 이때 아이는 자신 안에 '나쁜 것'이 있다고 믿거나, 중요한 대상과 연결되기 위해 감추어야 할 용납할 수 없는 자기 부분이 있다고 확신하게 되며, 거짓자기의 삶을 선택할 수밖에 없게 된다. 즉 참자기는 전능상의 환상 경험과 양육자의 반영 경험이 있을 때 발현된다.

참자기의 가장 근본적인 기능은 다음과 같다.

첫째, 자발성(spontaneity)이다. 참자기는 외부 자극이나 요구에 대한 반응으로 움직이는 것이 아니라, 내부에서 자연스럽게 발생하는 충동과 욕구에 따라 행동하게 하는 중심 원천이다. 이 자발성은 단순한 충동적 행동이 아니라, 자기 내부에서 "이렇게 하고 싶다"는 감각이 살아 있는 상태를 의미한다(Winnicott, 1960).

둘째, 참자기는 존재의 실재감(feeling real, sense of being)을 제공하는 기능을 한다. 참자기가 살아 있는 사람은 자신이 실제로 존재하고 있으며, 자신의 감정과 경험이 '내 것'이라는 느낌을 갖는다. 반대로 참자기가 억압되거나 가려질 경우, 개인은 공허감, 비현실감, 자기소외를 경험하게 된다. 위니컷은 이러한 실재감이야말로 정신건강의 핵심 지표라고 보았다.

셋째, 참자기는 창조성(creativity)의 원천이다. 여기서 창조성이란 예술적 재능에 국한된 개념이 아니라, 세계를 자기 방식으로 경험하고 의미를 부여하는 태도를 의미한다. 참자기가 기능할 때 개인은 삶을 '견디는 것'이 아니라 '창조하며 살아가는 것'으로 경험하게 되며, 이는 놀이(play)와 상징 사용의 능력으로 확장된다(Winnicott, 1971).

넷째, 참자기는 공격성과 욕구를 통합하는 기능을 가진다. 위니컷에 따르면 인간은 본래 공격성을 잠재력으로 지니고 있으며, 참자기는 이 공격성을 파괴가 아닌 생동감과 자기주장의 에너지로 전환시킨다. 참자기가 살아 있을 때 개인은 분노와 욕구를 부정하거나 과잉 통제하지 않고, 관계 속에서 비교적 안전하게 표현할 수 있다.

다섯째, 참자기는 자기 정체성의 핵(core of self)으로 기능한다. 이는 사회적 역할이나 타인의 기대에 의해 규정되는 자아가 아니라, 환경이 변해도 지속되는 '나다움'의 중심이다. 참자기가 안정적으로 존재할 때, 개인은 사회적 순응 속에서도 자기 자신을 잃지 않고 살아갈 수 있다.

여섯째, 참자기는 관계에서의 진정성(authentic relatedness)을 가능하게 한다. 참자기가 기능하는 관계에서는 상대에게 맞추기 위해 자신을 과도하게 왜곡하지 않으며, 친밀감 속에서도 자기 경계를 유지할 수 있다. 이는 타인과의 관계를 의존이나 회피가 아닌 상호성의 차원에서 경험하게 한다.

종합하면, 참자기는 특정 역할을 수행하는 자아 부분이 아니라, 자발성·실재감·창조성·정체성·공격성의 통합을 가능하게 하는 중심 기능이다. 위니컷의 관점에서 정신치료의 궁극적 목표는 거짓자기를 제거하는 데 있지 않고, 참자기가 안전하게 나타나고 기능할 수 있는 환경을 회복하도록 돕는 데 있으며, 이때 개인은 비로소 '자기 자신으로 살아가는 삶'을 경험하게 된다. 참자기는 인간이 자발적이고 창조적으로 세계와 관계하며, 자신이 실제로 존재한다고 느끼게 하는 심리적 핵심 기능이다.

반면 거짓자기는 이러한 발달적 환경이 충분히 제공되지 못할 때 형성된다. 위니컷은 거짓자기를 단순한 병리로 보지 않았으며, 이는 환경의 요구에 적응(adaptation)하고 살아남기 위해 조직된 방어적 구조라고 설명하였다(Winnicott, 1960). 그러나 이 자기는 '실제적으로 느껴지지 않는(feel unreal)’ 자기로, 자발성과 생동감이 결여된 상태를 특징으로 한다. 어머니의 지속적인 침범(impingement)이나 박탈이 있을 경우, 유아의 경험은 파편화되고, 그 결과 의식 속에서 참자기와 환경에 순응하는 거짓자기가 분리되어 공존하게 된다(Greenberg & Mitchell, 1999).

발달 초기 절대적 의존기에서 적절한 돌봄이 실패하면, 유아는 출생 전후로 이어지던 존재적 연속성(continuity of being)을 유지하지 못하고 원시적 불안에 노출된다. 이때 유아는 자신의 고유한 충동과 공격성을 안전하게 표현할 수 없게 되며, 환경이 요구하는 모습에 맞추어 자신을 조정하는 방식으로 거짓자기를 조직하게 된다(Winnicott, 1960). 위니컷은 인간이 본래 공격성을 잠재력으로 지니고 있으며, 이 공격성을 안전하게 드러내고 관계 속에서 살아남는 경험이 참자기 삶의 핵심이라고 보았다. 공격성을 억압하고 과도한 친절이나 순응으로 살아가는 삶은 참자기의 삶이 아니라 거짓자기의 삶이다.

거짓자기는 종종 부풀려진 자기(inflated self) 혹은 축소된 자기(deflated self)의 형태로 나타난다. 이는 주 양육자가 전달하는 가치 체계—예를 들어 성공, 성취, 권력에 대한 조건적 인정—에 아이가 순응하면서 형성된다. 조건적이고 선택적인 반영 속에서 성장한 아이는 “이 모습일 때만 사랑받는다”는 신념을 내면화하며, 자신의 취약한 정서나 욕구를 숨기게 된다. 이러한 발달 과정에서 강화된 거짓자기는 성인이 되어서도 인정 욕구와 공허감, 자기애적 취약성으로 이어질 수 있다.

최영민(2011)은 거짓자기의 수준을 발달적·임상적 관점에서 네 가지로 정리하였다. 첫째, 극단적인 거짓자기는 거짓자기가 참자기를 거의 완전히 대체한 상태로, 참자기는 깊숙이 은폐되어 접근이 불가능하고 개인은 자발성을 상실한 채 모방과 순응 중심의 삶을 살아가게 된다. 둘째, 방어로서의 거짓자기는 거짓자기가 전면에 있으나 참자기가 완전히 소멸되지는 않은 상태로, 겉으로는 적응적 기능을 수행하지만 참자기는 잠재적 가능성으로 비밀스럽게 유지되어 치료적 관계 속에서 회복의 여지를 지닌다. 셋째, 동일시로서의 거짓자기는 아동기 중요한 대상과의 동일시를 통해 형성된 것으로, 비교적 안정적인 삶을 유지할 수 있으나 자기 선택의 자유가 제한되고 타인의 가치와 삶의 방식에 의해 규정되는 경향을 보인다. 넷째, 건강한 거짓자기는 참자기가 중심에 안정적으로 존재하는 가운데 사회적 예절과 역할 수행을 가능하게 하는 외피로서 기능하는 수준으로, 이는 병리가 아니라 사회 적응을 위한 필수적 자아 기능에 해당한다. 이와 같이 거짓자기는 병리와 건강을 가르는 이분법적 개념이 아니라, 참자기가 얼마나 살아 있고 접근 가능한가에 따라 달라지는 구조적 연속선으로 이해되어야 하며, 참자기로서 사회 속에서 살아간다는 것은 사회에 순응하지 않는 것이 아니라 사회적 요구를 감당하면서도 자발성, 진정성, 창조성을 잃지 않고 자기 자신으로 존재하는 상태를 의미한다.

　요약하면, 참자기는 유아가 타고난 잠재력에 근거하여 자발적이고 창조적으로 살아갈 수 있는 자기이며, 놀이와 상징 사용을 통해 삶을 생생하게 경험할 수 있는 능력과 연결된다. 위니컷은 유아가 원하는 대상이 곧바로 창조된다고 느끼는 순간을 '환상의 순간'이라 불렀으며, 이러한 환상을 가능하게 하는 환경 속에서만 참자기는 형성될 수 있다고 보았다(Winnicott, 1965). 반대로 거짓자기는 참자기를 보호하기 위해 조직된 방어 구조로, 환경의 요구에 맞추어 기능하지만 삶의 생동감을 제공하지는 못한다. 거짓자기가 참자기를 완전히 대체할 경우, 개인은 자신의 고유성을 상실한 채 '마치 진짜인 것처럼' 살아가게 된다. 위니컷은 거짓자기가 단일한 형태가 아니라 연속선상에 존재한다고 보았으며, 극단적으로는 참자기를 완전히 가리는 병리적 형태에서부터 사회적 예절과 적응을 가능하게 하는 비교적 건강한 형태까지 다양하게 나타난다고 설명하였다(Winnicott, 1960). 결국 참자기로 살아간다는 것은 사회에 적응하면서도 자발성과 진정성, 창조성을 잃지 않는 삶을 의미하며, 이는 위니컷 자기 이론의 핵심적인 임상적 지향점이라 할 수 있다.

제3장

비온

비온(Wilfred Ruprecht Bion, 1897-1979)
출처: Wellcome Collection, London. CC BY 4.0.

1. 비온의 생애와 가치관

비온은 20세기 정신분석의 사상적 지형을 근본적으로 재구성한 인물로, 대상관계이론을 넘어 사고(thinking)와 정서적 경험의 발생 조건 자체를 탐구한 사상가였다. 그는 인간의 심리적 고통을 단지 억압된 욕동이나 왜곡된 인지로 보지 않고, 감정이 사고로 변형되지 못한 상태, 즉 생각되지 못한 경험의 잔여물로 이해하였다. 이러한 관점은 그의 개인적 생애, 특히 전쟁 경험과 집단 붕괴에 대한 직접적 체험, 그리고 중증 정신병 환자들과의 임상 경험 속에서 형성되었다.

비온은 1897년 인도에서 태어났다. 영국 식민지 체제 하의 인도는 문화적·정서적 이중성을 지닌 공간이었으며, 그는 어린 시절부터 소속과 분리, 익숙함과 이방성을 동시에 경험하며 성장하였다. 여덟 살이 되던 해, 그는 교육을 받기 위해 영국으로 보내졌고, 이는 이후 반복되는 조기 분리와 정서적 고립 경험의 출발점이 되었다. 이러한 초기 경험은 훗날 비온이 강조한 '감당되지 않은 정서 경험'과 '담아 줄 대상의 부재'라는 개념의 심층적 배경으로 이해될 수 있다.

옥스퍼드 퀸스 칼리지에서 역사학을 공부하던 중 제1차 세계대전이 발발하자, 비온은 자원입대하여 프랑스 전선에서 전차 사령관으로 복무하였다. 그는 전투에서의 공로로 영국의 DSO 훈장과 프랑스 레지옹 도뇌르 훈장을 받았으나, 전쟁은 그에게 영광보다 인간 정신의 붕괴와 집단적 광기를 각인시켰다. 그는 전쟁터에서 공포가 사고를 압도하고, 개인이 집단 속에서 얼마나 쉽게 원시적 상태로 퇴행하는지를 목격하였다. 이 경험은 이후 그가 집단 이론과 사고 불능 상태(thoughtlessness)를 탐구하게 되는 결정적 계기가 되었다(Meltzer, 1986).

전쟁 후 비온은 유니버시티 칼리지 런던에서 의학을 공부하여 정신과 의사가 되었다. 초기에는 정신병리를 실증적·의학적으로 접근했으나, 중증 환자들을 만나면서 그는 증상의 설명보다 더 근본적인 문제, 즉 "이 사람들은 왜 자신의 감정을 생각할 수 없는가?"라는 질문에 사로잡히게 되었다. 이 질문은 그를 정신분석으로 이끌었고, 그는 존 릭먼과 멜라니 클라인에게 교육 분석을 받으며 대상관계이론의 핵심 사유를 흡수하게 된다. 특히 조현병 환자들과의 임상 경험은 비온의 이론 형성에 결정적이었다. 그는 이 환자들이 단순히 억압된 욕망을 지닌 것이 아니라, 감정 자체를 견디지 못하고 외부로 배출해 버리는 구조를 가지고 있음을 관찰하였다. 이때 등장한 개념이 바로 베타 요소(β-elements)와 알파 기능(α-function)이다. 비온에게 병리는 '잘못된 생각'이 아니라, 아예 생각이 만들어지지 못한 상태였다.

1940년대 비온은 집단 과정(group process)에 깊은 관심을 갖게 되었고, 전쟁 경험을 공유한 동료들과 함께 1946년 타비스톡 연구소 설립에 참여하였다. 그는 집단이 합리적 사고를 유지하기보다, 불안이 커질수록 기본가정 집단(basic assumption group)으로 퇴행하여 맹목적 의존, 투쟁-도피, 짝짓기와 같은 원시적 패턴에 빠진다는 것을 밝혔다.

1961년에 출간된 《집단에서의 경험(Experience in Groups)》은 집단 정신치료와 조직 심리학, 리더십 연구에 지대한 영향을 끼쳤으며, 집단을 하나의 '정신 장(field)'으로 이해하는 새로운 패러다임을 제시하였다. 그러나 비온은 이후 집단 연구에서 한발 물러나, 다시 정신분석의 임상 장면으로 돌아가기로 결심한다. 그는 집단을 연구했지만, 결국 인간의 고통은 한 사람의 마음 안에서 시작되고 치유된다고 보았다.

비온의 사유가 가장 급진적으로 드러나는 지점은 분석가의 태도에 대한 그의 철학이다. 그는 분석가에게 "기억하지 말고, 욕망하지 말고, 이해하려 하지 말라"고 요구하였다(Bion, 1967). 이는 해석을 포기하라는 말이 아니라, 성급한 이해와 지식으로 내담자의 경험을 덮어버리지 말라는 경고였다.

비온에게 치료는 기술의 문제가 아니라 존재의 문제였다. 분석가는 내담자의 감정을 즉시 해석하거나 교정하는 사람이 아니라, 그 감정을 담아내고(contain), 변형하여 다시 돌려줄 수 있는 심리적 그릇이어야 했다. 그는 이를 어머니-유아 관계에서 차용하여 설명했는데, 유아의 원시적 공포는 어머니의 마음 안에서 사고 가능한 형태로 변형될 때 비로소 유아의 마음으로 되돌아갈 수 있다고 보았다. 이 과정이 실패할 때, 감정은 사고가 되지 못하고 증상이나 행동, 신체화로 표출된다.

비온은 1956년부터 1962년까지 런던 정신분석 클리닉 디렉터를, 1962년부터 1965년까지 영국 정신분석학회 회장을 역임하며 학문적 중심에 서 있었다. 그는 한때 클라인 학파의 핵심 인물로 여겨졌으나, 점차 클라인과 프로이트 양 진영의 이론적 틀을 넘어서는 독자적 사유를 전개하면서 주류와 거리를 두게 된다.

1968년 이후 그는 미국 로스앤젤레스로 이주하여 집필과 강연을 이어 갔고,《경험으로부터 배우기(Learning from Experience)》,《주의와 해석(Attention and Interpretation)》등의 저작을 통해 정신분석을 사고의 철학으로 확장하였다. 그는 1979년 영국으로 돌아온 지 두 달 만에 생을 마감하였다.

비온의 생애와 이론을 관통하는 핵심 가치는 불확실성을 견디는 능력이었다. 그는 인간이 고통받는 이유를 '약함'이나 '결함'이 아니라, 감정을 담아줄 수 있는 관계의 부재에서 찾았다. 비온에게 치료란 정답을 주는 일이 아니라, 내담자가 자신의 감정을 생각할 수 있게 되는 공간을 함께 만들어 가는 일이었다. 그가 우리에게 남긴 질문은 여전히 유효하다.

나는 내담자의 감정을 사고 가능한 형태로 담아낼 수 있는가?

나는 모른다는 상태에 머물 수 있는가?

나는 분석가로서, 기술이 아니라 존재로 이 관계 안에 있는가?

2. 주요 개념

가. 컨테이너-컨테인드

컨테이너-컨테인드(container-contained) 개념은 Bion이 제시한 이론의 핵심으로, 인간이 어떻게 감정을 경험하고 사고 능력을 발달시키는지를 설명하는 중심 개념이다. 담는 것과 담기는 것의 개념은 비온의 독특한 개념이다. 비온에 따르면 영아는 생의 초기 단계에서 공포, 혼란, 분노와 같은 강렬한 정서 경험을 스스로 이해하거나 처리할 수 없으며, 이러한 감정들은 아직 의미화되지 않은 원초적 감각 요소로서 존재한다(Bion, 1962). 이때 양육자는 영아가 투사한 감정과 감각을 받아들이는 컨테이너(container)의 역할을 수행하며, 영아는 그 감정을 담고 있는 컨테인드(contained)의 위치에 놓인다. 양육자는 영아가 투사한 감정을 단순히 반응하거나 되돌려주는 것이 아니라, 그것을 자신의 마음속에서 견디고 숙고하며, 정서적으로 소화 가능한 형태로 변형하여 다시 영아에게 돌려준다. 이 과정을 통해 영아는 자신의 감정이 파괴적이지 않으며 생각될 수 있는 것이라는 경험을 하게 되고, 점차 스스로 감정을 사고로 전환할 수 있는 능력을 내면화하게 된다. 비온은 이러한 변형 과정을 알파 기능(α-function)이라 명명하며, 컨테이너-컨테인드 관계가 반복적으로 안정적으로 경험될 때 개인은 불안을 사고로 처리할 수 있는 정신적 구조를 형성한다고 보았다(Bion, 1962; Bion, 1963). 반대로 이 기능이 실패할 경우, 개인은 감정을 생각하지 못하고 신체화하거나 행동화하며, 타인에게 과도하게 투사하는 방식으로 불안을 처리하게 된다. 이후 대상관계 및 현대 정신분석 이론에서는 이 개념을 상담 장면으로 확장하여, 상담자가 내담자의 감정을 견디고 의미화하는 심리적 공간을 제공할 때 치료적 변화가 가능하다고 설명한다(Ogden, 1982). 따라서 컨테이너-컨테인드 개념은 초기 모자 관계뿐 아니라 상담자-내담자 관계에서 정서 조절과 사고 발달을 이해하는 핵심적 이론적 틀로 자리매김하고 있다.

나. 알파 기능

알파 기능(α-function)은 Bion이 인간의 사고 발달과 정서 처리 과정을 설명하기 위해 제시한 핵심 개념으로, 개인이 경험하는 원초적 감각과 정서 자극을 생각 가능한 심리적 요소로 변환하는 마음의 기능을 의미한다. 비온에 따르면 인간은 삶의 초기 단계에서 공포, 불안, 분노와 같은 강렬한 정서를 경험하지만, 이러한 경험은 처음부터 의미를 지닌 사고의 형태로 존재하지 않으며, 오히려 소화되지 않은 감각 덩어리인 베타 요소(β-elements)로 나타난다(Bion, 1962). 알파 기능은 이러한 베타 요소를 상징화·표상화하여 꿈, 상상, 기억, 사고와 같은 알파 요소(α-elements)로 변환하는 기능으로, 이를 통해 개인은 자신의 정서 경험을 생각하고 말로 표현할 수 있게 된다. 초기 발달 단계에서 이 기능은 주로 어머니의 마음에 의해 수행되며, 어머니는 영아가 투사한 혼란스러운 정서를 자신의 마음속에서 견디고 의미화한 뒤, 보다 안정된 형태로 되돌려줌으로써 영아가 점차 알파 기능을 내면화하도록 돕는다(Bion, 1962; Bion, 1963). 이러한 반복적 경험을 통해 개인은 불안을 사고로 처리하는 능력을 획득하게 되며, 이는 자아의 통합과 현실 검증 능력의 기초가 된다. 반대로 알파 기능이 충분히 발달하지 못한 경우, 개인은 정서를 사고로 전환하지 못하고 행동화, 신체화, 투사적 동일시와 같은 방식으로 감정을 처리하게 되며, 심한 경우 정신병적 사고 양식으로 이어질 수 있다. 이후 현대 정신분석 이론에서는 알파 기능을 상담 장면에 적용하여, 상담자가 내담자의 소화되지 않은 정서를 받아들이고 의미화함으로써 내담자의 사고 능력 회복을 돕는 핵심 치료 기제로 이해하고 있다(Ogden, 1982). 따라서 알파 기능은 감정 조절과 사고 형성, 그리고 치료적 변화의 중심 개념으로 평가된다.

다. 베타 요소

베타 요소(β-elements)는 Bion이 《Learning from Experience》에서 제시한 개념으로, 개인이 경험하는 감각적·정서적 자극 가운데 아직 의미화되거나 사고로 변환되지 못한 원초적 심리 요소를 가리킨다. 비온에 따르면 베타 요소는 생각될 수 없는 상태의 경험으로서, 마음속에 머물러 사고나 상상, 꿈의 재료로 사용될 수 없으며, 오히려 그대로 배출되거나 타인에게 투사되는 방식으로 처리된다(Bion, 1962). 이러한 베타 요소는 공포, 극심한 불안, 신체적 감각, 혼란스러운 정서 흥분과 같이 언어화되지 않은 경험의 형태로 나타나며, 개인은 이를 '느끼지만 이해하지 못하는 것'으로 경험한다. 알파 기능이 작동할 경우 베타 요소는 알파 요소로 변환되어 사고와 상징의 영역으로 들어가지만, 알파 기능이 충분히 발달하지 못했거나 일시적으로 붕괴된 경우 베타 요소는 그대로 남아 개인에게 심리적 부담을 초래한다(Bion, 1963). 이때 개인은 베타 요소를 견디지 못하고 행동화, 충동적 반응, 신체 증상, 혹은 투사적 동일시를 통해 외부로 배출하려 하며, 이는 특히 외상 경험이나 정신병적 상태, 심각한 성격 병리에서 두드러지게 관찰된다. 비온은 이러한 상태를 '생각 없는 경험'으로 설명하며, 베타 요소가 지배적인 정신 상태에서는 현실 검증과 상징 능력이 약화되고 사고의 연속성이 붕괴된다고 보았다. 이후 현대 정신분석 이론에서는 상담자가 내담자의 베타 요소를 정서적으로 받아들이고 의미화하는 과정을 통해 내담자의 알파 기능 회복을 돕는 것이 치료의 핵심 과정으로 이해된다(Ogden, 1982). 따라서 베타 요소 개념은 사고 이전의 원초적 정서 상태를 이해하고, 심리적 고통이 어떻게 행동과 신체 증상으로 나타나는지를 설명하는 데 중요한 이론적 근거를 제공한다.

라. 투사적 동일시의 재해석

투사적 동일시(projective identification)는 원래 Melanie Klein이 제시한 개념으로, 자아가 견디기 어려운 감정이나 충동을 외부 대상에게 투사하여 통제하거나 공격하는 원시적 방어기제로 이해되었다. 그러나 Bion은 이 개념을 방어기제에 국한하지 않고, 사고 발달과 정서 소통의 관점에서 재해석하였다. 비온에 따르면 투사적 동일시는 개인이 아직 생각할 수 없는 감정과 경험을 타인의 마음속에 '보내어' 대신 처리해 달라는 무의식적 의사소통의 방식이다(Bion, 1962). 즉 내담자가 상담자에게 강렬한 불안, 혼란, 분노를 유발할 때, 이는 단순한 공격이나 조작이 아니라, 자신의 내부에 머물 수 없는 베타 요소를 상담자의 마음에 담아 의미화해 달라는 요청으로 이해된다. 이 과정에서 상담자가 내담자의 투사를 견디지 못하고 즉각적으로 되돌려주거나 방어적으로 반응할 경우, 투사적 동일시는 관계를 파괴하는 병리적 과정으로 작동하게 된다. 반대로 상담자가 자신의 정서 반응을 숙고하고, 그것을 내담자의 심리 상태에 대한 단서로 활용하여 의미화할 수 있을 때, 투사적 동일시는 치료적 소통의 통로로 전환된다(Bion, 1963). 이후 Thomas Ogden은 이러한 비온의 관점을 발전시켜, 투사적 동일시를 분석가와 내담자가 함께 경험하는 상호주관적 과정으로 설명하였다. 이와 같이 비온의 재해석에서 투사적 동일시는 파괴적 방어라기보다, 아직 사고되지 못한 마음을 타인의 마음을 통해 사고하려는 시도로 이해되며, 상담 장면에서 분석가의 정서 경험 자체가 중요한 임상 자료가 된다는 점을 강조한다.

마. 생각하는 자 없는 생각

Bion은 인간의 사고 발달을 설명하면서 '생각하는 자 없는 생각(thoughts without a thinker)'이라는 독창적 개념을 제시하였다. 비온에 따르면 생각은 자아가 만들어 내는 산물이 아니라, 좌절과 결핍의 경험 속에서 먼저 존재하며, 이후 그 생각을 담고 처리할 수 있는 사고 능력, 즉 '생각하는 자(thinker)'가 발달하게 된다(Bion, 1962). 영아는 욕구가 즉각적으로 충족되지 않는 경험을 통해 불안과 긴장을 느끼게 되는데, 이때 충분히 견딜 수 있는 양육 환경이 제공되면 이러한 좌절은 생각의 형태로 조직되어 사고 능력의 성장을 촉진한다. 그러나 컨테이너-컨테인드 관계가 충분히 형성되지 못하고 알파 기능이 제대로 작동하지 않을 경우, 영아의 마음에는 사고로 통합되지 못한 채 떠도는 '생각'이 남게 되며, 이는 생각할 수는 없지만 강력한 정서적 압력으로 작용한다. 비온은 이러한 상태를 '생각은 있으나 그것을 담을 주체가 없는 상태'로 설명하며, 이때 개인은 생각을 사고로 처리하지 못하고 베타 요소의 형태로 경험하게 된다고 보았다(Bion, 1963). 이러한 생각하는 자 없는 생각은 극심한 혼란, 파편화된 감정, 비논리적 사고, 혹은 정신병적 불안의 형태로 나타나며, 개인은 이를 견디지 못해 타인에게 투사하거나 행동화하는 방식으로 처리하게 된다. 이후 임상 장면에서 상담자는 내담자의 이러한 무형의 생각을 자신의 마음속에 담아 견디고 의미화함으로써, 내담자가 점차 그 생각을 자신의 사고로 소유할 수 있도록 돕는 역할을 수행하게 된다. 따라서 '생각하는 자 없는 생각' 개념은 사고 능력의 발달이 관계적 경험에 의해 형성된다는 점을 강조하며, 상담자-내담자 관계에서 사고가 어떻게 생성되고 회복되는지를 이해하는 데 핵심적인 이론적 틀을 제공한다.

바. O (궁극적 진실, absolute truth)

Bion이 제시한 O 개념은 인간 경험의 가장 근원적인 차원을 가리키는 개념으로, 언어와 개념, 지식으로는 완전히 포착될 수 없는 궁극적 진실 혹은 존재적 실재를 의미한다. 비온에 따르면 O는 '알려질 수 있는 것(known)'이 아니라 '접촉될 수 있는 것(experienced)'으로, 지식(K), 사랑(L), 증오(H)와 같은 관계적 범주를 넘어서는 차원에 속한다(Bion, 1970). 즉 O는 해석이나 설명의 대상이 아니라, 개인이 정서적으로 맞닿고 견뎌내야 하는 실재이며, 순간적으로 체험될 뿐 언어로 고정될 수 없다. 비온은 분석 장면에서 분석가가 O에 접근하기 위해서는 기억(memory), 욕망(desire), 이해(understanding)를 내려놓는 태도가 필요하다고 보았는데, 이는 분석가가 과거 경험이나 이론적 지식, 치료적 목표에 집착하지 않고, 현재 순간에 드러나는 내담자의 정서적 진실과 함께 머무르기 위한 조건이다(Bion, 1970). 이러한 태도 속에서 분석가는 내담자의 아직 말해지지 않은 진실, 즉 알파 기능 이전의 정서적 실재와 접촉할 수 있으며, 이는 해석보다도 존재와 관계 자체가 치료적 기능을 수행하는 순간을 가능하게 한다. 비온에게 O는 종교적·형이상학적 개념이라기보다, 분석 장면에서 반복적으로 출현하는 '생각 이전의 진실'로서, 분석가와 내담자가 함께 견 뎌야 하는 경험의 핵심을 가리킨다. 따라서 O 개념은 정신분석을 단순한 의미 해석의 작업이 아니라, 알 수 없음과 함께 머무르며 진실에 접촉하는 관계적 과정으로 확장시키는 이론적 토대를 제공한다.

사. K, L, H, -K

Bion은 인간의 관계와 사고 과정을 설명하기 위해 K(knowing), L(loving), H(hating)라는 세 가지 기본 정서·관계 축을 제시하였다. 비온에 따르면 K는 단순한 지적 지식이 아니라, 대상과 자신을 이해하고자 하는 정서적 태도를 의미하며, 타인의 마음을 알고자 하고 자신의 경험을 성찰하려는 개방적 관계 양식이다(Bion, 1962). L은 대상과의 정서적 연결과 애착, 사랑의 경험을 의미하고, H는 분노와 증오, 파괴적 충동을 포함하는 정서적 관계를 가리킨다. 비온은 이 세 요소를 인간 관계의 기본적인 정서 좌표로 보았으며, 이들이 역동적으로 상호작용하면서 개인의 사고와 관계 양식이 형성된다고 보았다(Bion, 1963). 이 가운데 -K(negative K)는 앎에 대한 결핍이 아니라, 앎 자체를 적극적으로 거부하고 파괴하려는 태도를 의미한다. -K 상태에서는 개인이 자신의 경험을 이해하거나 타인의 마음을 알려는 시도를 불편해하며, 사고와 의미 형성을 방해하는 방향으로 관계를 맺는다. 비온은 이러한 -K가 단순한 무지가 아니라, 생각을 만들어 내는 연결(linking)에 대한 공격으로 작동한다고 설명하였다(Bion, 1970). 임상 장면에서 -K는 내담자가 상담자의 해석이나 정서적 반응을 지속적으로 무력화시키거나, 이해하려는 시도 자체를 조롱하거나 붕괴시키는 형태로 나타난다. 이는 종종 심각한 불안이나 외상 경험과 연관되며, 개인이 진실에 접촉하는 것을 두려워할 때 활성화된다. 따라서 비온의 관점에서 치료적 작업은 단순히 지식을 제공하는 것이 아니라, -K 상태를 견디고 K로의 전환 가능성을 열어주는 관계적 공간을 형성하는 과정이라 할 수 있다. 이와 같이 K, L, H 및 -K 개념은 인간이 타인과 자신을 어떻게 알고, 사랑하고, 미워하며, 때로는 앎 자체를 거부하는지를 이해하는 핵심 이론적 틀을 제공한다.

아. 무기억, 무욕망, 무이해

Bion은 분석가의 태도를 설명하기 위해 무기억, 무욕망, 무이해라는 독특한 원칙을 제시하였다. 이 개념은 분석가가 과거의 임상 경험이나 이론적 지식에 근거한 선입견(기억), 치료의 결과에 대한 기대나 목표 지향성(욕망), 즉각적으로 의미를 파악하고 해석하려는 충동(이해)을 의도적으로 내려놓아야 한다는 태도를 의미한다(Bion, 1970). 이것은 티온식 상담가가 갖추어야 할 태도이기도 하다. 비온에 따르면 분석가가 기억과 욕망, 이해에 집착할수록 분석 장면은 이미 알고 있는 지식의 틀 안에서 내담자를 해석하는 공간으로 축소되며, 그 결과 내담자의 살아 있는 정서적 진실, 즉 O(궁극적 진실)와의 접촉이 차단된다. 무기억이란 과거 세션의 내용이나 유사 사례에 의존하지 않는 태도를 의미하며, 무욕망은 내담자를 변화시키거나 증상을 제거해야 한다는 치료적 성취 욕구를 내려놓는 상태를 가리킨다. 또한 무이해는 분석가가 즉각적인 의미 부여와 설명을 유보하고, 아직 말해지지 않은 정서 경험과 함께 머무는 능력을 뜻한다. 비온은 이러한 태도가 공백이나 무지 상태를 의미하는 것이 아니라, 오히려 분석가의 마음을 비워 내담자의 소화되지 않은 정서와 베타 요소를 담아낼 수 있는 수용적 공간으로 만드는 적극적 심리 상태라고 보았다(Bion, 1965). 이와 같은 태도 속에서 분석가는 내담자의 투사적 동일시를 견디며, 아직 사고되지 못한 경험이 점차 알파 요소로 변환될 수 있도록 돕게 된다. 임상적으로 므기억, 무욕망, 무이해는 해석을 최소화하거나 중단하는 기술이 아니라, 분석가 자신의 마음을 도구로 사용하여 내담자의 정서적 실재와 접촉하려는 고도의 임상적 태도를 의미한다. 따라서 이 원칙은 비온 이론에서 분석가의 기능을 지식 전달자나 해석자가 아니라, 진실과 함께 머무를 수 있는 존재로 재정의하는 핵심 개념이라 할 수 있다.

기억하지 마라
욕망하지 마라
해석하지 마라

자. 기본가정 집단

Bion은 집단이 과업을 수행하는 과정에서 합리적이고 현실적인 사고를 유지하지 못하고, 무의식적 정서에 의해 지배되는 상태에 빠질 수 있음을 설명하기 위해 기본가정 집단(basic assumption group) 개념을 제시하였다. 비온에 따르면 집단에는 명시적 목적과 과제를 중심으로 기능하는 작업집단(work group)과 달리, 불안과 원초적 감정을 다루기 위해 무의식적으로 형성되는 기본가정 집단이 존재한다(Bion, 1961). 기본가정 집단은 집단 구성원 개개인의 의식적 의도와는 무관하게 작동하며, 집단 전체가 공유하는 정서적 환상에 의해 즉각적으로 조직된다. 비온은 이러한 기본가정 집단의 양식을 의존(dependency), 투쟁-도피(fight-flight), 짝짓기(pairing)의 세 가지 유형으로 구분하였다. 의존 기본가정에서는 집단이 지도자나 특정 인물이 모든 문제를 해결해 줄 것이라는 환상에 매달리며, 구성원들은 수동성과 무력감을 보인다. 투쟁-도피 기본가정에서는 집단이 외부의 위협이나 적을 상정하고 이에 맞서 싸우거나 회피하는 데 에너지를 소모함으로써 실제 과업 수행이 방해된다. 짝짓기 기본가정에서는 두 사람이나 두 하위 집단이 결합하여 미래의 구원자나 해결책을 탄생시킬 것이라는 비현실적 기대가 지배하게 된다(Bion, 1961). 비온은 이러한 기본가정 집단이 병리적인 집단 상태라기보다, 집단이 과업 수행 과정에서 필연적으로 경험하는 불안에 대한 방어적 반응이라고 보았다. 그러나 기본가정이 집단을 지배하게 될 경우, 사고와 학습, 현실 검증 능력은 약화되고 집단은 반복적이고 비생산적인 행동 패턴에 머물게 된다. 따라서 집단을 다루는 리더나 치료자의 역할은 기본가정을 제거하거나 통제하는 데 있지 않고, 집단이 자신이 어떤 기본가정 상태에 놓여 있는지를 인식하도록 돕고, 다시 작업집단의 기능으로 돌아올 수 있는 정서적 공간을 제공하는 데 있다. 이와 같이 기본가정 집단 개념은 집단 내에서 나타나는 비합리적 행동과 정서적 혼란을 이해하는 핵심 이론으로, 집단상담, 조직 컨설팅, 교육 현장 등 다양한 집단 장면에 적용 가능한 중요한 이론적 틀을 제공한다.

차. 연결에 대한 공격

Bion은 인간이 경험하는 심각한 심리적 병리의 핵심 기제로 '연결에 대한 공격(attacks on linking)'을 제시하였다. 비온에 따르면 연결(linking)이란 감정과 생각, 경험과 의미, 자기와 대상 사이를 잇는 정신적 과정으로, 사고의 형성과 관계의 지속을 가능하게 하는 기본 조건이다(Bion, 1962). 그러나 극심한 불안이나 외상, 초기 관계에서의 심각한 좌절을 경험한 개인은 이러한 연결이 만들어 내는 의미와 진실을 견디지 못하고, 연결 자체를 파괴하려는 공격을 가하게 된다. 비온은 이러한 공격이 단순한 저항이나 방어를 넘어, 사고를 가능하게 하는 알파 기능과 관계적 연결을 붕괴시키는 적극적 파괴 행위라고 보았다(Bion, 1963). 연결에 대한 공격이 지배적인 정신 상태에서는 생각과 감정이 분리되고, 말은 공허해지며, 시간성과 인과성이 붕괴되어 개인은 자신의 경험을 연속적인 서사로 구성하지 못하게 된다. 임상 장면에서 이러한 현상은 내담자가 상담자의 해석을 즉각적으로 무력화하거나, 의미를 만드는 대화를 회피하고, 관계의 지속 자체를 파괴하는 방식으로 나타난다. 비온은 이러한 상태가 -K(부정적 앎)와 밀접하게 연결되어 있다고 보았으며, 이는 앎과 이해가 가져올 진실에 대한 두려움이 사고를 파괴하는 방향으로 작동한 결과라고 설명하였다(Bion, 1970). 따라서 치료적 작업은 연결을 즉각적으로 회복시키려는 시도보다는, 연결이 파괴되는 과정을 견디고 관찰하며, 내담자가 의미를 만들어 내는 과정에 다시 참여할 수 있도록 안전한 정신적 공간을 제공하는 데 초점을 두어야 한다. 이와 같이 연결에 대한 공격 개념은 사고 붕괴와 관계 파괴의 역동을 이해하는 핵심 틀로서, 정신병적 불안과 심각한 성격 병리를 이해하는 데 중요한 이론적 근거를 제공한다.

Bion의 이론은 인간의 마음을 고정된 구조가 아니라, 정서 경험을 견디고 사고로 변환해 가는 역동적 과정으로 이해한다는 점에서 독자적인 위치를 차지한다. 비온에 따르면 인간은 태어날 때부터 생각할 수 있는 능력을 지닌 존재가 아니라, 감당하기 어려운 정서 경험과 좌절을 반복적으로 경험하면서 점차 사고 능력을 형성해 가는 존재이다. 이 과정의 출발점에는 양육자 또는 타인의 마음이 수행하는 컨테이너-컨테인드 관계가 있으며, 이를 통해 원초적 감각과 정서인 베타 요소는 알파 기능에 의해 사고 가능한 알파 요소로 변환된다. 이러한 경험이 충분히 제공되지 못할 경우, 개인의 마음에는 생각하는 자 없는 생각이 남게 되고, 이는 행동화, 신체화, 투사적 동일시와 같은 방식으로 표현된다. 비온은 투사적 동일시를 단순한 방어가 아니라, 아직 사고되지 못한 마음을 타인의 마음에 보내어 의미화해 달라는 무의식적 소통의 시도로 재해석하였으며, 이 과정에서 분석가의 정서 경험 자체를 중요한 임상 자료로 간주하였다.

또한 비온은 인간의 관계와 사고가 K(앎), L(사랑), H(증오)의 정서 축을 중심으로 조직되며, 특히 -K 상태에서는 앎과 이해를 향한 연결 자체가 공격받아 사고의 연속성과 의미 형성이 붕괴된다고 보았다. 이러한 연결에 대한 공격은 개인 차원을 넘어 집단 장면에서도 나타나며, 집단은 불안을 견디지 못할 때 작업집단에서 벗어나 의존, 투쟁-도피, 짝짓기와 같은 기본가정 집단 상태로 퇴행하게 된다. 비온은 이러한 모든 병리적 현상의 근저에 '진실과의 접촉'에 대한 두려움이 자리하고 있다고 보았으며, 이를 O(궁극적 진실) 개념으로 설명하였다. O는 언어와 지식으로 소유될 수 없는 존재적 진실로, 분석가가 무기억·무욕망·무이해의 태도를 유지할 때 비로소 접촉될 수 있다. 따라서 비온 이론에서 치료란 해석이나 지식 전달의 과정이 아니라, 분석가가 자신의 마음을 도구로 사용하여 내담자의 아직 사고되지 못한 정서 경험을 함께 견디고, 그것이 사고로 태어날 수 있는 공간을 제공하는 과정이라 할 수 있다. 이와 같이 비온의 이론은 개인의 사고 발달, 관계의 역동, 집단의 무의식 과정을 하나의 통합된 틀 속에서 설명하며, 정신분석을 '생각을 가르치는 학문'이 아니라 '생각이 태어나는 과정을 함께 견디는 작업'으로 재정의한다.

김도애, 이은화(2003). 대상관계이론을 적용한 가정폭력 피해 여성 상담사례 연구: 페어베언의 분열적 방어와 도덕적 방어를 중심으로. 가족과 가족치료, 11(2), 101-131.

김진숙(2001). 대상관계이론의 상담적 적용에 대한 고찰. 상담학연구, 2(2), 327-343.

김석(2010). 프로이트 & 라깡: 무의식에로의 초대. 김영사.

김창대(2002). 대상관계이론의 핵심개념. 한국심리학회 학술대회 자료집, 2002(1), 125-131.

김춘경, 이수연, 이윤주, 정종진, 최웅용(2016). 상담학사전. 서울: 학지사.

노안영, 강만철, 오익수, 김광운, 정민(2016). 개인심리학 상담 원리와 적용. 학지사.

유근준(2013). 정신분석의 세 가지 주요 세 이론 비교-정신분석이론, 자아심리학, 대상관계이론. 국제신학, 15, 367-400.

유근준(2014). 대상관계 상담. 다세움.

이상복, 이상훈, 이효진(1996). 행동치료 교육총서 1. 대구: 대구대학교 출판부.

임기홍(1999). 고등학교 학생들의 열등감과 관련변인. 서울대학교 대학원 석사학위 논문.

정민, 노안영(2010). 열등감 반응 척도의 개발 및 타당화. 한국심리학지, 2(2), 351-367.

최영민(2002). 자아심리학과 대상관계이론의 비교. 인제의학, 23-4, 513-522.

최영민(2011). 대상관계이론을 중심으로 쉽게 쓴 정신분석이론. 학지사.

최영민(2017). 영성지향 대상관계정신치료. 학지사.

최외선, 장영숙, 김지현(1998). 도벽아동의 자신감 향상을 위한 미술치료 사례연구. 한국미술치료학회, 5(2), 209-231.

Abram, J. (1997). The language of Winnicott: A dictionary and guide to understanding his work. Jason Aronson.

Abram, J. (2007). The language of Winnicott. London: Karnac.

Abram, J. (2008). Donald Woods Winnicott(1896-1971): A Brief 1ntroduction. Int. Psycho-Anal, 89, 1189-1217.

American Psychiatric Association. (2013). Diagnostic and statistical manual of mental disorders(5th ed.). American Psychiatric Publishing.

American Psychoanalytic Association(2002). 정신분석 용어사전 [Psychoanalytic terms & concepts]. 이재훈 외 옮김, 한국심리치료연구소. (원전은 1990에 출판)

American Psychiatric Association(2013). Diagnostic and Statistical Manual of Men tal Disorders, Third Editi on. Wash ington, D.C.: An1erican Psychiatric Press.

Averill, J. R. (1982). Anger and aggression: An essay on emotion. New York: Springer-Verlg.

Averill, J. R. (1983). Studies on anger and aggression. American Psychologist, 38, 1145-1160.

Bacal, H. (1987). Optimal responsiveness and the therapeutic process. In A. Goldberg (Ed.),Progress in self psychology(Vol. 3). New York: Guilford Press.

Bion, W. R. (1954). Notes on Memory and Desire. The Psychoanalytic Forum, 2, 271-280.

Bion, W. R. (1957). Differentiation of the Psychotic from the Non-psychotic Personalities. In Spilius, Elizabeth Bot. ed. Melanie Klein Today: Developments in Theory and Practice. Vol. I: Mainly Theory. London: Routledge, 1988. 61-78.

Bion, W. R. (1959). Atackson Linking. In Spilius, Elizabeth Bot. ed. Melanie Klein Today: Developments in Theory and Practice. Vol. I: Mainly Theory. London: Routledge, 1988. 87-101.

Bion, W. R. (1959). Experiences in Groups. New York: Basic Books.

Bion, W. R. (1961). Experiences in groups. London: Tavistock.

Bion, W. R. (1962). Learning from experience. London: Heinemann.

Bion, W. R. (1967). Second thoughts. London: Heinemann.

Bion, W. R. (1970). Attention and Interpretation. London: Tavistock Publications.

Blatt, S. J. (1974). Levels of object representation in anaclitic and introjective depression. Psychoanalytic Study of the Child, 29, 107-157.

Blatt S. J, Wein S, & Chevron E et al. (1979). Parental representations and depression in normal young adults. J. Abnor. Psycho. 88:388-397.

Blatt S. J., & Zuroff, D. C. (1992). Interpersonal relatedness and self-definition: Two prototypes for depression. Clinical Psychology Review, 12(5), 527-562.

Boeker, H., Himmighofen, H., & Bock, A. (2013). Essentials of psychoanalytic process and change: How can we investigate the neural correlates of psychodynamic psychotherapy?Frontiers in Human Neuroscience.

Boesky, D. (1983). Representation in self and object theory. Psychoanalytic Quarterly, 52, 564-583.

Broucek, F. J. (1982). Shame and its Relationship to Early Narcissistic Developments. International Journal of Psychoanalysis 63:369-378.

Buchheim, A., et al. (2023). Differential neural response to psychoanalytic intervention (clarification, confrontation, interpretation). Frontiers in Human Neuroscience.

Cashdan, S. (1988). Object relations therapy: Using the relationship. New York: W. W. Norton & Company, Inc.

Cashdan, S. (2005). 대상관계 치료[Object Relations therapy]. 이영희, 고향자, 김해란, 김수형 공역. New York: W. W. Norton & Company. 서울: 학지사.

Chapmam, A. H. (1974). Management of emotional problem of children and adolescents. Philadelphia: Lippincott.

Chareles V. Ford(2009). 왜 뻔한 거짓말에 속을까: 거짓말의 심리학. 우혜령 역. 서울: 21세기 북스, 54-59.

Clair, M. (2010). 대상관계이론과 자기심리학 [Object Relations and Self Psychology: An Introduction]. 안석모 역. 서울: CENGAGE Learning.

David P. Celani(2010). 상담배경에서 페어베언의 대상관계이론 [Fairbairn's Object Relations Theory in the Clinical Setting] 김영호, 김미란, 오남경, 김순천 역. 한국가족복지연구소.

Dixon, p. n. & Strano, D. A. (1989). The measurement of inferiority: a review and directions for scale development. The Journal of Individual Psychology. 45, 313-32.

Eagle, M. N. (2024). Interpreting interpretation. The Psychoanalytic Quarterly (SAGE).

Erikson, E. H. (1950). Growth and crises of the "healthy personality. In M. J. E. Senn(Ed.), Symposium on the healthy personality(pp. 91-146). Josiah Macy, Jr. Foundation.

Fairbairn, W. R. D. (1940). Factores esquizoides de la personal id ad. Estudio Psicoana litico de la Personal id ad.

Fairbairn, W. R. D. (1952). Psychoanalytic Studies of the Personality. London: Routledge & Kegan Paul.

Fairbairn, W. R. D. (1990). Psychoanalytic Studies of the Personality. London and New York: Tavistock/ Routledge.

Fairbairn, W. R. D. (2003). 성격에 관한 정신분석학적 연구 [Psychoanalytic Studies of the Personality] 이재훈 역. 서울: 한국심리치료연구소. (원전은 1990에 출판)

Farrington, D. P., & West, D. J. (1990). The Cambridge Study in Delinquent Development: A Long-Term Follow-Up of 411 London Males. In: Kerner, HJ., Kaiser, G. (eds) Kriminalität. Springer, Berlin, Heidelberg.

Fossum Merle A, & Mason Marilyn J. (1986). Facing Shame: Families in Recovery. W. W. Norton & company. New York.

Freud, S. (1905). Three Essays on the Theory of Sexuality. Franz Deuticke.

Freud, S. (1912). The dynamics of transference. InThe Standard Edition of the Complete Psychological Works of Sigmund Freud(Vol. 12). London: Hogarth Press.

Freud, S. (1917). Mourning and melanchoria. In Strachey J(Ed. and trans.) Standars edition of the complete psychological works of Sigmund Freud(Vol. 14). London: Hogarth Press, 1957.

Freud, S. (1957). The neuro-psychoses of defence(Original work published 1894). InThe Standard Edition of the Complete Psychological Works of Sigmund Freud(Vol. 3). London: Hogarth Press.

Freud, A. (1968). Normality and pathology in childhood. New York: International Universities Press.

Freud, A. (1993). The ego and the mechanisms of defence(Original work published 1936). London: Karnac.

Freud, S. (2004). 문명속의 불만[Civilization and its discontent] 임홍빈 역. 서울: 열린책들: 프로이드 전집 12권. (원전은 1929에 출판)

Freud, & Anna(1968). The Writings of Anna Freud(Indications for Child Analysis and Other Papers: 1945-56), International Universities Press, Inc., NY, Vol 4.

Garland(2001). Reclaiming the Rubbish: A Study of Projective Mechanisms, 181. Psychodynamic Counceling, Volume 7, issue 2.

Gergely, G., & Watson, J. S. (1996). The social biofeedback theory of parental affect-mirroring: The development of emotional self-awareness and self-control in infancy. *The International Journal of Psycho-Analysis, 77*, 1181-1212.

Gilbert, P., Broomhead, C., Irons, C., MeEwan, K., Bellew, R., Mills, A., Gale, C., & Knibb, R. (2007). Development of a striving to avoid inferiority scales. British Journal of Social Psychology, 46, 633-648.

Grosskurth, P. (1986). Melanie Klein: Her world and her work. New York: Knopf.

Grotstein, J. S. (1993). Do I dare disturb the universe? A memorial to W. R. D. Fairbairn. London: Karnac.

Greenberg, J. R., & Mitchell, S. A. (1983). Object relations in psychoanalytic theory. Cambridge, MA: Harvard University Press.

Greenberg, J. R., & Mitchell, S. A. (1999). 정신분석학적 대상관계이론 [Object relations in psychoanalytic theory] 이재훈 역. 서울: 한국심리치료연구소. (원전은 1983에 출판)

Guntrip, H. (1975). My experience of analysis with Fairbairn and Winnicott. New York: Jason Aronson.

Hanna Segal(1999). 멜라니 클라인, 이재훈 역. 서울: 한국심리치료연구소.

Hamilton, N. G. (1986). Positive projective identification. International Journal of Psycho-Analysis 67:489-496.

Hamilton, N. G. (2007). 대상관계이론과 실제, 자기와 타자 [Self and others: object relations theory in practice] 김창대, 이지연, 김진숙 역. 서울: 학지사. (원전은 1990에 출판)

Hartmann, H. (1952). Ego psychology and the problem of adaptation. Psychoanalytic Study of the Child, 7, 89-110.

Hill, C. E., O'Brien, & K. M. (1999). Hellping skills: Facilitating exploration, insight, and action. Washington, DC: American Psychological Association.

Hughes, J. M. (1989). Reshaping the psychoanalytic domain: The work of Melanie Klein, W. R. D. Fairbairn, and D. W. Winnicott. Berkeley: University of California Press.

Isaacs S. (1948). Childhood and After(Some Essays and Clinical Studies). London. Routledge.

J-D 나지오(2017). 사랑은 왜 아플까? 표원경 역. 한동네.

J-D 나지오(2018). 100년의 힐링파워. 임말희 역. 눈출판그룹.

Kanter, Joel, 편집. (2004). Face to Face with Children. The Life and Work of Clare Winnicott. London, New York: Routledge.

Karl Abraham. (1924). A short study of the development of the libido, viewed in the light of mental disorders. InSelected papers of Karl Abraham. Hogarth Press.

Kernberg, O. F. (1975). Borderline conditions and pathological Narcism, New York: Jason Aronson.

Kernberg, O. F. (1976). Object relations theory and clinical psychoanalysis. New York, NY: Jason Aronson.

Klein, M. (1932). The psycho-analysis of children. London: Hogarth Press.

Klein, M. (1946). Notes on some schizoid mechanisms. International Journal of Psychoanalysis, 27, 99-110.

Klein, M. (1957). Envy and gratitude. London: Tavistock Publications.

Klein, M. (1959). Our adult world and its roots in infancy. In envy and gratitude and other works, 1946-1963. New York: The free press, 1975.

Klonsky, E. D. (2007). What emptiness? Clarifying the 7th criterion for borderline personality disorder. Journal of personality disorder, 22(4). 418-426.

Klonsky, E. D. (2008). What is emptiness? Clarifying the 7th criterion for borderline

  사례중심으로 쉽게 풀어쓴 대상관계이론

personality disorder. J Pers Disord, 22(4), 418-426.

Kohut, H. (1971). The Analysis of the Self: A systemic approach to the psychoanalytic treatment of narcissistic personality disorder, (New York: International University Press, Inc.

Kreisman, J. J., & Straus, H. (2004). Sometimes i act crazy: living with borderline personality disorder: Wiley. com.

Lefèvre, A. (2016). 100% 위니캇 [100% Winnicott]. 김유빈 역. 서울: 한국심리치료연구소. (원전은 2011에 출판)

Lewis, H. B. (1971) Shame and Guilt in Neurosis. Psychoanalytic Review 58:419-438.

Lewis B. H. (1987). The role of shame in symptom formation. Hilsdale: Lawrence. Erlbaum Associates.

Madeleine Davis, & David Wallbridge. (1981). Boundary and Space: Introduction to the Work of D. W. Winnicott. London. Imprint Routledge.

Mahler, M. S., Pine, F., & Bergman, A. (1975). The Psychological Birth of the Human Infant: Symbiosis and Individuation. New York: Basic Books.

Mahler, S. M., & Gosliner, B. J. (1955). On symbiotic child psychosis. Genetic, dynamic and restitutive aspects. Psychoanalytic Study of the Child, 10, 195-212.

Mahler, S. M., Pine, F., & Bergman, A. (1997). 유아의 심리적 탄생 [The psychological birth of the human infant: symbiosis and individuation]. 이재훈 역. 서울: 한국심리치료연구소. (원전은 1975에 출판)

Mahler, M. S., Pine, F., & Bergman, A. (1975). The Psychological Birth of the Human Infant. New York: Basic books.

Mahler, S. M., Pine, F., & Bergman, A. (1997). 유아의 심리적 탄생 [The psychological birth of the human infant: symbiosis and individuation]. 이재훈 역. 서울: 한국심리치료연구소. (원전은 1975에 출판)

Maiuro, R. D., Cahn, T. S., Vitaliano, P. P., Wagner, B. C., & Zegree, J. B. (1988). Anger, hostility, and depression in domestically violent versus generally assaultive men and nonviolent control subjects. Journal of Consulting and Clintcal Psycholohy, 56(1), 17-23.

Malin, A., Grotstein, J. S.(1966). Projective identification in the therapeutic process. The International Journal of Psychoanalysis, 47(1), 26-31.

Margaret Black(2000). 프로이트 이후 [Freud and beyond: a history of modern psychoanalytic thought], 이재훈 외 역, 서울: 한국심리치료연구소.

Michael St. Clair(2010). 대상관계이론과 자기심리학, 안석모 역, Cengage Learning.

Mitchell, S. A., & Black, M. J.(2000). 프로이트 이후 현대정신분석학 [Freud and Beyond: A History of Modern Psychoanalytic Thought]. 이재훈 역. 서울: 한국심리치료연구소. (원전은 1996에 출판)

Muller, J.(1994). Beyond the psychoanalytic dyad: Developmental object relations and mature dependence. London: Routledge.

Ogden, T. H.(1982). Projective Identification and Psychotherapeutic Technique. New York: Jason Aronson.

Ogden, T. H.(1986).The matrix of the mind. Northvale, NJ: Jason Aronson.

Olweus, D.(1978). Aggression in the schools: Bullies and whipping boys. Hemisphere.

Piaget, J.(1954). The construction of reality in the child. New York: Basic Books.

Raskin A, Bootle H H, NA Scholterbrandt JG et al.(1971). Factor analysis of normal and depressed patients' memories of parental behavior. Psycho. Rep. 29:871-879.

Rubens, R. L.(1994). Fairbairn's theory of object relations. Journal of the American Psychoanalytic Association, 42, 187-210.

Sandler, J. & Rosenblatt, B.(1962). The concept of the representational world. Psychoanalytic Study of the Child, 17, 128-145.

Scharf, Jil Savege. & Scharf, David E.(2002). 대상관계 개인치료. 이재훈. 김석훈 역. 서울: 한국심리치료연구소.

Schnyder, U., Valach, L., Bichsel, K., & Michel, K.(1999). Attempted suicide: Do we understand the patients reasons? General hospital psychiatry, 21(1), 62-69.

Segal, H.(1979). Melanie Klein. London: Sage.

Segal, H.(1999). 멜라니 클라인: 멜라니 클라인의 정신분석학. 이재훈 역. 서울: 한국심리치료 연구소.

Smith, David Livingstone(2007). 거짓말쟁이는 행복하다. 진성록 역. 서울: 부글.

Summers, F.(2004). 대상관계이론과 정신병리학 [Object relations theories and psychopathology]. 이재훈 역. 서울: 한국심리치료연구소. (원전은 1994에 출판)

Tangney, J. P.(2002). Perfectionism and the self-conscious emotions: Shame, guilt, embarrassment, and pride. In G. L. Flett, and P. L. Hewitt,(Eds.), Perfectionism: Theory, research, and treatment(pp. 199-215). Washington, DC, US: American Psychological Association.

Tangney, J. P., Wagner, P. E., Hill-Barlow, D., Marschal, D. E., Gramzow, R.(1996). Relation of shame and guilt to constructive versus destructive responses to anger across the lifespan, Journal of Personality and Social Psychology, 70(4), 797-809.

Tremvley, E.(1996). Relational therapy concepts: The therapeutic relationship in short-term work. Northvale, NJ: Jason Aronson.

Winnicott, D. W.(1958). The capacity to be alone. International Journal of Psycho-Analysis, 39, 416-420.

Winnicott, D. W.(1960). The theory of the parent-infant relationship. International Journal of Psychoanalysis, 41, 585-595.

Winnicott, D. W.(1963). From dependence towards independence in the development of the individual. InThe maturational processes and the facilitating environment. London: Hogarth Press.

Winnicott, D. W.(1965). The Maturational Processes and the Facilitating Environment. London: Hogarth Press.

Winnicott, D. W.(1971). Playing and reality. London: Tavistock.

Winnicott, D. W.(1974). Fear of breakdown. The International Journal of Psycho analysis.

Winnicott, D. W.(1997). 놀이와 현실 [Playing and reality]. 이재훈 역. 서울: 한국심리치료연구 소. (원전은 1971에 출판)

Winnicott, D. W. (2000). 성숙과정과 촉진적 환경 [Maturational processes and the facilitating environment]. 이재훈 역. 서울: 한국심리치료연구소. (원전은 1984에 출판)

Winnicott, D. (2001). 박탈과 비행. 이재훈 외 역. 서울: 한국심리치료연구소.

Winnicott, D. (2011). 소아의학을 거쳐 정신분석학으로. 이재훈 역. 서울: 한국심리치료연구소.

Zanarini, M. C., Gunderson, J. G., Frankenburg, F. R., & Chauncey, D. L. (1989). The revised Diagnostic Interview for Borderlines: Discriminating BPD from other Axis II disorders. Journal of Personality Disorders, 3(1), 10-18.

사례중심으로 쉽게 풀어쓴

대상관계이론

ⓒ 신애자, 2026

초판 1쇄 발행 2026년 4월 8일

지은이　　신애자
펴낸이　　이기봉
편집　　　좋은땅 편집팀
펴낸곳　　도서출판 좋은땅
주소　　　서울특별시 마포구 양화로12길 26 지월드빌딩 (서교동 395-7)
전화　　　02)374-8616~7
팩스　　　02)374-8614
이메일　　gworldbook@naver.com
홈페이지　www.g-world.co.kr

ISBN　979-11-388-5568-6 (03180)